Inklusiver Englischunterricht

Beiträge zur Schulentwicklung

herausgegeben von
der Qualitäts- und UnterstützungsAgentur –
Landesinstitut für Schule des
Landes Nordrhein-Westfalen

(QUA-LiS NRW)

Bianca Roters, David Gerlach, Susanne Eßer (Hrsg.)

Inklusiver Englischunterricht

Impulse zur Unterrichtsentwicklung
aus fachdidaktischer und
sonderpädagogischer Perspektive

Waxmann 2018
Münster • New York

Bibliografische Informationen der Deutschen Nationalbibliothek
Die Deutsche Nationalbibliothek verzeichnet diese Publikation in der
Deutschen Nationalbibliografie; detaillierte bibliografische Daten sind
im Internet über http://dnb.dnb.de abrufbar.

Beiträge zur Schulentwicklung

herausgegeben von der Qualitäts- und UnterstützungsAgentur –
Landesinstitut für Schule des Landes Nordrhein-Westfalen
(QUA-LiS NRW)

ISSN 2509-3460
Print-ISBN   978-3-8309-3796-8
E-Book-ISBN   978-3-8309-8796-3

© Waxmann Verlag GmbH, 2018
Steinfurter Straße 555, 48159 Münster

www.waxmann.com
info@waxmann.com

Redaktion QUA-LiS: Hermann Meuser, Peter Dobbelstein, Bernd Groot-
Wilken, Dr. Veronika Manitius
Umschlaggestaltung: Pleßmann Design, Ascheberg
Satz: Stoddart Satz- und Layoutservice, Münster

Gedruckt auf alterungsbeständigem Papier,
säurefrei gemäß ISO 9706

Inhalt

IV Blicke über den Tellerrand

Vorwort

Die Qualitäts- und UnterstützungsAgentur – Landesinstitut für Schule (QUA-LiS NRW) ist die zentrale Einrichtung für pädagogische Dienstleistungen im Geschäftsbereich des Ministeriums für Schule und Bildung in Nordrhein-Westfalen. Kern der Arbeit ist es, die Schulen und Einrichtungen der gemeinwohlorientierten Weiterbildung des Landes bei der Qualitätssicherung und Qualitätsentwicklung systematisch zu unterstützen. Dies geschieht für die Schulen des Landes u.a. durch die Entwicklung von Kernlehr- und Bildungsplänen, die Bereitstellung von Aufgaben für die zentralen Prüfungen, durch die Qualifizierung und Professionalisierung der Lehrerfortbildung und des Leitungspersonals, aber auch durch die Unterstützung in bildungspolitisch aktuellen Handlungsfeldern wie z.B. der inklusiven Bildung in der Schule, das gemeinsame längere Lernen im Ganztag oder der interkulturellen Schulentwicklung. Bei allen Angeboten ist es der QUA-LiS NRW ein wichtiges Anliegen, den Schulen für die herausfordernden Prozesse der Schul- und Unterrichtsentwicklung die entsprechenden Unterstützungsangebote bereit zu stellen.

Einen Beitrag dazu stellt die Publikationsreihe „Beiträge zur Schulentwicklung" dar. Dieses Publikationsformat greift zum einen aktuelle fachliche, unterrichtsfachliche und fachdidaktische Diskurse auf und stellt diese interessierten Leserinnen und Lesern für die Diskussion zur Verfügung. Zum anderen richtet sich das Publikationsformat unter dem Label „Praxis" gezielt an die schulischen Akteure vor Ort und bietet Schülerinnen und Schülern, Lehrerinnen und Lehrern, Eltern und Erziehungsberechtigten konkrete Unterstützungsmaterialien für die Anwendung in Schule und Unterricht an.

Der vorliegende Band versteht sich als eine wissenschaftsnahe Publikation, die ausgewählte Grundlagen, Ansätze und methodisch-didaktische Prinzipien im Fach Englisch unter innovativer wie auch interdisziplinärer Perspektive kritisch würdigt und Anregungen für zukünftige Unterrichtsentwicklungsprozesse gibt. Der Band leistet damit einen Beitrag zur Konzeptionalisierung und Weiterentwicklung eines inklusiven Englischunterrichts, gerade auch im Zusammenspiel von Fremdsprachendidaktik und Sonderpädagogik.

Mein besonderer Dank für die sehr gelungene konstruktive Zusammenarbeit gilt dabei dem Mitherausgeber Herrn Dr. David Gerlach, der aus dem Blickwinkel der universitären Lehrerbildung die theoriegeleiteten interdisziplinären und Institutionen übergreifenden Zugänge fokussiert und diese in gemeinsamen Reflexionsprozessen, u.a. über ein Unterrichtsplanungsmodell, praxisrelevant konkretisiert hat. Gerne bedanke ich mich auch bei allen Autorinnen und Autoren für die innovativen Beiträge, die sie für diese Publikation zur Verfügung gestellt haben.

Mit den wissenschaftsnahen Bänden der Reihe „Beiträge zur Schulentwicklung" möchte die QUA-LiS NRW die fachlichen Debatten um aktuelle, wichtige und andauernde Themen wie die Frage nach gelingender Qualitätssicherung und Qualitätsentwicklung in Schule und Unterricht bereichern und damit auch Forschungs- und Wissenstransfer in diesen Handlungsfeldern befördern.

Eugen L. Egyptien
Direktor der Qualitäts- und UnterstützungsAgentur –
Landesinstitut für Schule (QUA-LiS NRW)

Susanne Eßer, David Gerlach und Bianca Roters

Unterrichtsentwicklung im inklusiven Englischunterricht

1. Die Verknüpfung von Fachdidaktik und Sonderpädagogik

In der Verknüpfung der unterschiedlichen Perspektiven von Fachdidaktik und Sonderpädagogik auf inklusiven Fachunterricht sehen Musenberg und Riegert (2015) ein besonderes Potenzial sowohl für die Theoriebildung als auch die schulische Praxis des gemeinsamen Unterrichtens. Ihrer Meinung nach geht es darum, *„den normativen Anspruch, der sich mit dem Inklusionsbegriff verbindet, auch didaktisch einzulösen"* (ebd., S. 24; Hervorhebung im Original). Entsprechend geht es im konkreten Unterricht darum, den Ansprüchen an Fachlichkeit gerecht zu werden und gleichzeitig Schülerinnen und Schülern mit sehr unterschiedlichen Lernvoraussetzungen Zugänge zu thematischen Zugängen und fachlichen Gegenständen zu eröffnen (vgl. ebd.). Die unterrichtsbezogene Zusammenarbeit von Regelschul- und Förderschullehrkräften ist dabei für Werning und Arndt ein grundlegendes Element inklusiver Unterrichtsgestaltung (Werning & Arndt, 2015, S. 76). Sie sehen mit der Entwicklung inklusiven Unterrichts die Herausforderung verbunden, „Selbstverständlichkeiten" immer wieder in Frage zu stellen und inklusive Unterrichtsgestaltung als fortwährenden Prozess und nicht als einmal erreichtes Ziel zu begreifen (ebd., S. 86f.).

Inhaltlich bietet der Fremdsprachenunterricht aufgrund der stets angestrebten Fremdheitserfahrungen, z.B. im Bereich des interkulturellen Lernens, und der nötigen didaktischen Reduktion (auch in sprachlicher Hinsicht) differenzierbare Gegenstände, die auch inklusiv nutz- und erlernbar gemacht werden können. Der damit verbundene Bildungsanspruch des Fremdsprachenunterrichts kann so auf verschiedenen Ebenen heterogene Lerngruppen erreichen. Als häufig herausfordernd wird dabei die Planung eines solchen, inklusiv begriffenen Fremdsprachenunterrichts gesehen, wofür wir in diesem Beitrag Ideen und Konzepte vorstellen möchten, die im Sinne (auch kooperativer) Unterrichtsentwicklung gesehen werden können und gleichzeitig moderne Qualitätsmerkmale der Fremdsprachendidaktik wie auch einer sonderpädagogischen Unterstützung nutz- und umsetzbar werden lassen.

2. Unterrichtsentwicklung im inklusiven Englischunterricht

Laut Trautmann (2010) ist zumindest zum damaligen Zeitpunkt im fachdidaktischen Diskurs eine „hohe Diskrepanz zwischen den Empfehlungen der Fremdsprachendidaktik und der Praxis des Englischunterrichtens" (ebd., S. 10) feststellbar. Deshalb kommt der Unterrichtsentwicklung im inklusiven Englischunterricht, die getragen ist sowohl von Qualitätsmerkmalen des fremdsprachlichen als auch inklusiven Unterrichts, möglicherweise eine besondere Rolle zu. Unterrichtsentwicklung ist damit auch eingebettet in Prozesse der Schulentwicklung und individuellen Professionalisierung:

> *Unterrichtsentwicklung ist erstens systematisch, teamförmig und schulweit. Zum zweiten müssen Fachwissen, Fachdidaktik und allgemeine Didaktik berücksichtigt werden. Drittens müssen Lernorientierung, Reflexion des Lernverständnisses und des Unterrichts sowie Veränderung von Haltungen und Werten dazu kommen.* (Rolff, 2015, S. 24)

2.1 Qualitätsmerkmale

Wenn auch in der jüngsten Vergangenheit kaum noch dezidiert Kriterienkataloge guten Fremdsprachenunterrichts vermutlich aufgrund ihres aufgeladenen normativen Potenzials – und der damit verbundenen Angriffsfläche für kritische Stimmen – entstanden sind,[1] weisen doch seit der ersten PISA-Studie die Entwicklungen kompetenzorientierten Lehrens und Lernens sowie Qualitäts- und Unterrichtsentwicklungskonzepte zum Ziel der Entwicklung (oder Einhaltung) curricularer Erwartungen und Bildungsstandards durchaus ableitbare Prinzipien und Kriterien auf.[2] Dabei stehen neben der Förderung der sprachlichen Kompetenzen (Hör-/Sehverstehen, Sprechen, Schreiben, Leseverstehen) sowie der darüber hinaus gegenstandsorientiert genuin fremdsprachendidaktischen Kompetenzen wie (inter-/trans-)kulturellem sowie literarischem Verstehen insbesondere Prinzipien wie Lerner- sowie Handlungsorientierung im Zentrum einer modernen Fremdsprachendidaktik. Diese ziehen zum einen didaktische Entscheidungen auf der Ebene der Inhalte und anzustrebenden Kompetenzen in einem qualitativ hochwertigen Fremdsprachenunterricht nach sich und sind an die Lernvoraussetzungen der Schülerinnen und Schüler angepasst, zum anderen ermöglichen sie kommunikatives Handeln und bedeutsames Interagieren im Unterricht, möglichst mittels einer Integration der verschiedenen

---

1   Ergänzen könnte man hier, dass, wenn solche Prinzipien aufgestellt werden, diese häufig weitgehend auch auf andere Fächer übertragbar sind, also nicht dezidiert fremdsprachendidaktisch ausgeschärft werden (vgl. z.B. Übersicht in Gehring, 2015, S. 23).

2   Dabei sollte natürlich erwähnt werden, dass zahlreiche Studien weiterhin Qualitätsaspekte von Unterricht untersuchen, hier jedoch selten dezidiert Fremdsprachenunterricht in den Blick genommen wird (als Ausnahme vgl. DESI-Konsortium 2008; Helmke et al., 2008a). In der Regel werden z.B. im Sinne eines Angebot-Nutzungs-Modell (vgl. z.B. Helmke, 2015) Faktoren eines gelingenden, sprich: guten, (Fach-)Unterrichts im Allgemeinen aufgestellt, der Rahmenbedingungen und Lernvoraussetzungen einbezieht und die kognitiven sowie sozialen Merkmale einer Klasse betrachtet, dann aber von Seiten der Lehrkraft einer fachdidaktischen Füllung bedarf. Hierfür werden wiederum insbesondere diagnostische Kompetenzen der Lehrkraft sowie fachdidaktisches Wissen in den Vordergrund gestellt, um die Voraussetzungen der Lernenden auf verschiedenen Ebenen erfassen und ihnen adäquat begegnen zu können (vgl. Lipowsky, 2007). Auch der Referenzrahmen Schulqualität NRW fasst die „Vorstellungen und Ansprüche an ‚gute Schule' und ‚guten Unterricht' aus der Sicht der Bildungs- und Lernforschung sowie der aktuellen bildungspolitischen Diskussion" zusammen (vgl. Einleitung zum Referenzrahmen Schulqualität: www.schulentwicklung.nrw.de/referenzrahmen).

Kompetenzen. Im Hinblick auf die methodische Hinführung an Inhalt und Sprache in auf Kommunikation und Interaktion ausgerichteten Unterricht muss dann „eine sich ständig verändernde Balance geschaffen werden zwischen der Aufmerksamkeit, die Inhalt und Form gewidmet wird, und der, die der Flüssigkeit und Korrektheit gilt" (Europarat, 2001, S. 154). Kompetenzorientierte Vorgaben orientieren sich in der Regel an den jeweils länderspezifischen Curricula, welche wiederum geprägt sind von den Bildungsstandards der Kultusministerkonferenz (vgl. KMK, 2003/2012) und dem *Gemeinsamen Europäischen Referenzrahmen für Sprachen* (vgl. Europarat, 2001).

Eine besondere Rolle im Fremdsprachenunterricht – und gutem Unterricht an sich – spielt der Aspekt der Bildung, der zwar durch Kompetenz- und Standardorientierung in manchen Augen vermeintlich an Bedeutung verloren hat (vgl. Hallet, 2012), jedoch in den vergangenen Jahren insbesondere auch durch die stärkere Betonung der Schule als Etappe innerhalb eines individuellen lebenslangen Lernens stärker betont wird. Englisch als Fremdsprache ist damit (seit langem) nicht nur funktionalistisch als Sprachlernfach bedeutsam, sondern entfaltet auch durch Aspekte interkulturellen Lernens ein Bewusstsein in Lernenden, das Bildung anbahnt, ermöglicht und nachhaltig werden lässt. Auch werden die fremdsprachlichen Fähig und Fertigkeiten, die in den ersten beiden Bildungsstufen möglichst gut grundlegend vorbereitet werden sollten, für junge Erwachsene zur Schlüsselqualifikation in Ausbildung, Beruf und tertiärem Bildungssektor.

Insbesondere die mit dem Fremdsprachenunterricht verbundenen Ansprüche von Bildung und die Förderung des Fremdverstehens werden von verschiedenen Seiten als gute Voraussetzungen und Anknüpfungspunkte für Inklusion angesehen, wenn diese als Thematik auch bis vor kurzem in dieser Explizitheit noch keine bedeutende Rolle in der Fremdsprachenforschung und -didaktik gespielt hat (vgl. Trautmann, 2010; Küchler & Roters, 2014; Gerlach, 2015). Dabei gehen die gesamtgesellschaftlichen Herausforderungen von Inklusion weit über den schulischen Kontext hinaus. Reich (2012, S. 52) formuliert fünf Standards, die im Sinne inklusiver Prozesse angestrebt werden müssen:
1. Ethnokulturelle Gerechtigkeit ausüben und Antirassismus stärken
2. Geschlechtergerechtigkeit herstellen und Sexismus ausschließen
3. Diversität in den sozialen Lebensformen zulassen und Diskriminierungen in den sexuellen Orientierungen verhindern
4. Sozioökonomische Chancengleichheit erweitern
5. Chancengerechtigkeit von Menschen mit Behinderungen herstellen

Inklusion steht damit in seinem weiten Verständnis dafür, langfristig Benachteiligungen jeglicher Hinsicht abzubauen, obwohl im schulischen Kontext sowie medial vermittelt meist primär auf Menschen mit Behinderungen oder förderpädagogisch diagnostizierte Unterstützungsbedarfe eingegangen wird. Eine inklusive Pädagogik, wie sie ihren Niederschlag in verschiedenen Fächern findet, hat dabei allerdings zunächst eine grundlegendere Zielsetzung. Es sind

Theorien zur Bildung, Erziehung und Entwicklung, die Etikettierungen und Klassifizierungen ablehnen, ihren Ausgang von den Rechten vulnerabler und

marginalisierter Menschen nehmen, für deren Partizipation in allen Lebens-bereichen plädieren und auf strukturelle Veränderungen der regulären Institutionen zielen, um der Verschiedenheit der Voraussetzungen und Bedürf-nisse aller Nutzer/innen gerecht zu werden. (Biewer, 2015, S. 12)

Wenn sich diese Theorien im Unterricht niederschlagen müssen und es in diesem Bei-trag vor allem um Unterrichtsentwicklung geht, wird gleichzeitig auch deutlich, dass diese Unterrichtsentwicklung auch immer Teil des größeren Systems Schule, damit Bestandteil von Schulentwicklung ist und – das wird im Kontext von Inklusion zu-letzt am deutlichsten – eine Veränderung des Systems Schule (mit Unterricht) un-abdingbar wird. Trotz der oben schon angesprochenen negativen Wahrnehmung, bei-spielsweise einer Standardorientierung im Bildungssystem, sind im Zusammenhang mit der Entwicklung von Bildungsstandards in Deutschland Ziele formuliert worden, die mit inklusiven (Bildungs-)Idealen durchaus vereinbar sind, z.B. ganz grund-legend, dass Schülerinnen und Schüler „unabhängig von Herkunft und Geschlecht … dazu befähigt werden, in der selbständigen Teilhabe an Politik, Gesellschaft und Kultur und in der Gestaltung der eigenen Lebenswelt diesem Anspruch gemäss zu leben und als mündige Bürger selbstbestimmt zu handeln." (Klieme et al., 2003, S. 63) Der Anspruch, „[f]remdsprachige Diskursfähigkeit als Bildungs- und Leit-ziel des Englischunterrichts" (Hallet, 2011, S. 54) verbunden mit kultureller Teil-habe in einer zunehmend globalisierten Gesellschaft zu sehen, ist damit ein Kriterium qualitativ hochwertigen Englischunterrichts, welcher mit den Prinzipien inklusiver Pädagogik produktiv in Einklang gebracht werden kann.

Tabelle 1: Qualitätskriterien guten Englischunterrichts und ihre Pendants im inklusiven Unterricht

Qualitätskriterien von Englischunterricht	Qualitätskriterien inklusiven Unterrichts
Diagnose und Förderung fremdsprachlicher Kompetenzen sowie Sprachbewusstheit und Sprachlernkompetenz	Abbau von Etikettierungen und Klassifizierungen
Lernerorientierung	
Förderung von Fremdverstehen und interkultureller Kompetenz	Förderung von Partizipation
Handlungsorientierung	Förderung von Kooperation und Interaktion

2.2 Kompetenzen und Entwicklungschancen

Roters und Eßer (2016) bilden ausgehend von dem Ziel einer kommunikativen Handlungsfähigkeit im (inklusiven) Englischunterricht ein in verschiedenen Dimen-sionen von Heterogenität ausdifferenziertes Unterrichtsentwicklungsmodell. Der Gemeinsame Gegenstand im Sinne Feusers (1989) äußert sich in *speech acts* (z.B. *asking for information*), die in den jeweiligen für den Englischunterricht relevanten Kompetenzen realisiert werden. Chilla und Vogt (2017) argumentieren mit Blick auf das Konzept des Gemeinsamen Gegenstandes: „[Es] steht der vielfach geäußerten

Befürchtung entgegen, der Unterrichtsgang könnte durch viele individualisierte Handlungsstränge zerfasert werden. Gleichzeitig bietet er Möglichkeiten zur Differenzierung und Individualisierung und hat somit u.E. großes Potential, heterogenen Lerngruppen gerecht zu werden." (ebd., S. 67) Dies gilt dabei gleichzeitig für Lerngruppen, die insgesamt zielgleich unterrichtet werden oder aufgrund eines förderpädagogischen Unterstützungsbedarfs zieldifferent am inklusiven Unterricht – und damit am Gemeinsamen Gegenstand – teilnehmen.

Den Rahmen zur Förderung und Entfaltung der Kompetenzbereiche im Englischunterricht bilden Maßnahmen des *Classroom Management* in allgemein-pädagogischer Hinsicht (z.B. Strukturierung der Lernumgebung) sowie fremdsprachendidaktisches *Scaffolding* (z.B. durch Anpassung des sprachlich-inhaltlichen Niveaus durch verschiedene Unterstützungssysteme/*scaffolds*). In der äußersten Dimension gleichsam rahmend angelegt sind nach Roters und Eßer (2016) „zentrale Entwicklungsbereiche, die für die Förderung von Schülerinnen und Schülern in den zieldifferenten Bildungsgängen Lernen und geistige Entwicklung grundlegend sind" (ebd., S. 384). Da die vorgestellten Dimensionen im Beitrag Roters/Eßer (2016) stärker im Hinblick auf die Entwicklung reflexiver Lehrerprofessionalität im Kontext eines inklusiven Englischunterrichts diskutiert wurden, möchten wir diese Vorarbeiten hier entsprechend aufgreifen, um die Dimensionen von Heterogenität insbesondere auch für alle weiteren Aspekte eines qualitativ hochwertigen, inklusiven Englischunterrichts stärker zu verschränken und diese in ein Unterrichtsplanungsmodell integrieren, das die Anforderungen des *Task-Based Language Teaching* sowie die Entwicklungschancen der Schülerinnen und Schüler berücksichtigt. Die Weiterentwicklung des Unterrichtsentwicklungsmodells (vgl. Abb. 1) kann als Reflexionsfolie zur Planung inklusiven Fachunterrichts dienen und mit einer differenzierenden Aufgabengestaltung verschränkt werden.

Abbildung 1: Unterrichtsentwicklungsmodell für zieldifferentes Lernen im inklusiven Fachunterricht[3]

zieldifferentes Lernen

Kompetenzbereiche des Faches

Differenzierende Aufgabengestaltung am gemeinsamen Lerngegenstand

Soziale und emotionale Entwicklung

Motorik/ Wahrnehmung

Sprachliches u. kommunikatives Handeln

Kognition / Lernentwicklung

Entwicklung fördernde Lernumgebung

im inklusiven Fachunterricht

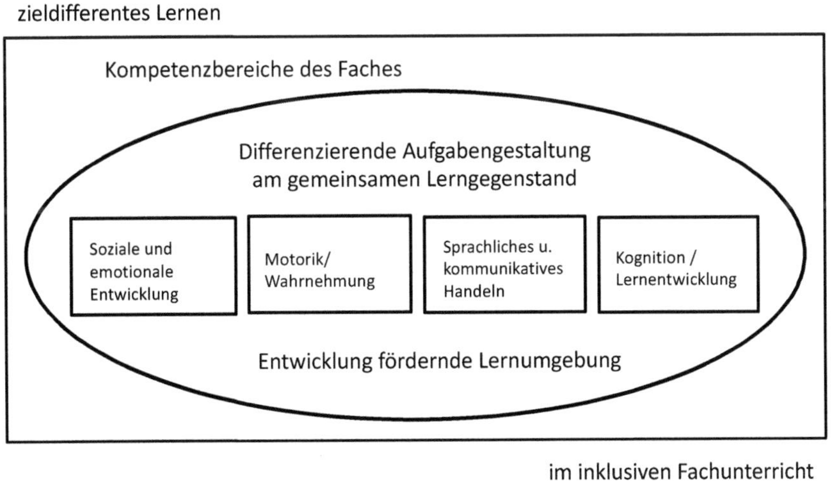

3   Online verfügbar unter: https://www.schulentwicklung.nrw.de/cms/inklusiver-fachunterricht/entwicklungsbereiche/index.html [Datum des letzten Zugriffs: 13.03.2018]

Das angesprochene Unterrichtsmodell zur Gestaltung zieldifferenten Lernens in inklusivem Fachunterricht ist gekennzeichnet von dem Zusammenspiel unterschiedlicher Planungselemente, die im Rahmen des Gemeinsamen Lernens einer leistungsmäßig heterogenen Schülerinnen- und Schülergruppe eine Arbeit an einem gemeinsamen Lerngegenstand (Kompetenzbereich, Thema oder Produkt) ermöglichen, der auf unterschiedlichen Erfahrens- und Erkenntniswegen erschlossen werden kann. Die Aufgaben sind hierbei curricular verankert und werden bestimmt durch die Kompetenzbereiche des Faches. Die Arbeit daran ist wiederum eingebettet in eine Lernumgebung, die eine entsprechende Struktur vorhält, die neben fachlich-curricularen Aspekten auch entsprechend sonderpädagogische Förderpraxis berücksichtigt.

Neben fachlich-curricularen Aspekten und Anforderungen hat sonderpädagogische Förderpraxis auch immer einen individuell-entwicklungsbezogenen Aspekt (vgl. Heimlich & Kahlert, 2014, S. 163). Sonderpädagogische Bildungs-, Beratungs- und Unterstützungsangebote können beim einzelnen Kind oder Jugendlichen eine spezifische Ausprägung in bestimmten Bereichen haben, wodurch sich Schwerpunkte der Förderung ergeben. Die in der Regel miteinander verbundenen Schwerpunkte beziehen sich auf:

- die Lernentwicklung,
- die emotionale und soziale Entwicklung,
- die körperliche und motorische Entwicklung,
- die Entwicklung der Wahrnehmung,
- die Entwicklung des sprachlichen und kommunikativen Handelns (vgl. KMK, 2011).

Bei der Gestaltung von Aufgaben und der Strukturierung der Lernumgebung werden mögliche Entwicklungschancen aus den oben genannten basalen Entwicklungsbereichen berücksichtigt, wie sie von der KMK für die inklusive Bildung von Kindern und Jugendlichen mit Behinderungen beschrieben werden. Diese Entwicklungsbereiche sind für die Förderung von Schülerinnen und Schülern in den zieldifferenten Bildungsgängen Lernen und geistige Entwicklung als grundlegend zu bezeichnen (vgl. KMK-Empfehlungen für Förderschwerpunkte Lernen: KMK, 1999; für geistige Entwicklung: KMK, 1998).

Das Modell, welches hier die Grundlage zur Planung eines inklusiv gestalteten Unterrichts, der zieldifferentes Lernen ermöglicht (vgl. Abb. 1), ist und welches unten noch für die konkrete Aufgabengestaltung nutzbar gemacht werden soll, berücksichtigt die Entwicklungsbereiche auf unterschiedlichen Ebenen. Sowohl bei der Gestaltung von Aufgaben als auch der Strukturierung der Lernumgebung insgesamt werden mögliche Entwicklungschancen berücksichtigt, die aus den basalen Entwicklungsbereichen abgeleitet werden. Diese können je nach individueller Passung auch Bildungsanspruch an sich sein und damit im inklusiven Englischunterricht ausgefüllt werden. Dadurch, dass die elementaren Bereiche der Entwicklung in der Kind-Umfeld-Analyse verankert sind, hat das

„letztendlich Konsequenzen hinsichtlich der didaktisch-methodischen Konzept-bildung und der Gestaltung der Lernsituationen. Sonderpädagogische Bil-dungs-, Beratungs- und Unterstützungsangebote können beim einzelnen Kind oder Jugendlichen eine spezifische Ausprägung haben." (KMK, 2011, S. 7)

Die Lernsituationen benötigen eine entsprechende Strukturierung, sodass Denk-prozesse, der Erwerb altersentsprechenden Wissens, sprachliches Handeln, emotionale und soziale Stabilität und Handlungskompetenz erworben werden können. Die An-regungen, die zur Förderung in den Entwicklungsbereichen gegeben werden, können ebenso positive Impulse auf die Lernprozesse der gesamten Lerngruppe haben. Es geht damit im inklusiven Sinn um die Schaffung eines gesamtheitlich lern- und ent-wicklungsförderlichen Umfeldes für alle Schülerinnen und Schüler (vgl. Werning & Löser, 2012, S. 306), deren Überlegungen und Ansatzpunkte über die konkreten fachlichen Inhalte hinausgehen müssen, also auch kognitive, kommunikative, senso-motorische, soziale und emotionale Aspekte mitdenken (vgl. Oerter & Montada, 2008, S. 768; Werning & Löser, 2012; Heimlich & Kahlert, 2014, S. 174), welche wiederum einen inklusiven Fachunterricht, in unserem Beispiel den Englischunterricht, ins-gesamt vorantreiben und ganzheitlich gestaltbar werden lassen.

Die einzelnen Entwicklungsbereiche lassen sich im realen Handlungsvollzug kaum voneinander trennen. Mit Blick auf die Eröffnung von Lernchancen, d.h. auch im Vor-feld der Unterrichtsplanung, erscheint diese Unterscheidung sinnvoll, um Schwer-punktsetzungen in der Auseinandersetzung mit Bildungsinhalten und -anforderungen deutlich werden zu lassen (vgl. Terfloth & Bauersfeld, 2015, S. 149). Somit sind die einzelnen Indikatoren nicht isoliert zu betrachten, sondern korrespondieren häufig mit weiteren innerhalb eines Entwicklungsbereiches oder mit denen weiterer Ent-wicklungsbereiche, ergänzen sich und bieten somit die Möglichkeit, Lernprozesse und Kompetenzentwicklung umfassender zu diagnostizieren und Lernchancen zielgenauer zu ermöglichen.

Für die Unterrichtsplanung inklusiven Englischunterrichts ist folglich neben dem fremdsprachlichen Kompetenzbereich der basale Entwicklungsbereich mit-zudenken, welcher der kompetenten Performanz zugrunde liegen muss und für welchen wiederum Lern- und Übungschancen ermöglicht werden müssen. Wie sich dies konkret in der Praxis der (auch gemeinsamen) Unterrichtsplanung (in multi-professionellen Teams) umsetzen lassen kann, soll im Folgenden vorgestellt werden.

3. Unterrichtsplanung im inklusiven Englischunterricht

Den Qualitätsmerkmalen von Englischunterricht folgend fokussieren zahlreiche Modelle zur Unterrichtsplanung, die in einschlägigen Einführungsbänden der Englischdidaktik vorgestellt werden, kommunikativ- und handlungsorientierten An-sätzen (vgl. exemplarisch Gehring, 2015; Grimm, Meyer & Volkmann, 2015; Thaler, 2012). Hierzu gehören übliche *pre-*, *while-* und *post-activities*, die einen Unterrichts-gegenstand umrahmen und eine durchgehende Aktivierung und Kognitivierung zum Ziel haben, *presentation-practice-production* (PPP) mit einem stark sprachlichen Fokus oder auch das dem PPP nicht unähnliche *engage-study-activate*-Modell (ESA), das von einer Kognitivierung der Lernenden *(engage)* zu einem Lernen *(study)* und der entsprechenden Anwendung des neu erworbenen Wissens *(activate)* leitet. Gehring (2015) betont zuletzt mit seinem CERP-Modell die Bedeutung von einer Phase des Kontextualisierens *(contextualization)* auf verschiedensten Ebenen der Lernenden, Vorwissen, Transparenz der Erwartungen, eine Phase der Erarbeitung *(elaboration)* geprägt von (sprachlichen oder methodischen) Aktivitäten sowie einer dritten Phase der Verarbeitung *(processing)*, in der die Produktion, sprachliche Umsetzung und ggf. ein Transfer des Wissens stattfinden. Diesen Unterrichtsplanungsmodellen ist damit gemein, dass sie – primär in einer dreifachen Schrittfolge – von einem Gegenstand ausgehend ein methodisch-didaktisches Raster anlegen, das durch entsprechendes *scaffolding* in verschiedenster Weise angepasst werden kann. Diese Anpassung kann wiederum ausgehend von einem Globalverständnis einsetzen oder eher sehr detailliert anhand eines Beispiels erfolgen *(global-to-detail-approach*; vgl. Thaler, 2012, S. 92).

Wir möchten im Folgenden eine Variante eines Unterrichtsplanungsmodells vorstellen, welches wir im Anschluss an das Prinzip der Aufgabenorientierung diskutieren, das gleichzeitig auch Elemente der oben angerissenen Modelle und Befunde vereint, mitdenkt und insbesondere vor dem Hintergrund der Anforderungen eines inklusiven Englischunterrichts mitsamt der Verknüpfung von Kompetenz- und Entwicklungsbereichen zielführend erscheint. Eine so gedachte Aufgabe im Englischunterricht kann inhalts- und gegenstands-, gleichzeitig kompetenz- und handlungsorientiert gefüllt werden und lässt damit komplexe Anforderungen auch im inklusiven Englischunterricht transparent werden.

Das Prinzip der Aufgabenorientierung *(Task-Based Language Teaching*, TBLT) dominiert den fremdsprachendidaktisch-methodischen Diskurs der letzten 25 Jahre. Im Anschluss an die kommunikative Wende kam man zu der Überzeugung, dass eine lernförderliche, handlungs- und prozessorientierte Gestaltung von Unterricht durch den Einsatz von möglichst authentischen, an den Fähigkeiten und der Lebenswelt der Lernenden anknüpfende *tasks* gelingen kann. Müller-Hartmann und Schocker-von Ditfurth (2011) unterscheiden hier zwischen TBLT und *Task-Supported Language Teaching* (TSLT) insofern, als dass konzeptionell der Einsatz von TBLT in Reinform auch ein durchgängig aufgabenorientiertes Curriculum erfordert, was so noch in kaum einem Land vorhanden ist. TBLT kann deshalb eher „als Ziel sowie methodischer Weg gesehen werden, dem sich die LehrerInnen und SchülerInnen mit vielen Übungsphasen nähern" (Springob, 2017, S. 331). *Task-Supported* bedeutet dann die Integration von *tasks* in an Aufgaben orientierten Curricula, Unterrichtsmedien und Lehrwerken, deren Steuerung und Einsatz dann in der Regel den Lehrpersonen obliegt. TBLT „erscheint in besonderem Maße mit den Ansprüchen an gemeinsames Lernen und gleichzeitiger individueller Förderung aller Schülerinnen und Schüler übereinzustimmen" (Doert & Nold, 2015, S. 30).

Wir möchten daher hier Prinzipien von (Lern-)Aufgaben sowohl als eine Grundlage für die Planung inklusiven Englischunterrichts diskutieren und vorstellen und insoweit zu einer stärkeren Verbreitung des Konzepts auch im Zusammenhang inklusiver Englischlehrerbildung und Konzeptentwicklung beitragen, weswegen wir weitgehend von TBLT (und nicht TSLT) sprechen werden. Wir diskutieren die Chancen von Aufgabenkonstruktion mittels eines Schemas (für die Grenzen des *Task-Based Language Learning* im Kontext Inklusion: vgl. Blume, Kielwein & Schmidt in diesem Band), welches wir beispielhaft darstellen möchten, um auch kooperative Unterrichtsplanung in multiprofessionellen Teams zu ermöglichen. Die weiteren, in diesem Sammelband vorgestellten Konzepte und Ansätze können dann als fundierte Ideengeber und didaktisch-methodische Konzepte zur Ausfüllung dieser Planungshilfe dienen.

3.1 Prinzipien von Aufgabenkonstruktion

„A task is an activity in which a person engages in order to attain an objective, and which necessitates the use of language." (van den Branden, 2006, S. 4) Dies bedeutet: Eine Aufgabe ist zum einen zielorientiert, zum anderen kompetenzorientiert, da der Einbezug von Fähig- und Fertigkeiten dem Ziel angepasst sein (oder werden) muss. Ellis (2003) hat sechs Charakteristika für Aufgaben formuliert:

- A task is a workplan.
- A task involves a primary focus on meaning. (Therefore it has some kind of 'gap': information gap, reasoning gap, and opinion gap.)
- A task involves real-world processes of language use.
- A task can involve any of the four language skills.
- A task engages cognitive processes.
- A task has a clearly defined communicative outcome. (ebd., S. 9–10)

Über diese Anforderungen hinaus stellt Willis (1996) ein Modell zur Planung vor, den *task cycle*, der mittels *pre-tasks* die Anforderungen inhaltlich und sprachlich vorzubereiten versucht, die eigentliche Aufgabenbearbeitung *(task cycle)* sowie eine sprachliche Umwälzung *(language focus)*. Im Sinne des im Zusammenhang mit inklusiven Unterrichts häufig diskutierte Arbeiten am Gemeinsamen Gegenstand (vgl. Feuser, 1989) bietet der *task cycle* ein Ein- und Aussteigen in die Arbeitsprozesse und die Zusammenstellung und Präsentation des Gegenstands. Ein drittes Modell, das auf diesen Vorarbeiten basiert, ist das von Leupold (2008) vorgestellte und von Steveker (2011) sowie Gerlach, Goworr & Schluckebier (2012) erweiterte Lernaufgabenmodell im Sinne eines *task-as-workplan*, das kompetenzorientiert im Modus des *backward* planning von einer **Lernaufgabe** am Ende ausgeht, auf Grundlage der sprachlich-inhaltlichen Anforderungen **situative** (kommunikative und handlungs-/produktorientierte) **Aufgaben** vorschaltet, welche wiederum durch **Übungen** im Vorfeld gestützt und vorentlastet werden analog zu Willis' *pre-tasks*. In Form einer Unterrichtsstunde oder -einheit gedacht geht dieses Modell von einem **Ausgangspunkt** aus (siehe Abb. 2), der motivierend und authentisch eine Problemstellung aufwirft und potenziell hierin auch die Möglichkeit zur methodisch-didaktischen Diagnostik der Lernausgangslage beitragen kann.

Abbildung 2: Lernaufgabenparcours nach Steveker (2011), adaptiert nach Leupold (2008) und Gerlach et al. (2012)

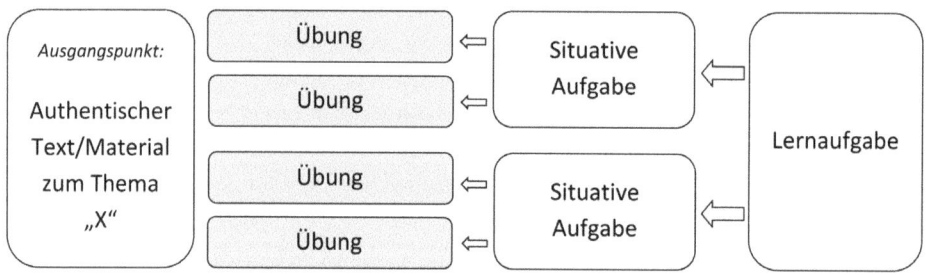

Während die situativen Aufgaben wie auch die *task* am Ende möglichst von allen Lernenden absolviert werden sollte (und hier die situativen Aufgaben auch für eine erneute Lernstandsdiagnose vor der eigentlichen *task* zur Einschätzung einer letzten Unterstützung genutzt werden kann), besteht innerhalb des Komplexes der Übungen und Aktivitäten Wahldifferenz auf Grundlage von Interessen der Schülerinnen und Schüler oder festgestelltem Förderbedarf (im allgemeinen, zunächst noch nicht förderpädagogisch gemeinten Sinne). So können bestimmte situative Aufgaben, die z.B. Anforderungen im Kompetenzbereich Schreiben stellen, über Schreibschablonen oder Wortschatzlisten für bestimmte Lernende entlastet werden, während andere möglicherweise eher auf einer inhaltlichen Ebene oder auch im Hinblick auf Methoden oder soziale Interaktionsprozesse im Klassenraum (z.B. *presentation skills,* Gruppen- oder Partnerarbeit) eine Vorentlastung oder Übung zur Bewältigung einer bestimmten situativen und damit letztlich auch der abschließenden Aufgabe benötigen. Eine in dieser Form relative Öffnung des Unterrichts im Bereich der vorbereitenden Aktivitäten bedingt sowohl gute Fördermaterialien, welche in einem großen Maße individuell (oder in Lerntandems) bearbeitbar sind (und können in allgemein-methodischer/sprachlicher Hinsicht auch durchaus für andere Aufgaben weiterverwendet werden), als auch – im inklusiv gedachten Englischunterricht – Unterstützungssysteme (*scaffolds*) im Sinne weiterführenden, differenzierenden Materials und (technischen) Hilfsmitteln oder auch mittels personeller Unterstützerinnen und Unterstützer unter Einbezug multiprofessioneller Teams (s. 3.2).

Innerhalb der Übungen sowie in den situativen Aufgaben spielt die Diagnose von Kompetenzen und Entwicklungschancen (s.o.) eine bedeutende Rolle, die gleichsam in iterativen Schleifen vollzogen und durch die Lernenden selbst erfolgen kann (z.B. mit Selbstdiagnosebögen) oder durch die Lehrkraft (auch unterstützend) durchgeführt wird. Hallet (2012) schlägt eine deutliche Trennung von „Evaluation des Kompetenzerwerbs und die Selbstevaluation der Lernenden" (ebd., S. 18) von der eigentlichen *task* vor, sodass (insbesondere) eine abschließende Evaluation des Gesamtprozesses auch in seiner Bedeutung für die Lernenden erkennbar und wirksam wird. Für den Gesamtprozess scheint eine komplexere Evaluation(sstrategie) in der Tat sinnvoll, jedoch versuchen wir sie bereits innerhalb des unten vorzustellenden Planungsmodells für inklusiven Fachunterricht parallel mitzudenken. Dies wird dann möglich, wenn Erfolgskriterien für jede Übung und situative Aufgabe vorgegeben sind oder – noch wirksamer – im Sinne eines demokratischen Prozesses gemeinsam mit den Lernenden (z.B. für die finale *task*) erarbeitet und auf ihre Erfüllung hin kriteriengeleitet untersucht und bewertet werden.

Die Zahl an Aktivitäten und situativen Aufgaben innerhalb des Lernaufgaben-modells kann variieren. Sie hängt von mehreren Faktoren ab: Wie inhaltlich umfang-reich ist die *task* am Ende? Wie viel Vorbereitung und Unterstützung brauchen die Schülerinnen und Schüler, um sie zu bewältigen? Groß angelegte *tasks*, „komplexe Kompetenzaufgaben" nach Hallet (2012) mit einem entsprechenden Bildungs-anspruch, können hier ganze Unterrichtseinheiten darstellen, die mehrere Unterrichts-stunden dauern (z.B. die Simulation einer Weltklimakonferenz in der gymnasialen Oberstufe: vgl. Gerlach et al., 2012), während klein angelegte *tasks* ein kleineres kommunikatives Ziel zum Fokus haben (z.B. eine Einkaufssituation im Super-markt oder das Schreiben eines Briefs an einen Brieffreund), unter Umständen nur eine Unterrichtsstunde in Anspruch nehmen, damit aber gleichzeitig sprachlich und kognitiv eine geringere Differenzierung in sich benötigen.

3.2 Kompetenzen und Entwicklungschancen innerhalb eines Lernaufgaben-Planungs-Modells

Wenn eine Lernaufgabe derart konstruiert lerndiagnostisch von ihren Anforderungen ausgehend situative Aufgaben und Übungen in der Planung vorsieht, muss sie zwangs-läufig für die Anforderungen in einem inklusiven Englischunterricht um basale Ent-wicklungsbereiche ergänzt werden.

Damit liegen einem Planungsmodell für Lernaufgaben im inklusiven Englisch-unterricht folgende grundsätzliche Fragen zugrunde: Welche Kompetenzen benötigen die Lernenden, um die Lernaufgabe am Ende der Einheit bewältigen zu können? An welchen Stellen erwerben sie diese im Rahmen der Unterrichtsreihe? Welche basalen Entwicklungsbereiche werden adressiert? Wie kann der gemeinsame Gegenstand auch mittels verschiedener Zugänge auf unterschiedlichen Lernwegen beibehalten und er-reicht werden?

Abbildung 3 zeigt das Lernaufgabenmodell (Lernaufgaben-Planungs-Modell, LAP-Modell), in den situativen Aufgaben und Übungen ergänzt um basale Ent-wicklungsbereiche (vgl. Kapitel 2.2) sowie die – im ursprünglichen Modell bereits mitgedachten, hier explizit herausgestellten – Kompetenzbereiche. Diese Ergänzungen insbesondere um die basalen Entwicklungsbereiche sollten dabei nicht als zusätzlich zu erhebende Faktoren gedeutet werden, sondern den Kompetenzbereich wechsel-seitig unterstützend als basale Lernvoraussetzungen angesehen werden, die – durch die vorgeschalteten Übungen auch angeleitet – zur kompetenten Erfüllung nötig sind. Beispielhaft könnte das Durchführen eines Rollenspiels als Lernaufgabe mit dem Kompetenzschwerpunkt „zusammenhängendes Sprechen" die situative Auf-gabe des Einübens eines Dialogs, z.B. im Themenfeld *shopping* erfordern. Dazu ist als (Wortschatz-)Übung die Erarbeitung der entsprechenden *chunks* notwendig. Für Lernende mit sonderpädagogischem Unterstützungsbedarf könnten dabei Aspekte

Abbildung 3: Lernaufgaben-Planungs-Modell (LAP-Modell) für inklusiven Englischunterricht

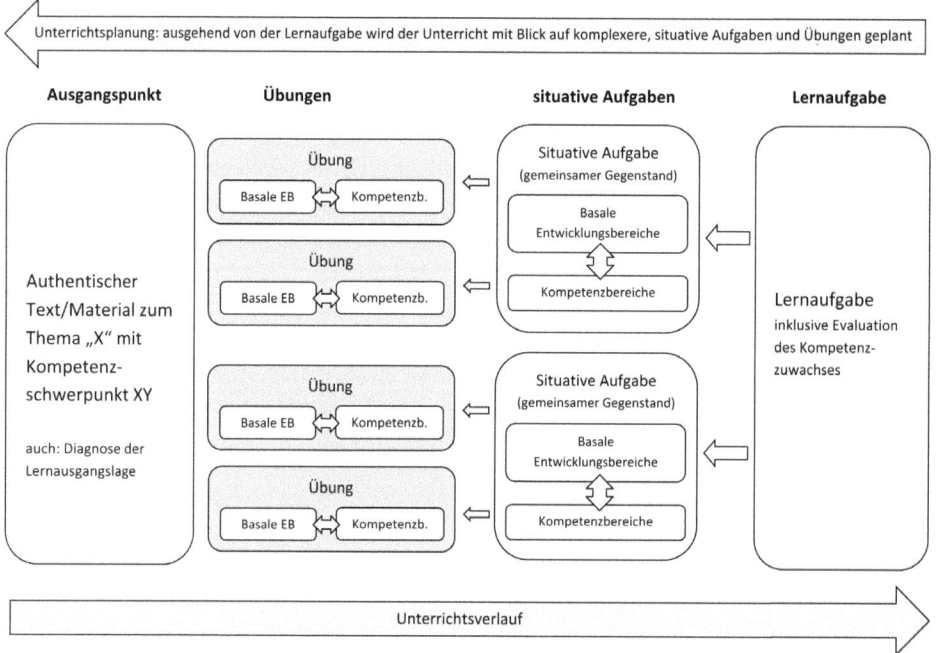

des Erkennens von Körpersprache sowie die Wahrnehmung von Nähe und Distanz innerhalb der situativen Aufgabe ein Ziel sein, das im individuellen Lern- und Entwicklungsplan dokumentiert wäre. Innerhalb der Wortschatzübung könnte unter Umständen bei der schriftlichen Erarbeitung und Recherche des Vokabulars Unterstützung hinsichtlich feinmotorischer Fähigkeiten oder auch auf der Ebene exekutiver Funktionen (Planung des Schreibens, Sammeln und Lernen der *chunks*) nötig werden.

Das LAP-Modell lässt sich entsprechend unterschiedlich füllen, um Übungen und situative Aufgaben je nach Bedarf (und Lerngruppe), Aufgabe oder fremdsprachlichem Förderschwerpunkt zu ergänzen. Eine Möglichkeit, das LAP-Modell einzusetzen, sehen wir hier auch in der (gemeinsamen) Unterrichtsplanung in multiprofessionellen Teams, bei der eine entsprechende Schablone der Einheit bzw. des gesamten LAP-Modells besprochen und für die verschiedenen basalen Entwicklungs- und Kompetenzbereiche unterschiedliche Perspektiven oder Förderansätze ausgehandelt und vorab diskutiert werden können.

4. Die Beiträge des Sammelbandes

Neben der Unterrichtsplanung gibt es zahlreiche weitere Facetten der Konzeptionalisierung und Unterrichtsentwicklung im inklusiven Englischunterricht, die in den Beiträgen dieses Sammelbandes angesprochen werden.

Der Beitrag von Carolyn Blume, Christina Kielwein und Torben Schmidt diskutiert die Potenziale, aber auch die Grenzen von *Task-Based Language Teaching* als methodischen Zugang im (zieldifferent-)inklusiven Unterricht. Im Anschluss daran konkretisiert der Beitrag von Natascha Stahl-Morabito beispielhaft unterrichtliche Prinzipien im zieldifferenten Lernen.

Die sich anschließenden drei Beiträge fokussieren auf konkrete Umsetzungsmöglichkeiten und Anwendungskontexte eines inklusiven Englischunterrichts. Janna Buck stellt die Möglichkeiten und Herausforderungen des Einsatzes dramapädagogischer Methoden im inklusiven Englischunterricht vor. Marco Talarico und Vera Windmüller-Jesse legen in ihrem Beitrag an einem konkreten Unterrichtsbeispiel dar, wie *explainity videos* als digitales Medium alle Schülerinnen und Schüler zu einer erhöhten Sprachproduktion anregen können und gleichzeitig zahlreiche Anschlussmöglichkeiten der individuellen Förderung bieten. Auf der Basis einer empirischen Studie zum inklusiven Englischunterricht an einem Gymnasium stellt Jan Springob Gelingensbedingungen vor, und zwar sowohl aus (fach)didaktisch-inhaltlicher als auch aus systemisch-rechtlicher Perspektive, schließt damit den Block der Umsetzungsmöglichkeiten und Anwendungskontexte und leitet sozusagen auch inhaltlich zum nächsten Abschnitt über: inklusiver Englischunterricht und Lehrerbildung.

Auf welche Weise das Thema inklusiver Englischunterricht in verschiedenen Ausbildungsphasen der Lehrerbildung realisiert und über Institutionen und Kontexte hinweg verknüpft werden kann, steht im Fokus des Artikels von Christiane Doms. Eine weitere empirische Studie von Markus Kötter und Matthias Trautmann nimmt die Erfahrungen der Englischlehrkräfte in den Blick. Der Beitrag spiegelt die Haltung der in Interviews befragten Englischlehrkräfte zum inklusiven Englischunterricht in der Sekundarstufe I wider und zeigt Rahmen- sowie Gelingensbedingungen auf.

Der letzte Teil dieses Sammelbandes dient dem Blick über den (auch nationalen) Tellerrand und fokussiert auf Prinzipien und Herangehensweisen zur Konzeptualisierung eines inklusiven Fachunterrichts. Veronika Timpe-Laughlin und Michael K. Laughlin zeigen in ihrem englischsprachigen Beitrag, wie das Konzept des *Universal Design for Learning* (UDL) eine fachdidaktisch fundierte Unterrichtsplanung ergänzen kann, während im Anschluss daran Katharina Krause und Jan Kuhl das Qualitätsverständnis und die Prinzipien des UDL übergreifend mit Blick auf einen inklusiven Fachunterricht ausführen.

Mary Caitlin Wight nimmt in ihrem, den Sammelband abschließenden, englischsprachigen Beitrag die Perspektive der Schülerinnen und Schüler mit besonderen Lernvoraussetzungen ein, indem sie in ihrer empirischen Studie aufzeigt, welchen Einfluss das Handeln der Lehrkraft auf die Sprachidentität der Lernenden hat.

5. Zusammenfassung und Fazit

Wie eingangs bereits geschildert, stellt Inklusion aus einer fremdsprachendidaktischen Perspektive weiterhin sprichwörtlich gewordenes „Neuland" und damit ein recht junges Forschungsfeld dar, welches weiterhin zahlreiche Forschungslücken und gleichzeitig Potenzial bietet. Positiv ist sicherlich, dass seit Trautmanns (2010) Diagnose einer bis dahin weitgehenden Vernachlässigung von verschiedensten Heterogenitätsdimensionen im Englischunterricht zahlreiche Projekte und Publikationen initiiert und veröffentlicht wurden, die der Konzeptentwicklung für inklusiven Englischunterricht förderlich sind. In diesem Zusammenhang zu nennen sind insbesondere die in diesem Beitrag zitierten Werke sowie die jüngst erschienenen Sammelbände von Burwitz-Melzer, Königs, Riemer & Schmelter (2017) und Chilla & Vogt (2017). Allesamt tragen sie zur weiteren theoretischen wie empirischen Konzeptbildung bei und ermöglichen somit Zugänge für multiprofessionelle Teams, Englischlehrkräfte, Didaktik und Methodik in einem inklusiv gedachten Englischunterricht im Sinne aller Schülerinnen und Schüler.

Auch dieser Sammelband steht in dem Anspruch, inklusiven Englischunterricht weiterzuentwickeln. Mittels des Schwerpunkts auf Unterrichtsentwicklung und -planung war Ziel dieses einleitenden Beitrags, die aktuellen Prinzipien von Aufgabenorientierung (TBLT) für die komplexen Anforderungen der (auch kooperativen) Unterrichtsplanung entlang eines Gemeinsamen Gegenstandes nutzbar zu machen und – als Vorschlag – in ein Lernaufgaben-Planungs-Modell münden zu lassen.

Danken möchten wir allen Autorinnen und Autoren, die durch ihre fundierten Beiträge zum Gelingen dieses Sammelbandes beigetragen haben!

Literatur

Biewer, G. et al. (Hrsg.) (2015). *Inklusive Pädagogik in der Sekundarstufe.* Stuttgart: Klinkhardt.

Burwitz-Melzer, E., Königs, F.G., Riemer, C. & Schmelter, L. (2017). *Inklusion, Diversität und das Lehren und Lernen fremder Sprachen. Arbeitspapiere der 37. Frühjahrskonferenz zur Erforschung des Fremdsprachenunterrichts.* Tübingen: Narr.

Chilla, S. & Vogt, K. (2017). Englischunterricht mit heterogenen Lerngruppen: eine interdisziplinäre Perspektive. In S. Chilla & K. Vogt (Hrsg.), *Heterogenität und Diversität im Englischunterricht. Fachdidaktische Perspektiven* (S. 55–81). Frankfurt am Main: Peter Lang.

DESI-Konsortium (Hrsg.) (2008). *Unterricht und Kompetenzerwerb in Deutsch und Englisch: Ergebnisse der DESI-Studie.* Weinheim: Beltz.

Doert, C. & Nold, G. (2015). Integrativer Englischunterricht – Forschungsfragen zwischen Wunsch und Wirklichkeit. In C.M. Bongartz & A. Rohde (Hrsg.), *Inklusion im Englischunterricht* (S. 23–37). Frankfurt am Main: Peter Lang.

Ellis, R. (2003). *Task-based language learning and teaching.* Oxford: Oxford University Press.

Europarat (2001). *Gemeinsamer europäischer Referenzrahmen für Sprachen: Lernen, Lehren, Beurteilen.* Berlin: Langenscheidt.

Feuser, G. (1989). Allgemeine integrative Pädagogik und entwicklungslogische Didaktik. *Behindertenpädagogik, 28*(1), 4–48.

Gehring, W. (2015). *Praxis Planung Englischunterricht.* Bad Heilbrunn, Stuttgart: Klinkhardt.

Gerlach, D. (2015). Inklusion im Fremdsprachenunterricht: Zwischen Ansprüchen und Grenzen von Heterogenität, Fachdidaktik und Unterricht(srealität). *Fremdsprachen Lehren und Lernen, 44*(1), 123–137.

Gerlach, D., Goworr, J. & Schluckebier, J. (2012). Lernaufgaben als Planungsinstrumente: Vorschläge für den kompetenzorientierten Fremdsprachenunterricht und die Lehrerausbildung. *Beiträge zur Fremdsprachenvermittlung, 52*, 3–19.

Grimm, N., Meyer, M. & Volkmann, L. (2015). *Teaching English.* Tübingen: Narr.

Hallet, W. (2011). *Lernen fördern: Englisch. Kompetenzorientierter Unterricht in der Sekundarstufe I.* Seelze-Velber: Klett Kallmeyer.

Hallet, W. (2012). Die komplexe Kompetenzaufgabe. Fremdsprachige Diskursfähigkeit als kulturelle Teilhabe und Unterrichtspraxis. In W. Hallet & U. Krämer (Hrsg.), *Kompetenzaufgaben im Englischunterricht. Grundlagen und Unterrichtsbeispiele* (S. 8–19). Seelze-Velber: Klett Kallmeyer.

Heimlich, U. & Kahlert, J. (2014). *Inklusion in Schule und Unterricht.* Stuttgart: Kohlhammer.

Helmke, A. (2015). Unterrichtsqualität und Lehrerprofessionalität. Diagnose, Evaluation und Verbesserung des Unterrichts (6. Auflage). Seelze-Velber: Klett Kallmeyer.

Helmke, T., Helmke, A., Schrader, F., Wagner, W., Nold, G. & Schröder, K. (2008a). Die Videostudie des Englischunterrichts. In DESI-Konsortium (Hrsg.), *Unterricht und Kompetenzerwerb in Deutsch und Englisch* (S. 345–363). Weinheim, Basel: Beltz.

Helmke, T., Helmke, A., Schrader, F., Wagner, W., Nold, G. & Schröder, K. (2008b): Alltagspraxis des Englischunterrichts. In DESI-Konsortium (Hrsg.), *Unterricht und Kompetenzerwerb in Deutsch und Englisch* (S. 371–381). Weinheim, Basel: Beltz.

Klieme, E., Avenarius, H., Blum, W., Döbrich, P., Gruber, H., Prenzel, M., Reiss, K., Riquarts, K., Rost, J., Tenorth, H.-E. & Vollmer, H.J. (2003). *Zur Entwicklung nationaler Bildungsstandards. Eine Expertise.* Bonn/Berlin: BMBF.

KMK = Kultusministerkonferenz (1998). Empfehlungen zum Förderschwerpunkt geistige Entwicklung. Verfügbar unter: http://www.kmk.org/fileadmin/Dateien/veroeffentlichungen_beschluesse/1998/1998_06_20_FS_Geistige_Entwickl.pdf [06.06.2017].

KMK = Kultusministerkonferenz (1999). Empfehlungen zum Förderschwerpunkt Lernen. Verfügbar unter: http://www.kmk.org/fileadmin/Dateien/pdf/PresseUndAktuelles/2000/sopale.pdf [06.06.2017].

KMK = Kultusministerkonferenz (2003). Bildungsstandards für die erste Fremdsprache (Englisch/Französisch) für den Mittleren Schulabschluss. Beschluss vom 04.12.2003. Verfügbar unter: https://www.kmk.org/fileadmin/Dateien/veroeffentlichungen_beschluesse/2003/2003_12_04-BS-erste-Fremdsprache.pdf [22.08.2017].

KMK = Kultusministerkonferenz (2012). Bildungsstandards für die fortgeführte Fremdsprache (Englisch/Französisch) für die Allgemeine Hochschulreife. Beschluss der Kultusministerkonferenz vom 18.10.2012. Verfügbar unter: http://www.kmk.org/fileadmin/Dateien/veroeffentlichungen_beschluesse/2012/2012_10_18-Bildungsstandards-Fortgef-FS-Abi.pdf [22.08.2017].

KMK = Kultusministerkonferenz (2011). Inklusive Bildung von Kindern und Jugendlichen mit Behinderungen in Schulen. Verfügbar unter: http://www.kmk.org/fileadmin/Dateien/veroeffentlichungen_beschluesse/2011/2011_10_20-Inklusive-Bildung.pdf [06.06.2017].

Küchler U. & Roters, B. (2014). Embracing Everyone: Inklusiver Fremdsprachenunterricht. In: B. Amrhein & M. Dziak-Mahler (Hrsg.), *Fachdidaktik inklusiv – Auf der Suche nach didaktischen Leitlinien für den Umgang mit Vielfalt in der Schule* (S. 233–248). Münster: Waxmann.

Leupold, E. (2008). A chaque cours suffit sa tâche? Bedeutung und Konzeption von Lernaufgaben. *Der Fremdsprachliche Unterricht Französisch, 96*, 2–9.

Lipowsky, F. (2007). Was wissen wir über guten Unterricht? In G. Becker, A. Feindt, H. Meyer, M. Rothland, L. Stäudel & E. Terhart (Hrsg.), *Guter Unterricht. Maßstäbe &*

Merkmale – Wege und Werkzeuge. Friedrich Jahresheft XXV (S. 26–30). Seelze-Velber: Friedrich.

Müller-Hartmann, A. & Schocker-von Ditfurth, M. (2011). *Teaching English: Task-Supported Language Learning.* Paderborn: Schöningh.

Musenberg, O. & Riegert, J. (Hrsg.) (2015). *Inklusiver Fachunterricht in der Sekundarstufe.* Stuttgart: Kohlhammer.

Oerter, R. & Montada, L. (Hrsg.) (2008). *Entwicklungspsychologie.* Weinheim, Basel: Beltz.

Reich, K. (2012). *Inklusive Didaktik.* Weinheim: Beltz.

Rolff, H.-G. (2015). Formate der Unterrichtsentwicklung und Rolle der Schulleitung. In H.-G. Rolff (Hrsg.), *Handbuch Unterrichtsentwicklung* (S. 12–32). Weinheim: Beltz.

Roters, B. & Eßer, S. (2016). Entwicklung von Lehrerprofessionalität unter inklusiver Perspektive – Impulse für eine reflexive Praxis. In D. Gebele & A. Zepter (Hrsg.), *Inklusion: Sprachdidaktische Perspektiven. Theorie – Empirie – Praxis. Kölner Beiträge zur Sprachdidaktik (KöBeS)* (S. 357–383). Duisburg: Gilles & Francke.

Springob, J. (2017). *Inklusiver Englischunterricht am Gymnasium. Evidenz aus der Schulpraxis im Spiegel von Spracherwerbstheorie und Fremdsprachendidaktik.* Frankfurt am Main: Peter Lang.

Steveker, W. (2011). Zeitgemäß unterrichten. In K. Sommerfeldt (Hrsg.), *Spanisch-Methodik. Handbuch für die Sekundarstufe I und II* (S. 23–48). Berlin: Cornelsen.

Terfloth, K. & Bauersfeld, S. (2015). *Schüler mit geistiger Behinderung unterrichten.* München, Basel: Ernst Reinhardt.

Thaler, E. (2012). *Englisch unterrichten: Grundlagen – Kompetenzen – Methoden.* Berlin: Cornelsen.

Trautmann, M. (2010). Heterogenität – (k)ein Thema in der Fremdsprachendidaktik? Verfügbar unter: http://www.bag-englisch.de/wp-content/uploads/2010/01/Heterogenit%C3 %A4t-Trautmann.pdf [25.08.2017].

Van den Branden, K. (2006). Introduction: Task-based language teaching in a nutshell. In K. van den Branden (Hrsg.), *Task-Based Language Education: From Theory to Practice* (S. 1–16). Cambridge: Cambridge University Press.

Werning, R. & Arndt, A.-K. (2015). Unterrichtsgestaltung und Inklusion. In: E. Kiel (Hrsg.), *Inklusion im Sekundarbereich* (S. 53–86). Stuttgart: Kohlhammer.

Werning, R. & Löser, J. (2012). Integration und Inklusion. In R. Werning, R. Balgo, W. Palmowski & M. Sassenroth (Hrsg.), *Sonderpädagogik. Lernen, Verhalten, Sprache, Bewegung und Wahrnehmung* (S. 296–315). München: Oldenbourg.

Willis, J. (1996). *A Framework for Task-based Learning.* London: Longman.

I
Prinzipien und Leitlinien

Carolyn Blume, Christina Kielwein und Torben Schmidt

Potenziale und Grenzen von Task-Based Language Teaching als methodischer Zugang im (zieldifferent-) inklusiven Unterricht für Schülerinnen und Schüler mit Lernbesonderheiten

1. Einleitung

Für den Englischunterricht in der 6. Klasse hat Frau Müller ihren Schülerinnen und Schülern heute eine neue Aufgabe mitgebracht. Sie sollen in Kleingruppen Informationen zu *Zoo Animals* sammeln und ihren Mitschülerinnen und Mitschülern anschließend die Ergebnisse vorstellen. Bei der Bearbeitung der Aufgabe überlässt Frau Müller den Lernenden die Aushandlung über die Wahl des Zootieres und gibt auch die Form der Ergebnispräsentation nicht direkt vor, das Endprodukt könnte dabei ebenso gut ein Poster über die Nahrungsgewohnheiten der Schweizer Bergziege, als auch ein Steckbrief über den Lebensraum von Eisbären sein. In ihrer Klasse unterrichtet Frau Müller Schülerinnen und Schüler mit unterschiedlichen Lernbesonderheiten, die sie bei der Bearbeitung einer solchen Aufgabe berücksichtigen muss. Während einige Lernende sehr leistungsstark sind und vor einer Unterforderung bewahrt werden müssen, haben einige der Lernenden Schwierigkeiten damit, den sozialen, kooperativen Arbeitsprozess zu gestalten. Für andere Lernende ergeben sich verschiedene Herausforderungen aufgrund einer eingeschränkten kognitiven Leistungsfähigkeit. Um die Bearbeitung der Aufgabe thematisch sowie strukturell zu unterstützen, stellt Frau Müller allen Schülerinnen und Schülern unterschiedliche Ressourcen zur Verfügung, Unterstützungsangebote und Hilfsmittel, die sie individuell nutzen können, dazu jedoch nicht verpflichtet sind.

Wie das Eingangsbeispiel zeigt, versucht Frau Müller durch ihren Ansatz bei der Bearbeitung dieser fremdsprachlichen Lernaufgabe in ihrem Englischunterricht eine diversitätssensible Partizipation am gemeinsamen Lerngegenstand (vgl. Feuser, 2011) zu ermöglichen, welche auch nach dem Verständnis der Autoren dieses Beitrags das übergeordnete Lernziel von inklusivem Englischunterricht sein sollte. Alle Lernenden, ob mit oder ohne sonderpädagogischem Förderbedarf, sollten unterstützt durch die Lern- und Kompetenzerwerbsprozesse im schulischen Englischunterricht dazu befähigt werden, an fremdsprachlichen Diskursen bestmöglich teilzunehmen um insgesamt zu handelnden Akteuren in einer englischsprachigen Welt werden zu können. Kann hierfür Aufgabenorientierter Fremdsprachenunterricht, oder *Task-Based*

Language Teaching (TBLT), ein vielversprechender methodischer Ansatz sein, welcher zur Umsetzung dieses übergeordneten und komplexen Ziels auf Ebene schulischer Fremdsprachenlehr- und -lernprozesse beiträgt? In der fremdsprachendidaktischen Diskussion ist weithin anerkannt, dass TBLT sich grundsätzlich förderlich auf das Fremdsprachenlernen auswirkt (Gurzynski-Weiss, 2017; Ellis & Shintani, 2014; Kim, 2009; van den Branden, 2006). Jedoch plädiert Skehan (1991) dafür, die individuellen Unterschiede von Fremdsprachenlernenden mehr in den Blick zu nehmen. Es existieren allerdings bisher kaum Belege darüber, welche Herausforderungen TBLT an Schülerinnen und Schüler mit bestimmten Lernbesonderheiten stellt. Der vorliegende Beitrag adressiert genau diese Forschungslücke und diskutiert Herausforderungen für Lernende mit bestimmten Lernbesonderheiten bei der Bearbeitung von Lernaufgaben insbesondere im zieldifferent inklusiven Englischunterricht. Dazu werden in Kapitel 2 zunächst Merkmale aufgabenorientierten Fremdsprachenunterrichts aufgezeigt, bevor in Kapitel 3 mögliche Potenziale dieses Ansatzes für den inklusiven Englischunterricht beschrieben werden. Auf Basis dieser theoretischen Überlegungen wird sodann als inhaltlicher Schwerpunkt des Beitrags in Kapitel 4 ein Forschungsüberblick über die Herausforderungen und Grenzen von TBLT für Lernende mit Lernbesonderheiten ge- geben und diskutiert. Dabei liegt der inhaltliche Fokus auf Schülerinnen und Schülern mit Schwierigkeiten auf sozialer und kooperativer Ebene, sowie auf Lernenden mit eingeschränkter kognitiver Leistungsfähigkeit. In Kapitel 5 werden abschließend Entwicklungs- und Forschungsperspektiven für inklusives TBLT benannt und erste Lösungsmöglichkeiten skizziert. Das übergeordnete Ziel dieses Beitrags ist es dabei, kritisch zu hinterfragen, inwiefern sich TBLT für Lernende mit bestimmten Lern- besonderheiten in inklusiven Settings im Englischunterricht tatsächlich eignet.

2. Merkmale aufgabenorientierten Fremdsprachenunterrichts (TBLT)

Um sich der Zielfrage dieses Beitrags anzunähern, soll TBLT in diesem Kapitel zu- nächst fachdidaktisch eingeordnet, sowie Merkmale einer Lernaufgabe als Grund- lage zur Umsetzung dieses methodischen Ansatzes theoretisch beschrieben werden. Im fremdsprachendidaktischen Diskurs gewinnt der aufgabenorientierte Unterricht (TBLT) sowohl in der Forschung als auch in der Pädagogik zunehmend an Bedeutung. Seit den ersten Publikationen zu diesem Thema vor mehr als drei Jahrzehnten (vgl. Crookes, 1986) hat sich Aufgabenorientierung zu einem weiten Forschungsfeld ent- wickelt, dessen Ansätze und Konzepte aus unterschiedlichen Perspektiven ins- besondere theoretisch bereits vielfach untersucht wurden (vgl. Ellis, 2000; Willis & Willis, 2001). Studien aus dem Bereich der Spracherwerbsforschung beleuchten TBLT zumeist aus psycholinguistischer, kognitiver und/oder soziokultureller Perspektive, wobei jeder dieser Blickwinkel unser heutiges fachdidaktisches Verständnis von Auf- gabenorientierung maßgeblich geprägt hat (vgl. Norris, Davis & Timpe-Laughlin, 2017). Erste, meist unter Laborbedingungen durchgeführte wissenschaftliche Unter- suchungen aus der psycholinguistischen Spracherwerbsforschung legten den Fokus auf einzelne Aufgabenmerkmale und deren Wirkung auf die Art sowie den Umfang der Sprachproduktion (vgl. Samuda & Bygate, 2008) und schärften so das Bewusstsein für die am Sprachprozess beteiligten Aufgabenmerkmale (vgl. ebd.). In jüngerer Zeit wird die Interaktion im Klassenzimmer in der Spracherwerbsforschung nicht mehr ausschließlich als kognitiver, psycholinguistischer Prozess verstanden, sondern auch als „kommunikatives und soziales Ereignis" (Müller-Hartmann & Schocker-v. Ditfurth, 2010). Infolgedessen gewinnt die Sichtweise von Lehrenden und Lernenden gleichermaßen an Bedeutung und wird zunehmend in wissenschaftliche Forschung mit einbezogen (vgl. Eckerth & Siekmann, 2008). Auch bei der schulischen Unterrichtsgestaltung hat sich der kommunikative Ansatz von TBLT mittlerweile als Standardpraxis durchgesetzt (vgl. Königs, 2012; Müller-Hartmann & Schocker-v.-Ditfurth 2016), obgleich der Grad der Umsetzung im Klassenzimmer stark variiert (vgl. Müller-Hartmann & Schocker-v.-Ditfurth, 2010; ebd., 2016; van den Branden, 2006), was nicht zuletzt an der Komplexität des methodischen Konzepts von TBLT liegen mag. Um dieser Komplexität zu begegnen, empfiehlt Willis (1996) einen Dreischritt bei der Aufgabenbearbeitung. So sollen Lernende zunächst sprachlich und inhaltlich auf die eigentliche Aufgabe vorbereitet werden (*pre-task*), anschließend folgt die Durchführung der Aufgabe sowie die Präsentation ihrer Ergebnisse (*task cycle*). Willis akzentuiert als dritten Schritt der Aufgabenbearbeitung außerdem die Wichtigkeit der Spracharbeit (*language focus*), um den Sprachlernprozess effektiv zu unterstützen (vgl. dazu auch Kumaravadivelu, 2006; Long & Norris, 2000). Entscheidend für den *task cycle*, also die Durchführung der Aufgabe und deren Ergebnispräsentation, ist die Sequenzierung und Auswahl der Aufgabe durch die Lehrkraft bei der vorangehenden Unterrichtsplanung (*task-as-workplan*) (vgl. Breen, 1987/2009). Dabei kann mit Blick auf die Eigenschaften und Voraussetzungen der individuellen Lerngruppe aus einer Vielzahl an Aufgaben, wie beispielsweise *ordering, listing, problem solving, sharing personal experiences* etc. (vgl. Willis & Willis, 2007), ausgewählt werden. Bei der Interpretation der Aufgabe im Unterricht (*task-in-process*) müssen die von Willis (2007) als „*task demands*" beschriebenen kognitiven, (meta-)linguistischen, interaktionalen und motivationalen Anforderungen berücksichtigt und an die Lerngruppe angepasst werden (vgl. ebd.).

Auch wenn TBLT inzwischen ein weitgehend etablierter und beforschter methodischer Zugang ist, besteht sowohl in der Forschung als auch in der Unterrichtspraxis nur bedingt Konsens darüber, was eine gute Lernaufgabe im Fremdsprachenunterricht, insbesondere für höchst heterogene Lerngruppen, tatsächlich ausmacht, was sicher nicht zuletzt auch auf die große Menge an Forschung zurückzuführen ist (vgl. z.B. unterschiedliche Aufgabenkonzepte von Crookes, 1986; Bygate, Skehan & Swain, 2001; Ellis, 2003; Nunan, 2004; van den Branden, 2006; Samuda & Bygate, 2008; Hallet, 2011). Es werden zahlreiche Aufgabenformen unterschieden, von Lernaufgaben, die Lernprozesse steuern, über Diagnoseaufgaben, Bewertungsaufgaben sowie Testaufgaben (vgl. Biebighäuser, 2012). In Anlehnung an Ellis' Definition von *task* (2003) lassen sich grundsätzlich folgende Merkmale einer Lernaufgabe für TBLT festlegen:

Scope – die Lernaufgabe als Arbeitsplan

In einer guten Lernaufgabe für das fremdsprachliche Klassenzimmer steckt das grundlegende Potenzial für die Lernenden, sich in ihrer Zielsprache weiter zu entwickeln (vgl. Hallet, 2011). Inwiefern dieses Potenzial tatsächlich ausgeschöpft werden kann, hängt jedoch nicht ausschließlich von der Aufgabe als solcher ab, sondern vielmehr von deren Umsetzung durch die Lehrkraft sowie durch die Lernenden im Unterricht selbst (vgl. Vogt, 2017). Die Lernaufgabe dient daher zunächst als Arbeitsplan (*task-as-workplan*). Sie birgt in ihrer theoretischen Konzeption Möglichkeiten der sprachlichen Weiterentwicklung, kann jedoch in ihrer praktischen Umsetzung (*task-in-process*) zu anderen Lernwegen und auch Lernergebnissen führen (vgl. auch Breen, 1987).

Perspective – die Lernaufgabe mit einem Fokus auf Sprache *und* Inhalt

Der Sprachzuwachs sollte beim Fremdsprachenlernen immer im Vordergrund stehen (vgl. Legutke & Schocker-v. Ditfurth, 2013). Eine gute Lernaufgabe versucht jedoch nicht, bestimmte sprachliche Phänomene ausschließlich repetitiv abzurufen wie eine reine Übungsaufgabe, sondern bringt die Lernenden dazu, Sprache pragmatisch anzuwenden, um ihr Lernziel zu erreichen (vgl. Schocker, 2016). Hierbei können sie aus den ihnen individuell zur Verfügung stehenden sprachlichen (und nichtsprachlichen) Ressourcen schöpfen (vgl. Müller-Hartmann & Schocker-v. Ditfurth, 2005).

Authenticity – die Lernaufgabe als Werkzeug zur realitätsbezogenen Sprachverwendung

Um in der Fremdsprache situations- und kontextangemessen kommunizieren zu können, muss den Lernenden die Möglichkeit gegeben werden, sich mit Inhalten auseinanderzusetzen, welche sich in der Realität (zumindest ansatzweise) wiederfinden. Die Lernaufgabe kann dabei eine realitätsnahe Situation (*situational authenticity*) oder auch interaktionale Strukturen (*interactional authenticity*) simulieren (vgl. Ellis, 2003). Ziel dabei ist es immer, dem Kommunikationsverhalten außerhalb des Klassenraumes möglichst nahe zu kommen.

Language Skills – die Lernaufgabe als Anstoß zur Weiterentwicklung aller vier sprachlichen Fertigkeiten durch Interaktion und Adressatenbezug

Eine gute Lernaufgabe fokussiert zumeist nicht auf eine der vier *language skills* (*speaking, listening, reading, writing*), sondern kann Elemente aller vier sprachlichen Fertigkeiten beinhalten. Hierfür sind interaktive Phasen während des Aufgabenbearbeitungsprozesses von enormer Wichtigkeit. Durch das gemeinsame Aushandeln von Bedeutungen in der Zielsprache wird die Sprachentwicklung unterstützt (*participation* statt *acquisition)* (vgl. Ellis, 2003, S. 176). Durch die Interaktion miteinander werden die Lernenden zunehmend sicherer darin, Kommunikationsstrategien zu entwickeln, die ihnen im Umgang mit der Fremdsprache weiterhelfen (z.B. das Umschreiben von Bedeutungen, das Einholen oder Geben von Feedback sowie das Signalisieren von Kommunikationsschwierigkeiten). Die Qualität der Sprachproduktion, sei diese mündlich oder schriftlich, wird durch einen konkreten

Adressatenbezug zusätzlich erhöht. Durch die Orientierung an einer Zielgruppe (*audience*) beschäftigen sich die Lernenden motivierter mit der Aufgabe (vgl. Pica, 2008).

Cognitive Processes – die Lernaufgabe als Auslöser kognitiver Prozesse
Das Lösen eines (Kommunikations-)Problems oder der Umgang mit Informationen in der Zielsprache gelten als typische kognitive Prozesse im Fremdsprachenlernen. Um kognitive Prozesse anzuregen und besonders effektives Lernen zu fördern, sollte die Auswahl des Lerngegenstands lernerorientiert sein. Eine gute Lernaufgabe richtet sich demnach nicht ausschließlich nach den inhaltlichen Interessen der Lernenden, vielmehr bezieht sie auch deren sprachliche, psychologische und soziale Veranlagungen mit ein (vgl. Cameron, 2001). Dies führt dazu, dass sich die Lernenden intensiver mit bestimmten Elementen der Zielsprache beschäftigen, sodass diese sich nachhaltiger im Gedächtnis verankern (*deep processing*) (vgl. Craig & Lockhart, 1972).

Outcomes – die Lernaufgabe mit einem klar definierten (kommunikativen) Lernergebnis
Eine gute Lernaufgabe führt zu einem oder mehreren Lernergebnissen (vgl. Hallet, 2012). Diese beziehen sich sowohl auf sprachliche Elemente als auch auf die Inhalte, die produziert werden sollen. Allerdings ist die Lernaufgabe so angelegt, dass sich die Ergebnisse in einer heterogenen Lerngruppe erheblich voneinander unterscheiden können. So wird differenziertes Arbeiten am gleichen (inhaltlichen) Lerngegenstand möglich. Um eine sprachliche Entwicklung in der Zielsprache zu gewährleisten, kann Spracharbeit explizit in einzelnen Phasen der projektorientierten Aufgabe eingebaut werden (vgl. Vogt, 2017; Hallet, 2017).

Diese exemplarisch aufgegriffenen, allgemeinen Merkmale von Lernaufgaben zeigen, wie komplex eine gute Lernaufgabe im aufgabenorientierten Fremdsprachenunterricht sein muss; sie lässt sich nicht nur anhand bestimmter Designmerkmale bewerten. Ihr tatsächliches Potenzial zeigt sich immer erst, wenn nicht gar vorwiegend, in der Interpretation durch Lehrkraft und Lernende im Klassenraum (*task-in-process*), welche maßgeblich durch die Sequenzierung und Auswahl der Aufgabe bei der Unterrichtsplanung durch die Lehrkraft gesteuert wird (*task-as-workplan*). Obgleich dies von der Lehrkraft zweifelsohne eine hohe fachliche sowie diagnostische Kompetenz erfordert (vgl. van den Branden, 2006), scheint der methodische Zugang von TBLT auch Möglichkeiten für den Fremdsprachenunterricht in differenzierenden Settings zu bieten (vgl. Vogt, 2017). Basierend auf Merkmalen einer Lernaufgabe für TBLT sollen im folgenden Kapitel mögliche Potenziale für den inklusiven Englischunterricht aufgezeigt werden.

3. (Mögliche) Potenziale von TBLT für inklusiven Englischunterricht

Aus der Betrachtung der oben aufgeführten Merkmale einer Lernaufgabe für TBLT lassen sich mögliche Potenziale für den inklusiven Englischunterricht, also den Umgang mit Lernaufgaben in höchst heterogenen Settings, ableiten, welche im Folgenden kurz skizziert werden sollen. Der Umgang mit der Lernaufgabe als Arbeitsplan lässt allen Lernenden bei der Aufgabeninterpretation und -bearbeitung einige Freiräume. Durch die meist offen angelegte Aufgabengestaltung haben sie die Möglichkeit, die Aufgabe ihren Stärken entsprechend zu interpretieren und zu bearbeiten (vgl. van den Branden, 2006). Der besondere Fokus auf Inhalten im Zusammenhang mit sprachlicher Form ermöglicht auch Lernenden mit schwächeren sprachlichen Voraussetzungen eine aktive Teilhabe am Unterrichtsgeschehen und die gemeinsame Arbeit an einem (inhaltlichen) Lerngegenstand (vgl. Hallet, 2012; Norris, Davis & Timpe-Laughlin, 2017). Die Einteilung des aufgabenorientierten Unterrichts in verschiedene Phasen (*pre-, while-, post-phase*) ermöglicht dennoch eine Aktivierung sprachlicher Ressourcen, beispielsweise vor der Bearbeitung der eigentlichen Aufgabe, sodass sprachlich schwächere Lernende unterstützt und der Sprachzuwachs nicht vernachlässigt wird (vgl. Müller-Hartmann & Schocker-v.-Ditfurth, 2012; Willis & Willis, 2007). Hier verbirgt sich eine besondere Chance von TBLT für inklusive Settings, denn die einzelnen Phasen könnten für Lernende mit Lernbesonderheiten zeitlich und strukturell individuell bemessen sein.

Durch die Simulation von realitätsnahen Situationen oder Interaktionen im Unterricht können alle Lernenden mit Kommunikationsstrukturen vertraut gemacht werden, die sie außerhalb des Klassenraums benötigen. Hierbei spielen wiederum Situationskontexte eine Rolle, welche die Lernenden in ihrer eigenen Lebenswelt abholen (vgl. Riemer, 2016).

Der Einbezug möglichst jeder der vier sprachlichen Fertigkeiten ermöglicht während der Bearbeitung der Lernaufgabe einen ausgewogenen Lernzuwachs, denn Lernende sind gefordert, sich sowohl produktiv als auch rezeptiv, mündlich und schriftlich einzubringen, um ihr Lernziel zu erreichen. Dadurch dass die Lernaufgaben oft einen projektähnlichen Charakter haben, ist die Interaktion der Lernenden miteinander ein zentraler Bestandteil der Aufgabe (vgl. Seedhouse & Almutairi, 2009; Robinson, 2011). Gemeinsam können sie Kommunikationsstrategien entwickeln, die sie bei der Bearbeitung der Aufgabe weiterbringen (vgl. Stork, 2010). Durch den prozessorientierten Ansatz, der im aufgabenorientierten Unterricht eine entscheidende Rolle spielt, werden kognitive Vorgänge ausgelöst, die bei den Lernenden individuell für eine vertiefte Verankerung des verarbeiteten Inputs sorgen (vgl. Samuda & Bygate, 2008; Ellis, 2003).

Aufgabenorientierter Fremdsprachenunterricht ist zwar ergebnisorientiert, ermöglicht aber dennoch differenziertes Arbeiten. Auch hier sorgt der Grad an Offen- bzw. Geschlossenheit der Aufgabe dafür, dass Lernende auf vielfältigen Wegen zu ihrem persönlichen Lernziel gelangen können. Das wiederum gibt der Lehrkraft die Möglichkeit, Schwierigkeitsgrad und Unterstützungsangebote an die individuellen

Bedürfnisse ihrer Schülerinnen und Schüler anzupassen (vgl. Willis & Willis, 2007; Norris, Davis & Timpe-Laughlin, 2017; Müller-Hartmann & Schocker, 2016).

Festzuhalten ist, dass sich die Orientierung an Lernaufgaben auch für den inklusiven Englischunterricht zumindest in der Theorie zunächst vielversprechend anhört und Potenziale für eine erfolgreiche Umsetzung birgt. Während erste Autorinnen und Autoren wie Vogt (2017) bereits mögliche Potenziale von TBLT für den inklusiven Unterricht theoretisch beschreiben und dabei insbesondere Differenzierungsmöglichkeiten bei der Aufgabenbearbeitung herausstellen, stehen eine systematische, auf einer Diskussion bisheriger relevanter Forschungsergebnisse beruhende Auseinandersetzung mit dieser Hypothese ebenso wie eine deutliche Erweiterung der Forschungsarbeiten in diesem Bereich noch aus. Hier soll nun das folgende Kapitel ansetzen, indem Herausforderungen von TBLT für Lernende mit metakognitiven, kognitiven und interaktionalen Schwierigkeiten diskutiert werden.

4. Herausforderungen von TBLT für Lernende mit Lernbesonderheiten

Es wurde bereits beschrieben, dass sich einige Merkmale von TBLT positiv auf alle Lernenden, unabhängig von einem sonderpädagogischen Förderbedarf, auswirken können (vgl. Vogt, 2017). Allerdings existieren kaum Belege dafür, vor welche Herausforderungen TBLT solche Lernenden stellt, die Lernbesonderheiten aufweisen. So ist anzunehmen, dass die hohen kognitiven und interaktionalen Anforderungen von TBLT insbesondere für Lernende mit einem diagnostizierten Förderbedarf im Bereich Sprache oder emotional-sozialer Entwicklung, aber auch im Bereich Lernen herausfordernd sein können. Bestimmte Charakteristika von TBLT können für Lernende mit auditiven oder visuellen Verarbeitungsschwierigkeiten oder mit Verhaltensbesonderheiten (z.B. aufgrund eines Aufmerksamkeitsdefizit(-hyperaktivitäts)-Syndroms (AD(H)S), Ausprägungen eines Asperger-Syndroms oder eines atypischen Autismus (ASS)) sowie für Lernende mit Lernprozessschwierigkeiten (ausgelöst z.B. durch Legasthenie bzw. Lese-Rechtschreib-Schwierigkeiten (LRS)) Chance und Stolperstein zugleich sein. Die Schwierigkeiten beim Erlernen einer Fremdsprache liegen sowohl in der Didaktik als auch in den Lernbesonderheiten selbst (vgl. Difino & Lombardino, 2004; Sternberg, 2002). Daher müssen in einem diversitätssensiblen Unterricht Erkenntnisse darüber berücksichtigt werden, inwieweit der besondere methodische Zugang von TBLT für Lernende mit bestimmten Anforderungsprofilen in diesem Bereich eine (zusätzliche) Herausforderung darstellen kann.

Die Komplexität des Erlernens einer Fremdsprache lässt sich mit Blick auf sprachliche Phänomene, auf das Lernumfeld sowie auf die Lernenden betrachten (vgl. Housen & Simoens, 2016). In diesem Kapitel liegt der Fokus auf dem Lernumfeld und den Lernenden, wobei konkret die metakognitiven, kognitiven, und interaktionalen Herausforderungen von TBLT mit Erkenntnissen verknüpft werden, die in TBLT selbst als auch in der Kognitionspsychologie erlangt worden sind. Auf beiden Feldern existieren bereits weitreichende empirische Untersuchungen, deren Erkenntnisse dahingehend betrachtet werden, ob und wie sie die Situation von Lernenden mit bestimmten Lernbesonderheiten beeinflussen können.

4.1 Herausforderungen von TBLT für Lernende mit metakognitiven Schwierigkeiten

Ein Merkmal von TBLT ist die Beanspruchung der metakognitiven Funktion (vgl. Chamot, 2004). Oxford, Cho, Leung & Kim (2004) beschreiben Fremdsprachenlernstrategien, die unter anderem metakognitive Strategien beinhalten, aber darüber hinaus auch affektive, kognitive, soziale, kompensatorische und gedächtnisbezogene Strategien umfassen. Dörnyei (2005) wiederum akzentuiert das Konzept der Selbstregulierung. Jeder dieser Ansätze betont die Wichtigkeit von Planung, Überwachung, Problemlösung und Evaluierung des eigenen Lernverhaltens (vgl. Chamot, 2005). Gleichzeitig belegen andere Forschungsergebnisse jedoch, dass sich genau diese Kompetenzen bei Lernenden mit Verhaltensauffälligkeiten bzw. mit Lernprozessschwierigkeiten später entwickeln als bei Lernenden, die einen typischen Entwicklungsprozess durchlaufen (vgl. Vandergrift & Tafaghodtari, 2010; Panerai et al., 2016; Semrud-Clikeman, Walkowiak, Wilkinson & Butcher, 2010). So wurden bei Lernenden mit einer verzögerten Entwicklung Defizite in der Fähigkeit festgestellt, aufeinander folgende Informationen nachzuvollziehen und miteinander zu verknüpfen (vgl. Gathercole, 2004). Ebenso fällt es diesen Lernenden schwer, die Anforderungen einer Task mit ihren eigenen Kompetenzen und Fertigkeiten sowie mit Zielen der Aufgabe in Verbindung zu setzen (vgl. Wenden, 1998; Wong, 1985). Ellis (2000) beschreibt anhand einer Studie von Brooks & Donato (1994), wie sich fortgeschrittene Lernende einer Oberstufe – trotz vorangegangener ausführlicher Erklärungen der Lehrkraft – intensiv damit auseinandersetzten, welche Ziele und Herangehensweisen einer bestimmten Aufgabe zugrunde lagen. Eine solche Auseinandersetzung erfordert metakognitives bzw. strategisches Wissen zu Aufgabenorientierung und -durchführung, das bestimmten Lernenden in nicht hinreichendem Umfang zur Verfügung steht. Indessen erkennen andere Forschungsergebnisse keinen Zusammenhang zwischen einer schwachen metakognitiven Leistung und den sich daraus ergebenden Nachteilen beim Erlernen der Fremdsprache (vgl. Sparks & Ganschow, 1993). Auch der Bezug zwischen Lernstrategien bzw. Selbstregulation und Fremdsprachenlernkompetenz ist nicht eindeutig (vgl. Chamot, 2005; Tseng, Dörnyei & Schmitt, 2006). Allerdings sprechen Erkenntnisse aus der Neurophysik sowie aus der Psycholinguistik dafür, dass verminderte metakognitive Fähigkeiten für Lernende mit Wahrnehmungsschwierigkeiten herausfordernd sein können. So belegt Poissant (2001) sowohl auf neurobiologischer und -psychologischer, als auch auf medizinischer Ebene, dass die Metakognition von Lernenden mit AD(H)S beeinträchtigt ist. Bramham et al. (2009) nehmen unter Erwachsenen mit AD(H)S zwar unterschiedliche metakognitive Beeinträchtigungen im Vergleich zu Erwachsenen mit ASS wahr, stellen jedoch für beide Gruppen Defizite im Vergleich zur unbeeinträchtigten Kontrollgruppe fest. Diese Defizite, die auf schwach ausgeprägte exekutive Funktionen zurückzuführen sind, beeinflussen womöglich im aufgabenorientierten Fremdsprachenunterricht das Initiieren und Planen von Aufgaben ebenso wie das Formulieren von Problemlösestrategien negativ. Bei der Anwendung von Fremdsprachenlernstrategien, die u.a. sowohl metakognitive (vgl. Oxford et al., 2004) als auch selbstregulierende Fähigkeiten voraussetzen (vgl. Tseng et al., 2006), sind Lernende mit entsprechenden Förderbedarfen im Hinblick auf das Planen, die zielgerichtete Aufmerksamkeit, die Identifikation von wichtigen Informationen, die Selbststeuerung und Selbsteinschätzung sowie die Aufgabenanforderungen beeinträchtigt (vgl. Chamot & Kupper, 1989).

4.2 Herausforderungen von TBLT für Lernende mit kognitiven Schwierigkeiten

Die Fremdsprachenforschung zu TBLT hat sich auch aus neurobiologischer Sicht mit der Beanspruchung der Aufmerksamkeit (*attention*) auseinandergesetzt. So gibt Skehan (1996) im Hinblick auf die konkurrierenden Ziele von *complexity, accuracy* und *fluency* zu bedenken, dass es für Lernende unmöglich sei, allen drei Zielen gleichzeitig gerecht zu werden. Anhand einer Reihe von Studien konnte zudem belegt werden, dass sich die Aufmerksamkeit unter bestimmten Bedingungen positiv steuern lässt (vgl. Skehan, 2009a). Dennoch ist es für Lernende, die aufgrund einer schwachen Zentralexekutive schnell abgelenkt sind und die Wichtigkeit bestimmter Informationen nur schwer erkennen können (*saliency*) (Ellis, 2016; Kormos & Smith, 2012), herausfordernder, sich zielgerichtet auf sprachliche Aufgaben, unabhängig ihrer Art, zu konzentrieren. Auch Schmidt (2001) betont, dass *noticing* – aus seiner Sicht eine Grundvoraussetzung für das Erlernen sprachlicher Elemente – nur mithilfe des phonologischen Arbeitsgedächtnisses erfolgen kann. Allerdings kann gleichzeitig die Wahrnehmung sprachlicher Elemente einige Lernende vor größere Herausforderungen stellen als andere. Ferner belegen Studien, dass die Fähigkeit, ihre Aufmerksamkeit aufrecht zu erhalten bzw. umzulenken, mit der Kapazität des phonologischen Arbeitsgedächtnisses korreliert (Kane, Bleckley, Conway & Engle, 2001; McCabe, Roediger, McDaniel, Balota & Hambrick, 2010). Diese Kapazität ist wiederum bei Lernenden mit Teilleistungs- und Wahrnehmungsschwierigkeiten nachweislich in geringerem Umfang vorhanden. Somit sind Lernende mit diesen Lernbeeinträchtigungen in einem TBLT-Setting doppelt belastet: Sie können sich einerseits nur mit Mühe auf die relevanten Inhalte konzentrieren, sie können andererseits, wenn sie diese Inhalte erkannt haben, ihre Aufmerksamkeit nur schwer auf andere notwendige Einflüsse lenken.

Lernende mit Lernprozessschwierigkeiten sehen sich insbesondere in lautlichen Kognitions- und Lernprozessen (vgl. Oxford, 2003) häufig mit Herausforderungen konfrontiert, die durch TBLT erzeugt oder zumindest erhöht werden. Bei TBLT wird von einem natürlichen Lernprozess ausgegangen (vgl. Ellis, 2009; Skehan, 2002), wobei eine beiläufige Fokussierung auf sprachliche Korrektheit (*focus-on-form*) zu *noticing* führen sollte (vgl. Swain, 1995; Schmidt, 2001). Demnach sollten Kompetenzen in allen Bereichen des Sprachenlernens durch die Einbettung in authentische und kommunikative Aufgaben erlernt werden (vgl. Nunan, 2013). Folglich sollten Lernende dazu befähigt werden, relevante Sprachmerkmale zu verallgemeinern und auf andere Situationen zu übertragen. Dies erfordert einerseits ein enormes Abstraktionsvermögen, die Lernenden müssen aber andererseits auch in der Lage sein, sich wiederholende Elemente zu erkennen und folgerichtig anzuwenden. Indessen zeigt sich auch hier, dass das Erkennen von sprachlichen Mustern bzw. gebräuchlichen Phrasen (*chunks*) für manche Lernende kaum realisierbar ist (vgl. Jiménez-Pérez, 2016; Kim, Payant & Pearson, 2015; Stahl-Morabito in diesem Band). Die Gründe hierfür sind noch nicht vollständig geklärt. Verschiedene Konstrukte bemühen sich um Erklärungsansätze, die zum Teil komplementär, zum Teil widersprüchlich sind. Ganschow & Sparks sprechen von einer *„Linguistic Coding Deficit Hypothesis"* (2001, S. 87), wonach Schwierigkeiten im Fremdsprachenlernen auf eine Schwäche beim Erwerb der Muttersprache im Sinne nicht erkannter Lese-Rechtschreib-Schwierigkeiten (*developmental dyslexia*) zurückzuführen sind. Robinson hingegen identifiziert verschiedene Aspekte der Sprachlerneignung, welche unterschiedliche Lernleistungen erklären:

> *Task research has not yet substantially addressed the role of individual differences, and aptitudes for learning and performance on specific tasks during task-based L2 learning. It is possible, therefore, that learners with strengths in patterns of task related abilities may be more suited to learning from, or production practice on, one task versus another. Consequently, individual differences in abilities may also interact with L2 task characteristics to systematically affect speech production, uptake and learning: one learner may be systematically more fluent on one type of task than another, or systematically more accurate, or notice and use more new information provided in the task input, etc. These are important issues for the development of theoretically motivated and researched L2 task-aptitude interaction profiles. (2007, S. 16)*

Robinson beschreibt hier individuelle Unterschiede bei der Sprachlerneignung, spricht jedoch die Teilleistungs- und Wahrnehmungsbesonderheiten nicht explizit an. Die verschiedenen Ansätze gehen allesamt von einer schwächeren Arbeitsgedächtnisleistung aus. Diese beeinträchtigt nachweislich die Automatisierung, was wiederum dazu führt, dass den Lernenden weniger Ressourcen zum Erhalt der Aufmerksamkeit zur Verfügung stehen (vgl. Wen, 2016, S. 93).

Sowohl Skehan (1996) als auch Swan (2005) plädieren daher für Anteile expliziten Lernens in TBLT, da ein Fokus auf Inhalte ohne eine strukturierte Einführung und die regelmäßige und hochfrequente Wiederholung von Kernelementen nicht zwingend zu Spracherwerbsprozessen führt. Der aufgabenorientierte Ansatz, Lernende durch typische sprachliche Aktivitäten zum Spracherwerb zu führen, berücksichtigt, wenn überhaupt, nur geringfügig die Bedarfe aller Lernenden. Im Hinblick auf Lernende mit Legasthenie bzw. LRS schreiben Ganschow & Sparks (2000, S. 90) dazu: „[...] foreign language instruction [is] dominated by the natural or communicative approach […] Our knowledge of how students classified as dyslexic learn to read, write, and spell [runs] contrary to this assumption." In empirischen Studien zeigten Untersuchungen zur Blickerfassung, dass explizite Hinweise auf die Zielstruktur zu mehr Aufmerksamkeit und größeren Lernfortschritten führten als in Lernsituationen, die einen impliziten Erwerb der Struktur vorsehen (vgl. Indrarathne & Kormos, 2016). Das implizite Lernen, welches für TBLT entscheidend ist, beansprucht maßgebend das phonologische Arbeitsgedächtnis (vgl. Kormos & Sáfár, 2008; Ellis, 2000). Allerdings wurden bei Lernenden mit Lernprozessschwierigkeiten insbesondere hierbei Defizite festgestellt (vgl. Cohen et al., 2000). Aufgrund eines eingeschränkten Arbeitsgedächtnisses (vgl. Jeffries & Everatt, 2004) ergeben sich Schwierigkeiten bei der Worterkennung (vgl. Kormos & Smith, 2012), der phonologischen Bewusstheit (vgl. Vellutino, Fletcher, Snowling & Scanlon, 2004; Difino & Lombardino, 2004) sowie bei der Automatisierung des Gelernten (vgl. Frith, 1986; Nicolson & Fawcett, 2008). Als erfolgreiche Maßnahmen zur Beseitigung dieser Defizite gelten u.a. systematische, fokussierte, multisensorische und hochfrequente Übungen unter Berücksichtigung konkreter lexikalischer und grammatischer Phänomene (vgl. Gerlach, 2013). Derartige Übungen und Phänomene sind in TBLT jedoch nicht vorgesehen. Zahlreiche Studien belegen, dass Fremdsprachenlernen in expliziten Lernkontexten mit instruierten Anteilen genauso effektiv (mit komplexen Inhalten) oder gar effektiver (mit einfachen Stimuli) ist als in impliziten Lernumgebungen. Das ist insbesondere für Lernende mit geringeren analytischen Fähigkeiten entscheidend (vgl. Robinson, 2007). Erlam (2005) als auch Baddeley, Gathercole & Papagno (1998) sehen die Ursache dafür in einer leistungsschwächeren phonologischen Schleife dieser Lernenden. Aufgrund des eingeschränkten Arbeitsgedächtnisses brauchen sie für dieselben Sprachelemente mehr Übung als andere, um ein ähnliches oder dasselbe Sprachniveau zu erreichen. Einschränkungen im Hörverstehen und in der Lautdifferenzierung, die bei Lernenden mit Lernbesonderheiten häufig auftreten, stellen für sich eine sehr hohe kognitive Belastung dar (vgl. Bruce, Thernlund & Nettelbladt, 2006; Nelson, Kohnert, Sabur & Shaw, 2005; Adlard & Hazan, 1998). Der Anspruch von TBLT, diese Belastung anhand der Aufgabenmerkmale zu steuern (vgl. Robinsons *cognition hypothesis*, 2001), bezieht unter Umständen die unterschiedlichen Bedarfe von Lernenden nur ungenügend mit ein, die aufgrund verschiedener Aufgabenmerkmale unterschiedlich mit der Aufgabe interagieren (vgl. Kim, 2009; Rezaei & Tabatabaei, 2015).

Skehan (2009b) zeigt indessen anhand einer Reihe von Studien auch auf, dass in TBLT die Grenzen, die durch die Aufmerksamkeitskapazität gesetzt sind, unter bestimmten Bedingungen überwunden werden können. Gleichzeitig gibt er jedoch zu bedenken, dass es selbst unter bestimmten Bedingungen sehr schwierig sein kann, die dualen Informationsverarbeitungsprozesse aufrecht zu erhalten (vgl. Skehan, 2009b). Auf die besondere Situation von Lernenden mit Lernbesonderheiten, die gerade in diesem Zusammenhang betroffen sind, geht er dabei allerdings nicht explizit ein.

4.3 Herausforderungen für Lernende mit interaktionalen Schwierigkeiten

Während für Lernende mit Wahrnehmungsschwierigkeiten bzw. mit Legasthenie/ LRS insbesondere die kognitiven Anforderungen von TBLT problematisch sind, ist für Lernende mit Beeinträchtigungen im Entwicklungsprozess, ausgelöst beispielsweise durch AD(H)S und ASS, die Interaktion häufig die größte Herausforderung. Für den kommunikativen Austausch ist die Steuerung der Aufmerksamkeit entscheidend, sodass die Lernenden die Aufgabe selbst und dabei zugleich auch ihre Mitlernenden im Blick behalten können. Diese *joint attention* fällt Lernenden mit AD(H)S und ASS jedoch schwer, da sie ihre Aufmerksamkeit nur mühevoll über einen längeren Zeitraum aufrechterhalten können (vgl. Charman, 2003).

Ebenso wichtig wie die linguistischen Aspekte sind bei der Umsetzung des aufgabenorientierten Ansatzes die paralinguistischen Elemente, die mit der kooperativen Aushandlung einer Aufgabe einhergehen. Lernende mit Entwicklungsstörungen sind hier wiederum betroffen, denn ihnen gelingt es häufig nicht, Mimik und Gestik richtig zu interpretieren (vgl. Adolphs, Sears & Pivens, 2001) oder Augenkontakt angemessen einzusetzen (vgl. Norbury et al., 2009). Demzufolge dürfte auch die Offenheit der Aufgaben in TBLT-Settings zu gegenseitigem Missverständnis und Frustration führen. Ähnlich haben Bottema-Beutel & Smith (2013) resümiert, dass ein ausgeglichenes Maß an (aktiver) Teilhabe für eine gelungene Interaktion wichtig ist. Für Lernende mit emotionalen oder sozialen Verhaltensschwierigkeiten ist es jedoch häufig schwierig, hier eine ausgewogene Balance zu halten, was wiederum zu Unzufriedenheitsempfinden führen kann.

In TBLT-Settings geht es dabei um mehr als um die Frage der sozialen Akzeptanz. Vielmehr beeinträchtigt eine verminderte interaktive Kompetenz die Aushandlung von schwierigen fremdsprachlichen Inhalten und von komplexen Aufgaben. Besonders Lernende mit ASS haben Schwierigkeiten bei Aushandlungen dieser Art, da sie weder die Perspektive des Anderen, noch dessen impliziten oder pragmatischen Aussagen zu deuten wissen (vgl. Wire, 2005). Da Lernende mit ASS in ihrer Fähigkeit, sich in die Position des Gegenübers hineinzuversetzen (*Theory of Mind*), eingeschränkt sind, stellen indirekte Sprechakte, Metaphern, Ironie und Sprechabsichten für sie bereits in ihrer Muttersprache eine Herausforderung dar (vgl. Kurcz, 2004; Jiménez-Pérez, 2016). Solche Äußerungen werden jedoch im kommunikativen Fremdsprachenunterricht häufig verwendet.

Für Lernende mit ASS stellt das interkulturelle Lernen in gleicher Weise eine Herausforderung dar. Es erfordert ein hohes Maß an Verständnis für andere Perspektiven, Sichtweisen und Präferenzen, was Lernenden mit Einschränkungen im Bereich des indirekten Einfühlungsvermögens jedoch schwerfällt. Unterschiedliche kulturelle Erwartungen, beispielsweise eine gewisse geforderte Höflichkeit, können hier zu Problemen führen, die bei anderen Lernenden nicht auftreten. Eine derartige Korrelation zwischen dem kulturellen Verständnis und der Fremdsprachenkompetenz konnte von Young (2007) festgestellt werden. Auch wenn der Fokus seiner Arbeit weder auf Lernende mit ausgeprägten Schwächen in diesem Bereich noch auf TBLT gerichtet war (vgl. Dewaele, 2009), würden auch Ansätze, bei denen das interkulturelle

Verständnis eine maßgebende Rolle spielt, eine zusätzliche Herausforderung für eben-diese Lernenden darstellen.

5. Entwicklungs- und Forschungsperspektiven für inklusives TBLT

Die in Kapitel 4 beschriebenen Herausforderungen deuten bereits an, dass für eine erfolgreiche Umsetzung von TBLT in inklusivem Englischunterricht noch immer enormer Entwicklungs- und Forschungsbedarf in unterschiedlichsten Handlungs-feldern besteht. Anknüpfend an die Ausführungen zur Konzeption von Lernaufgaben in Kapitel 2 sowie zu besonderen Herausforderungen in Kapitel 4, sollen in diesem Kapitel diesbezüglich Forschungsperspektiven und -desiderate aufgezeigt werden.

5.1 Konzeption von Lernaufgaben

Im Mittelpunkt des aufgabenorientierten Fremdsprachenunterrichts steht zweifels-ohne die Lernaufgabe selbst. In den vorangehenden Kapiteln dieses Artikels wurden bereits allgemeine Merkmale von Lernaufgaben (Kapitel 2) sowie Herausforderungen für Lernende mit Teilleistungsstörungen, die einer besonderen Förderung bedürfen (Kapitel 4), thematisiert. Hieraus entwickeln sich einige Überlegungen dazu, wie *inklusive* Lernaufgaben in TBLT gestaltet sein sollten, damit das Potenzial des Ansatzes tatsächlich ausgeschöpft werden kann. Lernaufgaben, wie man sie heute in fremd-sprachendidaktischen Lehrwerken findet, berücksichtigen bereits individuellere An-sätze des Fremdsprachenlernens (vgl. Hallet & Königs, 2010). Durch geeignete Lern-aufgaben sollen Lernende dazu bewegt werden, an einem gemeinsamen Gegenstand zu arbeiten, der für sie persönlich relevant ist und bei dem es sich lohnt, sich einzu-bringen (vgl. Meier, Bohl, Kleinknecht & Metz, 2013). Dabei sind nicht alle Lernenden auf demselben Lernstand, haben nicht dieselbe Lernausgangssituation. Sie bringen unterschiedliche Lernvoraussetzungen, persönliche Ziele und Möglichkeiten mit, diese Ziele zu erreichen, sei es auf kognitiver, sprachlicher oder sozial-emotionaler Ebene (vgl. ebd.; Gehring, 2014). Die Frage, die sich bei der Gestaltung einer inklusiven Lernaufgabe stellt, ist, inwiefern eine solche Aufgabe die Möglichkeit der Partizipation am gemeinsamen Lerngegenstand ermöglicht.

Zur Verdeutlichung sei hier noch einmal die anfangs exemplarisch beschriebene Aufgabe von Frau Müller zu *Zoo Animals* angeführt. Durch eine Vielfalt an Heran-gehensweisen (mündliche oder auch schriftliche Beiträge zu Lebensraum, Nahrung, Verhaltensweisen, Eigenschaften verschiedener Zootiere etc.) sowie durch die Offen-heit bei der Darstellung des Endproduktes können sich alle Lernenden individuell ein-bringen und auf einem für sie möglichen Sprachniveau zum Erreichen des Lernziels beitragen. Natürlich darf eine solche Aufgabenstellung nicht isoliert betrachtet werden (vgl. Schäfer, 2014). So bedarf es für eine erfolgreiche Umsetzung sprachlicher und strategischer Unterstützungsangebote (z.B. „Welche Elemente könnte das Endprodukt beispielhaft beinhalten?", „Wie präsentiere ich überhaupt vor meinen Mitschülerinnen und Mitschülern?"). Auch verschiedene Wahlmöglichkeiten bei der konkreten Umsetzung (schriftlich, malerische Gestaltung einer Collage etc.) ermöglichen die Arbeit aller Lernenden am gemeinsamen Gegenstand. Weiterhin müssen die Lernenden durch vorangehende Aufgaben auf die eigentliche Zielaufgabe vorbereitet werden (vgl. Willis & Willis, 2007; Robinson, 2001; Skehan, 1996). Kooperative Elemente sind hierbei ein zentrales Hilfsmittel; idealerweise sollte die Lernaufgabe die Lernenden immer wieder zusammenführen und Situationen erzeugen, in denen die Zusammenarbeit gar zur Bedingung wird, um das angestrebte Endziel unter dem Einsatz aller Beteiligten erreichen zu können.

Eine große Stärke von besonders gestalteten Lernaufgaben besteht in deren inhaltlicher Offenheit und der Möglichkeit für Lernende, sich an einem weit gefassten Lerngegenstand auszuprobieren und einzubringen (vgl. Vogt, 2017). Diese Stärke gilt es durch entsprechendes Aufgabendesign zu erhalten. Gelingt dies auf theoretischer Ebene (*task-as-workplan*), folgt im nächsten Schritt die Interpretation der Aufgabe durch die Lehrkraft und dann die konkrete Umsetzung der Aufgabe im fremdsprachlichen Klassenraum (*task-in-process*).

5.2 Unterstützung der Lehrkräfte im Umgang mit Herausforderungen bei TBLT

Damit Lehrkräfte das theoretische Potenzial einer gut konzipierten, inklusiven Lernaufgabe nicht nur erkennen, sondern vor allem für ihre Lernenden im Unterricht sichtbar machen können, bedürfen sie zweifelsohne Unterstützung (vgl. Amrhein, 2011; Gasterstädt & Urban, 2016; Hintz, Paal & Kleeberg, 2016). Diese Unterstützung darf sinnvollerweise jedoch nicht durch eine Überschüttung mit Übungsmaterial erfolgen. Vielmehr sollte darauf Wert gelegt werden, der Lehrkraft durch geeignetes Material direkt Hilfestellung zu den eigentlichen komplexen Lernaufgaben zu geben. Hierbei spielen nicht zuletzt Lehrerhandreichungen eine entscheidende Rolle: Wie sind diese aufgebaut? Werden genügend Unterstützungsmöglichkeiten aufgezeigt, die von der Lehrkraft konkret und ohne übermäßigen Überarbeitungsaufwand genutzt werden können? Gängiges Inklusionsmaterial besteht vorwiegend aus Übungsaufgaben, oft dargestellt in Form von Erweiterungen des Workbooks. Allerdings sind Übungsaufgaben in dem Kontext einer komplexen Lernaufgabe keineswegs das Material, welches Lehrkräfte und Lernende tatsächlich benötigen oder als sinnvolle Unterstützung wahrnehmen (vgl. Adler, 2013). Komplexe Lernaufgaben erfordern viel mehr Support und die Fähigkeit der Lehrkraft, im Aufgabenbearbeitungsprozess selbst zu (re-)agieren und individuell zu unterstützen (vgl. Hallet, 2012). Dabei fungiert die Lehrkraft als Vermittler zwischen Unterstützungs- und Diagnoseangeboten, sie ist demnach ein *guide on the side*, der die Lernenden als Sprachexperte durch die Aufgabe leitet. Darauf muss sicherlich nicht zuletzt auch in der Lehrkräfteausbildung vermehrt Wert gelegt werden.

5.3 Forschungsdesiderate

Was bedeuten diese Erkenntnisse für den Umgang mit Lernaufgaben in inklusiven Settings? Die wissenschaftliche Forschung und Entwicklung setzt ihre Schwerpunkte bei der Untersuchung von inklusivem Fremdsprachenunterricht bisher vorwiegend auf differenzierte Übungsaufgaben. Komplexe Lernaufgaben und ihre Rolle in Bezug auf Inklusion sind dagegen weitestgehend unerforscht. Während bei einer Übung (z.B. in einem grammatischen Thema wie *conditional clauses*) schon klar definiert ist, welche sprachlichen Fertigkeiten gegeben sein müssen, welche Ziele erreicht werden sollen und welche Unterstützungsangebote dafür in der Schulpraxis funktionieren, stehen diese Untersuchungen für komplexere Lernaufgaben noch aus. Wie wird eine Lernaufgabe im Klassenraum interpretiert? Ermöglicht die Aufgabe tatsächlich die Teilhabe aller Lernenden? Inwiefern sind sie an verschiedenen Phasen der Aufgabe beteiligt? Gibt es Unterstützungsangebote zu allen Phasen? Wie sind solche Unterstützungsangebote gestaltet und wie werden sie genutzt? Sind Modelltexte oder -aufgaben zur Veranschaulichung verfügbar? Arbeiten tatsächlich alle Lernenden auf ein Produkt hin, das idealerweise am Ende zu kooperativen Prozessen führt und zu einem Produkt, an dem alle teilhaben bzw. zu dem alle Akteure etwas beigetragen haben? Wie können unterschiedliche Lernausgangsstände berücksichtigt werden? Was sind geeignete Formen der individualisierten Leistungsmessung und -bewertung? Diesen Fragen kann laut Schmidt (2017) ausschließlich durch zunehmende und gezielte Unterrichtsforschung in inklusiven Fremdsprachenlehr-/-lernsettings nachgegangen werden.

6. Fazit

TBLT darf durchaus als vielversprechender Ansatz verstanden werden, um sich einer diversitätssensiblen Partizipation der Lernenden am gemeinsamen Lerngegenstand anzunähern. Insbesondere im Bereich der Differenzierung und Individualisierung weist dieser Ansatz wesentliche Merkmale auf, die sich für inklusiven Unterricht eignen und sich positiv auf alle Lernenden auswirken können. Wie die Ausführungen in Kapitel 2 und 5 zeigen, schließt das, um nur einige Merkmale zu nennen, individuelle Lernzugänge, Wege und Produkte, kooperative Arbeit am gemeinsamen Lerngegenstand, vielfältige und individuelle Unterstützungsmöglichkeiten durch die Lehrkraft sowie vermehrte Fokussierung auf Inhalte mit ein. Insbesondere die für TBLT typischen offen angelegten Lernaufgaben, die stärkere inhaltliche Fokussierung sowie das kooperative Lernen am gemeinsamen Gegenstand erfordern und ermöglichen, scheinen auf den ersten Blick ein enorm differenzierendes Potenzial aufzuzeigen, welches insbesondere für den inklusiven Fremdsprachenunterricht unabdingbar ist. Das Zulassen unterschiedlicher Lernwege, Ergebnisse, Sozialformen sowie Bearbeitungswege erlaubt Lehrkräften mehr Flexibilität in ihrer Unterrichtsplanung und -durchführung. Dies wiederum schafft in der eigentlichen Unterrichtszeit Raum für eine stärker individualisierte Sprachunterstützung.

Die Darstellungen in Kapitel 4 zeigen jedoch deutlich, dass der methodische Ansatz von TBLT dennoch, insbesondere für Lernende mit Lernbesonderheiten, auch mit Schwierigkeiten verbunden ist. Anforderungen auf metakognitiver, kognitiver sowie interaktionaler Ebene stellen diese Lernenden vor enorme Herausforderungen. So sind die für inklusiven Englischunterricht zunächst als förderlich anmutenden kooperativen Elemente von TBLT gerade für Lernende, die Schwierigkeiten mit der Gestaltung des sozialen Arbeitsprozesses haben, eine Herausforderung. Lernende mit eingeschränkten kognitiven und metakognitiven Fähigkeiten fällt wiederum häufig der Umgang mit der Offenheit der Lernaufgaben im TBLT besonders schwer. Folglich ergeben sich zahlreiche Desiderate, denen es dringend nachzugehen gilt. So zeigt der Forschungsüberblick zu Herausforderungen in Kapitel 4, dass es dringend neuer Forschung bedarf, welche insbesondere jüngere Erkenntnisse zu biologischen und neurophysiologischen Grundlagen von Teilleistungsstörungen, Wahrnehmungsstörungen und Verhaltensauffälligkeiten in Betracht zieht und in Bezug zu fremdsprachendidaktischer Forschung setzt. Darüber hinaus steht aus fachdidaktischer Sicht insbesondere handlungs- und schulpraktisch orientierte Forschung, welche diese Herausforderungen adressiert und einordnet, noch aus. Ebenso bedarf es der Weiterentwicklung im Bereich der Unterrichtsmaterialien mit dem Ziel einer effizienteren Ausschöpfung des zweifelsohne vorhandenen Potenzials komplexer Lernaufgaben im Klassenraum. Dies kann beispielsweise durch weitere Forschungs- und Entwicklungsarbeiten zu geeigneten Designs und Layouts von (gedruckten) Fremdsprachenlehrwerken für inklusive Lernsettings, oder auch durch eine verstärkte Kooperation mit der Medienpsychologie und der Sonderpädagogik gelingen (vgl. Schmidt, 2017).

Der vorliegende Artikel soll einen Beitrag zur allgemeinen Diskussion um aufgabenorientierten Fremdsprachenunterricht und Inklusion leisten. Naturgemäß kann hiermit nur ein kleiner Ausschnitt des gesamten Themenbereichs angerissen werden. Weitere Forschung und die Auseinandersetzung mit diesem Thema sind notwendig und dürften den fachdidaktischen Diskurs über TBLT und Inklusion in Zukunft maßgeblich beeinflussen.

Literatur

Adlard, A. & Hazan, V. (1998). Speech perception in children with specific reading difficulties (dyslexia). *The Quarterly Journal of Experimental Psychology Section A, 51*(1), 153–177.

Adler, M. (2013). Kompetenzorientierte Lernaufgaben. Ein Instrument zur Differenzierung im Unterricht. *Praxis Fremdsprachenunterricht Englisch, 10*(4), 4–8.

Adolphs, R., Sears, L. & Piven, J. (2001). Abnormal processing of social information from faces in Autism. *Journal of Cognitive Neuroscience, 13*(2), 232–240.

Amrhein, B. (2011). *Inklusion in der Sekundarstufe. Eine empirische Analyse.* Bad Heilbrunn: Klinkhardt.

Baddeley, A., Gathercole, S. & Papagno, C. (1998). The phonological loop as language learning device. *Psychological Review, 105*(1), 158–173.

Biebighäuser, K. (2012). Aufgabenformate für das Fremdsprachenlernen in virtuellen Welten am Beispiel von *Second Life*. In K. Biebighäuser, M. Zibelius & T. Schmidt

(Hrsg.), *Aufgaben 2.0: Konzepte, Materialien und Methoden für das Fremdsprachenlehren und -lernen mit digitalen Medien* (S. 141–166). Tübingen: Narr Francke Attempo.

Bottema-Beutel, K. & Smith, N. (2013). The interactional construction of identity: An adolescent with autism in interaction with peers. *Linguistics and Education, 24*(2), 197–214.

Bramham, J., Ambery, F., Young, S., Morris, R., Russell, A., Xenitidis, K., Asheron, P. & Murphy, D. (2009). Executive functioning differences between adults with attention deficit hyperactivity disorder and autistic spectrum disorder in initiation, planning and strategy formation. *Autism, 13*(3), 245–264.

Breen, M.P. (1987). Learner contributions to task design. In C. Candlin & D. Murphy (Hrsg.), *Language Learning Tasks* (S. 23–46). Englewood Cliffs NJ: Prentice-Hall International.

Brooks, F.B. & Donato, R. (1994). Vygotskyan approach to understanding foreign language learner discourse during communicative tasks. *Hispania, 77*(2), 262–274.

Bruce, B., Thernlund, G. & Nettelbladt, U. (2006). ADHD and language impairment: A study of the parent questionnaire FTF (Five to Fifteen). *European Child & Adolescent Psychiatry, 15*(1), 52–60.

Bygate, M., Skehan, P. & Swain, M. (2001). *Researching Pedagogic Tasks: Second Language Learning, Teaching, and Testing.* London: Pearson.

Cameron, L. (2001). *Teaching Languages to Young Learners.* Cambridge: University Press.

Chamot, A.U. (2004). Issues in language learning strategy research and teaching. *Electronic Journal of Foreign Language Teaching, 1*(1), 14–26.

Chamot, A.U. (2005). Language learning strategy instruction: Current issues and research. *Annual Review of Applied Linguistics, 25*, 112–130.

Chamot, A.U. & Kupper, L. (1989). Learning strategies in foreign language instruction. *Foreign Language Annals, 22*(1), 13–22.

Charman, T. (2003). Why is joint attention a pivotal skill in autism? *Philosophical Transactions of the Royal Society of London. Series B, Biological sciences, 358*(1430), 315–324.

Cohen, N.J., Vallance, D.D., Barwick, M., Im, N., Menna, R., Horodezky, N.B. & Isaacson, L. (2000). The interface between ADHD and language impairment: An examination of language, achievement, and cognitive processing. *Journal of Child Psychology and Psychiatry, 41*(3), 353–362.

Craig, E.L. & Lockhart, R.S. (1972). Levels of processing: A framework for memory research. *Journal of Verbal Learning and Verbal Behavior, 11*, 871–684.

Crookes, G. (1986). *Task Classification. A Cross-Disciplinary Review.* Honolulu: University of Hawaii at Manoa, Social Research Institute, Center for Second Language Classroom Research.

Dewaele, J.M. (2009). Individual differences in second language acquisition. In W.C. Ritchie & T.K. Bhatia (Hrsg.), *The New Handbook of Second Language Acquisition* (S. 623–646). Bingley: Emerald Group Publishing Ltd.

Difino, S.M. & Lombardino, L.J. (2004). Language learning disabilities: The ultimate foreign language challenge. *Foreign Language Annals, 37*(3), 390–400.

Dörnyei, Z. (2005). *The Psychology of the Language Learner: Individual Differences in Second Language Acquisition.* London: Lawrence Erlbaum.

Eckerth, J. & Siekmann, S. (2008). *Task-Based Language Learning and Teaching: Theoretical, Methodological, and Pedagogical Perspectives.* Oxford: Peter Lang.

Ellis, N.C. (2016). Salience, cognition, language complexity, and complex adaptive systems. *Studies in Second Language Acquisition, 38*(2), 341–351.

Ellis, R. (2000). Task-based research and language pedagogy. *Language Teaching Research*, *4*(3), 193–220.

Ellis, R. (2003). *Task-Based Language Learning and Teaching*. Oxford: University Press.

Ellis, R. (2009). Task-based language teaching: Sorting out the misunderstandings. *International Journal of Applied Linguistics*, *19*(3), 221–246.

Ellis, R. & Shintani, N. (2014). *Exploring Language Pedagogy through Second Language Acquisition Research*. New York: Routledge.

Erlam, R. (2005). Language aptitude and its relationship to instructional effectiveness in second language acquisition. *Language Teaching Research*, *9*(2), 147–172.

Feuser, G. (2011). Entwicklungslogische Didaktik. In A. Kaiser, D. Schmetz, P. Wachtel & B. Werner (Hrsg.), *Didaktik und Unterricht. Enzyklopädisches Handbuch der Behindertenpädagogik* (S. 86–100). Stuttgart: Kohlhammer.

Frith, U. (1986). A developmental framework for developmental dyslexia. *Annals of Dyslexia*, *36*(1), 67–81.

Ganschow, L. & Sparks, R.L. (2000). Reflections on foreign language study for students with language learning problems: research, issues and challenges. *Dyslexia*, *6*(2), 87–100.

Ganschow, L. & Sparks, R. (2001). Learning difficulties and foreign language learning: A review of research and instruction. *Language Teaching*, *34*(2), 79.

Gasterstädt, J. & Urban, M. (2016). Einstellungen zu Inklusion? Implikationen aus Sicht qualitativer Forschung im Kontext der Entwicklung inklusiver Schulen. *Empirische Sonderpädagogik, 1*, 56–65.

Gathercole, S.E. (2004). Working memory and learning during the school years. In P.J. Marshall (Hrsg.), *Proceedings of the British Academy: Vol. 125. Proceedings of the British Academy 2003 Lectures* (S. 365–380). Oxford: Oxford University Press.

Gehring, W. (2014). Lernzieldifferenter Englischunterricht. In W. Gehring & M. Merkl (Hrsg.), *Englisch lehren, lernen, erforschen* (S. 29–54). Oldenburg: BIS.

Gerlach, D. (2013). *wordly-Rechtschreibtraining: Ein Trainingsprogramm zur Steigerung der orthographischen Kompetenz lese-rechtschreibschwacher/legasthener Englischlerner.* Münster: Waxmann.

Gurzynski-Weiss, L. (2017). L2 Instructor Individual Characteristics. In S. Loewen & M. Sato (Hrsg.), *The Routledge Handbook of Instructed Second Language Acquisition* (S. 114–138). New York: Routledge.

Hallet, W. (2011). *Lernen fördern Englisch: Kompetenzorientierter Unterricht in der Sekundarstufe I.* Seelze-Velber: Klett Kallmeyer.

Hallet, W. (2012). *Kompetenzaufgaben im Englischunterricht: Grundlagen und Unterrichtsbeispiele.* Seelze-Velber: Klett Kallmeyer.

Hallet, W. (2017). Fremdsprachenunterricht und *inclusive education*. In E. Burwitz-Melzer, F.G. Königs, C. Riemer & L. Schmelter (Hrsg.), *Inklusion, Diversität und das Lehren und Lernen fremder Sprachen* (S. 88–101). Tübingen: Narr.

Hallet, W. & Königs, F.G. (2010). Lehrpläne und Curricula. In W. Hallet & F.G. Königs (Hrsg.), *Handbuch Fremdsprachendidaktik* (S. 54–58). Seelze-Velber: Klett Kallmeyer.

Hintz, A.-M., Paal M. & Kleeberg, P. (2016). Heterogenität als Chance und Herausforderung. Schulische Inklusion aus Grundschul- und Förderlehrkräften. *Diagonal, 37*, 289–306.

Housen, A. & Simoens, H. (2016). Introduction: Cognitive perspectives on difficulty and complexity in L2 acquisition. *Studies in Second Language Acquisition*, *38*(2), 163–175.

Indrarathne, B. & Kormos, J. (2016). Attentional processing of input in explicit and implicit conditions. *Studies in Second Language Acquisition*, 1–30.

Jeffries, S. & Everatt, J. (2004). Working memory: Its role in dyslexia and other specific learning difficulties. *Dyslexia*, *10*(3), 196–214.

Jiménez-Pérez, C. (2016). *Helping students with autistic spectrum disorder in foreign classroom* (Master's Thesis). Universidad de Jaén, Jaén.

Kane, M.J., Bleckley, M.K., Conway, A.R.A. & Engle, R.W. (2001). A controlled-attention view of working-memory capacity. *Journal of Experimental Psychology: General*, *130*(2), 169–183.

Kim, Y. (2009). The effects of task complexity on learner-learner interaction. *System*, *37*(2), 254–268.

Kim, Y., Payant, C. & Pearson, P. (2015). The intersection of task-based interaction, task complexity, and working memory. *Studies in Second Language Acquisition*, *37*(3), 549–581.

Königs, F.G. (2012). Zwischen Echternach, Eden und dem Nirwana. Zum Fortschrittspotenzial der Kompetenzorientierung in der Fremdsprachendidaktik. In S. Adamczak-Krystofowicz & A. Stork (Hrsg.), *Multikompetent – multimedial – multikulturell? Aktuelle Tendenzen in der DaF-Lehrerausbildung* (S. 33–44). Frankfurt am Main: Peter Lang.

Kormos, J. & Sáfár, A. (2008). Phonological short-term memory, working memory and foreign language performance in intensive language learning. *Bilingualism: Language and Cognition*, *11*(2), 261–271.

Kormos, J. & Smith, A.M. (Hrsg.). (2012). *Teaching Languages to Students with Specific Learning Differences*. Bristol: Multilingual Matters.

Kumaravadivelu, B. (2006). *Understanding Language Teaching: From Method to Postmethod*. New Jersey: Lawrence Erlbaum.

Kurcz, I. (2004). Communicative competence and theory of mind. Psychology of Language and Communication, 8(2), 5–18.

Legutke, M. & Schocker-v.-Ditfurth, M. (2013). Kommunikativer Fremdsprachenunterricht: Bilanz und Perspektive. Eine Einführung. In M. Legutke & M. Schocker-v.-Ditfurth (Hrsg.), *Kommunikativer Fremdsprachenunterricht: Rückblick nach vorn* (S. 1–41). Tübingen: Narr.

Long, M.H. & Norris, J.M. (2000). Task-based teaching and assessment. In M. Byram (Hrsg.), *Encyclopedia of Language Teaching* (S. 597–603). London: Routledge.

McCabe, D.P., Roediger, H.L., McDaniel, M.A., Balota, D.A. & Hambrick, D.Z. (2010). The relationship between working memory capacity and executive functioning: evidence for a common executive attention construct. *Neuropsychology*, *24*(2), 222–243.

Meier, U., Bohl, T., Kleinknecht, M. & Metz, K. (2013). Allgemeindidaktische Kategorien für die Analyse von Aufgaben. In U. Meier, T. Bohl, M. Kleinknecht & K. Metz (Hrsg.), *Lern- und Leistungsaufgaben im Unterricht* (S. 9–46). Bad Heilbrunn: Klinkhardt.

Müller-Hartmann, A. & Schocker-v.-Ditfurth, M. (2005). Aufgabenorientierung im Fremdsprachenunterricht. Entwicklungen, Forschung und Praxis, Perspektiven. In A. Müller-Hartmann & M. Schocker-v.-Ditfurth (Hrsg.), *Aufgabenorientierung im Fremdsprachenunterricht. Task-Based Language Learning and Teaching* (S. 1–52). Tübingen: Narr.

Müller-Hartmann, A. & Schocker-v.-Ditfurth, M. (2010). Task-Based Language und Task-Supported Language Teaching. In W. Hallet & F.G. Königs (Hrsg.), *Handbuch Fremdsprachendidaktik* (S. 203–245). Seelze-Velber: Klett Kallmeyer.

Müller-Hartmann, A. & Schocker-v.-Ditfurth, M. (2012). Die Erforschung notwendiger Lehrkompetenzen zur Entwicklung interkultureller kommunikativer Kompetenzen durch komplexe Lernaufgaben im Englischunterricht. In M. Bär, A. Bonnet, H. Decke-Cornill, A. Grünewald & A. Hu (Hrsg.), *Globalisierung – Migration – Fremdspra-chenunterricht. Dokumentation zum 24. Kongress für Fremdsprachendidaktik der Deut-schen Gesellschaft für Fremdsprachenforschung (DGFF) in Hamburg, 2011* (S. 159–171). Hohengehren: Schneider.

Müller-Hartmann, A. & Schocker-v.-Ditfurth, M. (2016). Professionalisierung durch for-schendes Erfahrungslernen. Lehrkompetenzen im aufgabenorientierten Englischunter-richt mit Hilfe von Unterrichtsvideos entwickeln. In S. Keller & C. Reintjes (Hrsg.), *Aufgabe als Schlüssel zur Kompetenz. Didaktische Herausforderungen, wissenschaftliche Zugänge und empirische Befunde* (S. 53–72). Münster: Waxmann.

Nelson, P., Kohnert, K., Sabur, S. & Shaw, D. (2005). Classroom noise and children learn-ing through a second language: Double jeopardy? *Language Speech and Hearing Ser-vices in Schools, 36* (3), 219.

Nicolson, R.I. & Fawcett, A.J. (2008). Learning, Cognition and Dyslexia. In G. Reid (Hrsg.), *The SAGE Handbook of Dyslexia* (S. 192–211). Los Angeles, CA: SAGE.

Norbury, C.F., Brock, J., Cragg, L., Einav, S., Griffiths, H. & Nation, K. (2009). Eye-move-ment patterns are associated with communicative competence in autistic spectrum disorders. *Journal of Child Psychology and Psychiatry, and Allied Disciplines, 50*(7), 834–842.

Norris, J.M., Davis, J. & Timpe-Laughlin, V. (2017). *Second Language Educational Experi-ences for Adult Learners.* New York: Routledge.

Nunan, D. (2004). *Task-Based Language Teaching.* Cambridge: University Press.

Nunan, D. (2013). The task approach to language teaching. *Fremdsprachen Lehren und Lernen, 42*(2), 10–27.

Oxford, R.L. (2003). Language learning styles and strategies: Concepts and relationships. *IRAL – International Review of Applied Linguistics in Language Teaching, 41,* 271–278.

Oxford, R., Cho, Y., Leung, S. & Kim, H.-J. (2004). Effect of the presence and difficulty of task on strategy use: An exploratory study. *IRAL – International Review of Applied Linguistics in Language Teaching, 42,* 1–47.

Panerai, S., Tasca, D., Ferri, R., Catania, V., D'Arrigo, V., Di Giorgio, R., Zingale, M., Tru-bia, G., Torrisi, A. & Elia, M. (2016). Metacognitive and emotional/motivational exec-utive functions in individuals with autism spectrum disorder and attention deficit hy-peractivity disorder: Preliminary results. *Rivista di Psichiatria, 51*(3), 104–109.

Pica, T. (2008). Task-based teaching and learning. In B. Spolsky & F.M. Hult (Hrsg.), *The Handbook of Educational Linguistics* (S. 525–538). Malden, MA: Blackwell.

Poissant, H. (2001). *Metacognitive processes in children with attention deficit and hyperac-tivity disorder (ADHD). Third Antonio Borsellino College on Neurophysics, Trieste, Ita-ly* (Konferenzpapier).

Rezaei, Z. & Tabatabaei, O. (2015). Individual differences in L2 speech performance: The role of working memory capacity and pre-planning tasks. *Mediterranean Journal of Social Sciences.* Advance online publication.

Riemer, C. (2016). Affektive Faktoren. In E. Burwitz-Melzer, G. Mehlhorn, C. Riemer, K.-R. Bausch & H.-J. Krumm (Hrsg.), *Handbuch Fremdsprachenunterricht* (S. 266–270). Tübingen: Francke.

Robinson, P. (2001). Task complexity, task difficulty, and task production: Exploring inter-actions in a componential framework. *Applied Linguistics, 22*(1), 27–57.

Robinson, P. (2007). Aptitude, abilities, contexts and practice. In R. DeKeyser (Hrsg.), *Practice in a second language. Perspectives from cognitive psychology and applied lin-guistics* (S. 256–286). New York: Cambridge University Press.

Robinson, P. (2011). Second language task complexity, the Cognition Hypothesis, lan-guage learning and performance. In P. Robinson (Hrsg.), *Second language task com-*

plexity. Researching the cognition hypothesis of language learning and performance (S. 3–37). Amsterdam: John Benjamins.

Samuda, V. & Bygate, M. (2008). *Tasks in Second Language Learning.* London: Palgrave Macmillan.

Schäfer, U. (2014). Englisch für Schüler und Schülerinnen mit Lernschwierigkeiten. In R. Bartosch & A. Rohde (Hrsg.), *Im Dialog der Disziplinen. Englischdidaktik – Förderpädagogik – Inklusion* (S. 45–62). Trier: Wissenschaftlicher Verlag.

Schmidt, R. (2001). Attention. In P. Robinson (Hrsg.), *Cognition and second language instruction* (S. 3–32). UK: Cambridge University Press.

Schmidt, T. (2017). Inklusiven Fremdsprachenunterricht gestalten – Von Theorie-Praxis-Netzwerken, multiprofessionellen Teams und interdisziplinärer Forschung. In E. Burwitz-Melzer, F.G. Königs, C. Riemer & L. Schmelter (Hrsg.), *Inklusion, Diversität und das Lehren und Lernen fremder Sprachen* (S. 285–295). Tübingen: Narr.

Schocker, M. (2016). Auf die Lerner kommt es an! Den Englischunterricht von Lernenden aus denken. *Der fremdsprachliche Unterricht Englisch, 143,* 2–7.

Seedhouse, P. & Almutairi, S. (2009). A holistic approach to task-based interaction. *International Journal of Applied Linguistics, 19*(3), 311–338.

Semrud-Clikeman, M., Walkowiak, J., Wilkinson, A. & Butcher, B. (2010). Executive functioning in children with Asperger syndrome, ADHD-combined type, ADHD-predominately inattentive type, and controls. *Journal of Autism and Developmental Disorders, 40*(8), 1017–1027.

Skehan, P. (1991). Individual differences in second language learning. *Studies in Second Language Acquisition, 13,* 275–298.

Skehan, P. (1996). A framework for the implementation of task-based instruction. *Applied Linguistics, 17*(1), 38–62.

Skehan, P. (2002). Theorising and updating aptitude. In P. Robinson (Hrsg.), *Language Learning & Language Teaching. Individual Differences and Instructed Language Learning* (Vol. 2, S. 69–93). Amsterdam: John Benjamins.

Skehan, P. (2009a). Modelling second language performance: Integrating complexity, accuracy, fluency, and lexis. *Applied Linguistics, 30*(4), 510–532.

Skehan, P. (2009b). Models of speaking and the assessment of second language proficiency. In A. Benati (Hrsg.), *Issues in Second Language Proficiency* (S. 202–215). London: Continuum.

Sparks, R. & Ganschow, L. (1993). Searching for the cognitive locus of foreign language learning difficulties: Linking first and second language learning. *The Modern Language Journal, 77*(3), 289–302.

Sternberg, R.J. (2002). The theory of successful intelligence and its implications for language-aptitude testing. In P. Robinson (Hrsg.), *Language Learning & Language Teaching. Individual differences and Instructed Language Learning* (S. 13–43). Amsterdam: John Benjamins.

Stork, A. (2010). Integrated Skills. In W. Hallet & F.G. Königs (Hrsg.), *Handbuch Fremdsprachendidaktik* (S. 100–104). Seelze-Velber: Klett Kallmeyer.

Swain, M. (1995). Three functions of output in second language learning. In G. Cook & B. Seidlhofer (Hrsg.), *Principles and Practices in Applied Linguistics* (S. 125–144). Oxford: Oxford University Press.

Swan, M. (2005). Legislation by hypothesis: The case of task-based instruction. *Applied Linguistics, 26* (3), 376–401.

Tseng, W.-T., Dörnyei, Z. & Schmitt, N. (2006). A new approach to assessing strategic learning: The case of self-regulation in vocabulary acquisition. *Applied Linguistics, 27*(1), 78–102.

Van den Branden, K. (2006). Introduction: Task-based language teaching in a nutshell. In K. van den Branden (Hrsg.), *Task-Based Language Education. From Theory to Practice* (S. 1–16). Cambridge: University Press.

Vandergrift, L. & Tafaghodtari, M.H. (2010). Teaching L2 learners how to listen does make a difference: An empirical study. *Language Learning, 60*(2), 470–497.

Vellutino, F.R., Fletcher, J.M., Snowling, M.J. & Scanlon, D.M. (2004). Specific reading disability (dyslexia): What have we learned in the past four decades? *Journal of Child Psychology and Psychiatry, 45*(1), 2–40.

Vogt, K. (2017). Inklusion und Heterogenität im Englischunterricht der Sekundarstufe. In E. Burwitz-Melzer, F.G. Königs, C. Riemer & L. Schmelter (Hrsg.), *Inklusion, Diversität und das Lehren und Lernen fremder Sprachen* (S. 326–336). Tübingen: Narr.

Wen, Z. (2016). *Working Memory and Second Language Learning: Towards an Integrated Approach.* Bristol, Buffalo, Toronto: Multilingual Matters.

Wenden, A.L. (1998). Metacognitive knowledge and language learning. *Applied Linguistics, 37*(4), 515–537.

Willis, J. (1996). *A Framework for Task-based Learning.* Harlow: Longman.

Willis, D. & Willis, J. (2001). Task-based Language Learning. In R. Carter & D. Nunan (Hrsg.), *Teaching English to Speakers of Other Languages* (S. 173–179). Cambridge: Cambridge University Press.

Willis, D. & Willis, J.R. (2007). *Doing Task-Based Teaching.* Oxford: University Press.

Wire, V. (2005). Autistic spectrum disorders and learning foreign languages. *Support for Learning, 20*(3), 123–128.

Wong, B.Y.L. (1985). Metacognition and learning disabilities. In D.L. Forrest-Pressley, E. MacKinnon & G.T. Waller (Hrsg.), *Metacognition, Cognition, and Human Performance* (Vol. 2, S. 137–180). Orlando, Florida: Academic Press.

Young, T.J. (2007). *Intercultural communicative competence and the teaching and learning of English as a foreign language* (Ph.D. Thesis). University of London, London.

Natascha Stahl-Morabito

Zieldifferent lernen im inklusiven Englischunterricht

1. Einleitung

Schülerinnen und Schüler mit sonderpädagogischem Unterstützungsbedarf in den Lern- und Entwicklungsstörungen (Förderschwerpunkt Lernen, Förderschwerpunkt Emotionale und soziale Entwicklung, Förderschwerpunkt Sprache) werden heute zunehmend im Gemeinsamen Lernen unterrichtet. Dies führt zu einer breiteren Heterogenität bezüglich der Lernvoraussetzungen. Dem Fach Englisch kommt hierbei eine besondere Bedeutung zu und es wird von vielen Lehrkräften als besonders schwierig zu unterrichten bezeichnet, weil für einige Lernende, deren Kompetenzerwerb sich deutlich von anderen unterscheidet, der Unterrichtsgegenstand selbst, die Fremdsprache, in manchen Fällen als Barriere empfunden wird, die eine erfolgreiche Teilhabe am Unterricht erschwert (Wember, 2004, S. 13).[1] Viele Lehrkräfte sehen sich in einem Dilemma: An welchem Kompetenzniveau orientiert sich z.B. der *classroom discourse*, an welchen Lebenswelten orientieren sich die Inhalte und der Kompetenzerwerb und wie kann und muss Unterricht aussehen, der für alle Schülerinnen und Schüler das Erreichen der „persönlichen Exzellenz" (Reich, 2014, S. 223) ermöglicht?

Im vorliegenden Beitrag sollen ausgewählte Aspekte herausgegriffen werden, die aus Sicht der Autorin im Unterricht für zieldifferent unterrichtete Schülerinnen und Schüler von besonderer Bedeutung sind. Dabei wird sich auf die Zieldifferenz[2] bezogen, die durch die Zuweisung der Förderschwerpunkte Lernen und Geistige Entwicklung notwendig wird, wenn sich also die angestrebten und erreichten Kompetenzen um teilweise mehrere Jahrgangsstufen von denen der zielgleich unterrichteten Lernenden unterscheiden. Hierbei geht es natürlich nicht um eine homogene Schülergruppe, aber fast immer um Schülerinnen und Schüler, für die das Erlernen einer Fremdsprache wegen der nicht altersgerecht entwickelten Erstsprache (Doblsaff, 2007, S. 131), massiver Lernwiderstände (Iben & Katzbach, 2010, S. 52) und/oder auf Grund ihres weniger effektiven Lernverhaltens (Matthes, 2009, S. 12) deutlich erschwert ist.

---

1   Diese Aussage stützt sich auch auf Anregungen und Berichte von Lehrkräften in diversen Fortbildungs- und Informationsveranstaltungen, die von der Autorin dieses Beitrags im Rahmen ihrer Tätigkeit für die Bezirksregierung Münster durchgeführt wurden.
2   Da sich die Vorgaben zu den zieldifferenten Bildungsgängen in den Bundesländern unterscheiden, wird in diesem Beitrag durchgehend der Begriff der Zieldifferenz verwendet.

2. Fördern und Fordern

Um dem eingangs erwähnten Ziel der persönlichen Exzellenz für alle Lernenden näher zu kommen, werden Lernangebote benötigt, die zu bewältigende Herausforderungen mit der dafür notwendigen Unterstützung bieten. Diese Forderung ist einfach aufzustellen, bedeutet aber im Alltag von Unterrichtenden fortwährend ihren Lehrprozess und den Lernprozess von Lernenden zu reflektieren, damit daraus die Konsequenzen für den weiteren Unterricht und die individuellen Zielsetzungen für die zieldifferent unterrichteten Schülerinnen und Schüler abgeleitet werden können (Wernke & Zierer, 2016, S. 59). Dieser Kreislauf von Analyse, Planung, Durchführung und Evaluation (Kress, Rattay, Schlechter & Schneider, 2011, S. 28) bezieht sich dabei auf die allgemeine Unterrichtplanung wie auch auf die Lern- und Entwicklungsplanung[3] einzelner Schülerinnen und Schüler und verzahnt so die Ziele und Bedürfnisse von ganzen Lerngruppen mit denen einzelner Lernender, wie in Abbildung 1 gezeigt wird.

2.1 Sprachliche Lernstände erfassen und berücksichtigen

Auch wenn die Lehrpläne der einzelnen Bundesländer vorgeben, wann Schülerinnen und Schüler welche Kompetenzen erreicht haben sollten, müssen nicht nur für die zieldifferent unterrichteten Schülerinnen und Schüler die tatsächlichen sprachlichen Lernstände erfasst und berücksichtigt werden, um darauf aufbauend adäquate Lernangebote für alle Schülerinnen und Schüler zu entwickeln.

Zu vielen Lehrwerken werden inzwischen curriculumbasierte Lernstandserhebungen angeboten, die online oder als Kopiervorlage eingesetzt werden können, um schriftlich erfassbare Kompetenzen abzufragen. Darüber hinaus bieten sich Kompetenzraster zur Selbst- und Fremdeinschätzung an, die beispielsweise für Unterrichtsreihen oder Schulhalbjahre entworfen und genutzt werden können.

Unabhängig davon, ob Schulen eigene Kompetenzübersichten entwickeln oder aber auf von Verlagen publizierte Medien zurückgreifen, müssen die unterrichtenden Lehrkräfte einen Konsens dazu finden, in welchen Abständen welche Daten und Kompetenzen erhoben werden und wie diese dokumentiert werden, damit diese Art der Diagnostik nicht dem Selbstzweck dient, sondern in die konkrete Unterrichtsplanung einfließt.

---

3   In den Bundesländern finden sich für die Planung individueller Lern- und Fördermaßnahmen unterschiedliche Begrifflichkeiten und Vorgaben. Für diesen Beitrag wird der Begriff der Lern- und Entwicklungsplanung zu Grunde gelegt. In Anlehnung an: http://www.schulentwicklung. nrw.de/q/inklusive-schulische-bildung/lern-und-entwicklungsplanung/index.html [07.05.2017].

2.2 Individuelle Lern- und Entwicklungsplanung im Fachunterricht nutzen

Für Schülerinnen und Schüler, die zieldifferent unterrichtet werden, müssen individuelle Lern- und Entwicklungspläne erstellt und berücksichtigt werden. Hierbei reichen keine generellen Ideen für ganze Klassen, sondern es muss für jeden einzelnen Lernenden mit sonderpädagogischem Unterstützungsbedarf eine individuelle Planung erfolgen.

Abbildung 1: Lern- und Entwicklungsplanung

Beobachtung/Diagnostik:
In der Regel findet eine erste Hypothesenbildung im Rahmen von Gelegenheitsbeobachtungen im Unterricht statt. Diese wird durch systematische Beobachtung und weitere Diagnostik dann konkretisiert.
Z.B.
- Analyse der sprachlichen Entwicklung mit Hilfe von Kompetenzrastern
- Nutzung der Online-Diagnostik des verwendeten Lehrwerks
- Auswertung der Klassenarbeiten, Vokabeltests, Hausaufgaben, etc.
- Beobachtungen zum Lern- und Arbeitsverhalten

Evaluation:
Der Abgleich der Ausgangssituation mit dem Zustand nach der Förderung führt i.d.R. zu einer veränderten Lernausgangslage und zu neuen oder veränderten Hypothesen über die weitere Förderung.
Z.B.
- Der Einsatz von zusätzlicher Visualisierung der Arbeitsaufträge hat sich bewährt und wird beibehalten.
- Die Schülerin XY kann nun sicher reduzierte Redemittel reproduzieren, Kompetenz-erwartungen werden auf einfache, generierende Äußerungen angehoben.

Zielsetzung und Maßnahmen:
Aus der systematischen Beobachtung und anderen diagnostischen Methoden wird ein konkreter Förderbedarf erkannt und daraus ein realistisches Ziel bestimmt, zu dem Maßnahmen für ganze Gruppen oder einzelne Lernende (Dokumentation im Förderplan) entwickelt werden.
Z.B.
- In der Fehleranalyse zur Klassenarbeit zeigt sich, dass viele Lernende das Simple Past nicht korrekt verwenden, also wird dazu eine Wiederholung eingeplant.
- Eine Schülerin im Bildungsgang Lernen erhält fachliche Ziele, die sich vorläufig auf die Reproduktion reduzierter Redemittel beziehen.
- Zuordnung von Hilfsmitteln (Nachschlagewerke)

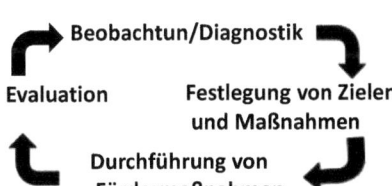

Beobachtun/Diagnostik

Evaluation   Festlegung von Zielen und Maßnahmen

Durchführung von Fördermaßnahmen

Durchführung von Fördermaßnahmen:
Bei der Durchführung der Fördermaßnahmen kann unterschieden werden zwischen der Förderung von fachlichen Anliegen und dem Verfolgen von Entwicklungsanliegen im Fachunterricht (z.B. Sozialverhalten soweit stabilisieren, dass fachliches Lernen wieder möglich wird) sowie nach Maßnahmen, die für einzelne Lernende oder für ganze Gruppen durchgeführt werden.
Von zentraler Bedeutung im Unterrichtsalltag mit zieldifferent Lernenden ist hierbei die Differenzierung

Diese Lern- und Entwicklungsplanungen haben dabei auch einen direkten Einfluss auf den Fachunterricht, da aus ihnen die u.U. abweichenden Zielsetzungen für den Fachunterricht, ggf. notwendige Hilfsmittel und weitere für den Lernprozess notwendige Informationen hervorgehen. Für die zieldifferenten Förderschwerpunkte Lernen und

Geistige Entwicklung können u.a. die folgenden Aspekte für die Lern- und Entwicklungsplanung bedeutsam sein:[4]

Reduktion und/oder Adaption z.B. von Lerninhalten und angestrebtem Kompetenzerwerb (KMK, 1999, S. 10): Es geht hierbei nicht darum, die Anforderungen immer weiter herunter zu setzen, bis eine Schülerin oder ein Schüler alles einfach bewältigen kann, sondern es geht darum, das richtige Maß an Herausforderung zu wählen. Wenn Lernende keine Hürden zu bewältigen haben, lernen sie auch nichts hinzu (Hechler, 2013, S. 164). Dennoch müssen bei zieldifferenter Beschulung erwartete Kompetenzen im Vergleich zur Altersnorm in einigen Bereichen reduziert oder sogar verändert werden. Dies bezieht sich auf die Niveaustufe bezüglich der Kompetenzerwartungen innerhalb eines Fertigkeitsbereichs oder auch darauf, dass einzelne Fertigkeitsbereiche nicht als Kompetenzerwartung formuliert werden. Diese Adaption der Kompetenzerwartungen findet natürlich ihre Umsetzung in entsprechenden, differenzierten Lernaufgaben (z.B. Schäfer, 2014, S. 50) und muss in einer nachvollziehbaren Form dokumentiert werden, damit auf dieser Basis der erwartete und realisierte Kompetenzzuwachs beschrieben und rückgemeldet werden kann.

Adaption von Zugangswegen: Das deutsche Schulwesen in der Sekundarstufe ist deutlich von der kognitiven Erschließung geprägt (Hüther, 2016, S. 113). Dies ist aber ein Zugangsweg, der für viele der zieldifferent unterrichteten Lernenden eine problematische Hürde darstellt (Kieweg, 2012, S. 6). Deswegen müssen Lehrkräfte in der Vermittlung und Erschließung von Inhalten auch andere Aneignungswege für Lernende eröffnen und ermöglichen (Klauß, 2009, S. 10–11). Insbesondere ein deutlicher Handlungsbezug ist für das Lernen dieser Schülerinnen und Schüler unerlässlich. Dabei reicht es nicht aus, Handlungen einfach zu vollziehen, denn die Transferleistung, von einer Handlung auf eine generelle Strategie und/oder eine Erkenntnis zu schließen, kann von einigen Lernenden nicht ohne Hilfe erbracht werden. Vielmehr muss auch der aus Handlungen resultierende fachliche und entwicklungsbezogene Kompetenzzuwachs explizit versprachlicht werden (Lenhard, Lenhard & Klauer, 2011, S. 37–38).

Kompensatorische Maßnahmen, wie z.B. Strategietraining, Hilfsmittelnutzung und Absprachen mit Schulbegleitungen: Lern- und Kompensationsstrategien, wie z.B. Selbstregulation, müssen erlernt und immer wieder in bedeutsamen Situationen genutzt, geübt und reflektiert werden, wenn sie im Handlungsrepertoire von Lernenden verankert werden sollen (Matthes, Hofmann & Emmer 2002, S. 20). Wenn also Schülerinnen und Schüler Selbstinstruktionsfolgen für die selbstständige Aufgabenbewältigung erlernt haben, sollten alle Fachlehrerinnen und -lehrer diese kennen und ebenfalls nutzen, damit durch die Übertragung derartiger Strategien eine Automatisierung in der Anwendung erfolgt (Stahl-Morabito, 2016b, S. 341). Auch wenn

---

4   Die hier genutzten Aspekte für die Lern- und Entwicklungsplanung (Reduktion, Adaption, Kompensation und additive Förderung) entstammen einem internen Informationsangebot für den Förderschwerpunkt Lernen der Bezirksregierung Münster.

es keine spezifischen Hilfsmittel für einzelne Förderschwerpunkte gibt, haben sich doch an einigen Schulen insbesondere programmierbare Vorlesestifte als hilfreich erwiesen, da diese mit modifizierten Hörtexten oder Arbeitsanweisungen besprochen und im Unterricht von Lernenden dann für die selbstständige Arbeit alleine oder in Gruppen genutzt werden können. Weitere für den Fachunterricht spezifische Hilfsmittel können beispielsweise modifizierte Nachschlagewerke wie Bildwörterbücher, Vokabellisten oder interaktive Lerntrainer sein.

Wenn Lernende durch eine Schulbegleitung im Unterricht unterstützt werden, müssen dazu konkrete und verbindliche Absprachen getroffen werden, wie Lernende sinnvoll unterstützt und nicht in ihrer Selbstständigkeitsentwicklung gehemmt werden. Für den Englischunterricht müssen klare und verbindliche Absprachen zum Sprachgebrauch in der Zielsprache Englisch getroffen werden. Wenn eine Schulbegleitung oder auch eine im Unterricht anwesende sonderpädagogische Lehrkraft Arbeitsanweisungen sofort übersetzt oder muttersprachlich bzw. in deutscher Sprache mit den jeweiligen Lernenden kommuniziert, entspricht dies weder dem fachdidaktischen Ziel der weitgehenden Einsprachigkeit (Haß, 2008, S. 303) noch bietet es einen herausfordernden Englischunterricht für die Lernenden, weil die Notwendigkeit entfällt, Verständnislücken zu ertragen und auszufüllen zu versuchen.

Additive Förderung und alternative Angebote: Es wird im Gemeinsamen Lernen auch Situationen geben, in denen die Arbeit an gleichen Lerninhalten nicht für alle Schülerinnen und Schüler sinnvoll ist und in denen zieldifferent Lernende an anderen Aufgaben als der Rest der Lerngruppe arbeiten. Dies ist in einem individualisierenden Unterricht selbstverständlich, sollte aber die Ausnahme bleiben, damit Schülerinnen und Schüler im Unterricht wirklich in kommunikative Prozesse eintreten und nicht in einer „Individualisierungsfalle" vereinsamt lernen (Brügelmann, 2011, S. 356). Dabei sollte keine Lernzeit mit sinnlosen Beschäftigungen gefüllt werden. In solchen Zeiten kann es sinnvoll sein, die Wiederholungen und ergänzenden Übungen für einzelne Lernende einzuplanen, die im Unterricht der gesamten Lerngruppe nur schwer platziert werden können. Auch über additive Förderangebote, z. B. Förderkurse für Fächer, sollten Fachlehrerinnen und -lehrer informiert sein, damit inhaltliche Absprachen erfolgen können.

3. Miteinander Sprechen

Die übergeordnete Zielsetzung im Englischunterricht muss für alle Schülerinnen und Schüler die kommunikative Kompetenz sein. Haß und Kieweg formulieren dazu sehr treffend: „Ein Individuum ist dann kompetent, wenn es in der Lage ist, eine fremdsprachliche Situation sprachhandelnd zu bewältigen." (Haß & Kieweg, 2012, S. 36) Dementsprechend kommt der sinnstiftenden Kommunikation im Englischunterricht eine zentrale Bedeutung zu. Dies gilt für alle Lernenden, unabhängig davon, in welchem Bildungsgang sie unterrichtet werden und auf welchem Kompetenzniveau sie lernen.

3.1 Die Illusion der Immersion

Die Idee, dass Lernende, umgeben von einem qualitativ hochwertigem zielsprach-lichen Sprachbad, die Regelhaftigkeiten der Fremdsprache extrahieren, hat sich, selbst wenn das Sprachbad im Sinne des *comprehensible input* (Butzkamm & Caldwell, 2009, S. 22) optimal an das Sprachniveau der Schülerinnen und Schüler angepasst wird, insbesondere für Schülerinnen und Schüler mit Sprach- und/oder Lernschwierig-keiten als nicht realisierbar erwiesen (Wahn & Piontek, 2011, S. 122/134). Dies hat verschiedene Gründe. Einerseits kann das Sprachbad im Englischunterricht in der Frequenz nicht an ein Sprachbad reichen, das beispielsweise Eltern ihren Kindern im Rahmen der Erstsprachentwicklung bieten, und andererseits setzt dieser Ansatz einen weitgehend ungestörten Erstspracherwerbsprozess und die generelle Fähigkeit zu Abstraktions- und Transferleistungen voraus, die bei Lernenden mit dem Förder-schwerpunkt Lernen oder Geistige Entwicklung in der Regel nicht entsprechend aus-geprägt vorhanden sind. Dobslaff führt dazu aus:

> Bei Förderschülern aller untersuchten Klassenstufen ergaben sich deut-liche Defizite im Gebrauch der Muttersprache. In individuell variie-rendem Ausmaß sind sowohl phonologische, semantisch-lexikalische, syntaktisch-morphologische und kommunikativ pragmatische Fähigkeiten sowie das Satz- und Kontextverständnis beeinträchtigt. Interessant ist, dass wir in unserer Stichprobe keinen Förderschüler ermitteln konnten, der mit seinem sprachlichen Leistungsniveau oberhalb der mittleren Leistungsgrenze der Regelschüler lag. (Dobslaff, 2007, S. 145)

Wessel nutzt dafür das Bild des „sprachlichen Ertrinkens" (Wessel, 2012, S. 49), welches insbesondere schwächeren Lernenden den motivierten Zugang zur Fremd-sprache erschweren kann. Dies gilt es zu vermeiden.

Für den Unterricht in leistungsheterogenen Klassen können folgende Aspekte für Schülerinnen und Schüler mit Lernschwierigkeiten die barrierefreie Teilhabe deutlich erleichtern:

Im fremdsprachlichen Anfangsunterricht sollte darauf geachtet werden, ob die Phonologische Bewusstheit in der Muttersprache altersgerecht entwickelt ist und ob diese Fähigkeit auf fremdsprachliche Situationen übertragen werden kann. Ist dies nicht der Fall, kann es dazu führen, dass Schülerinnen und Schüler mit Lern-schwierigkeiten keinerlei Chance haben, den Lautstrom zu segmentieren, um daraus bekannte Redemittel zu extrahieren. Schülerinnen und Schüler mit nicht altersgerecht entwickelter Phonologischer Bewusstheit benötigen unterstützende Übungen in der Unterrichtssprache Deutsch und in der Fremdsprache, um überhaupt Hörverstehens-prozesse initiieren zu können (Stahl-Morabito, 2012, S. 81). Da die Phonologische Bewusstheit für den gesamten schulischen Lernprozess von zentraler Bedeutung ist, lohnt sich diesbezüglich durchaus die Diagnostik über standardisierte Testverfahren für gesamte Lerngruppen (z.B. Mayer, TEPHOBE, 2013).

Das selbstständige Erkennen von Regelhaftigkeiten und die eigenständige Trans-ferleistung von erworbenen Kenntnissen und Kompetenzen auf neue Situationen ist für einige zieldifferent unterrichtete Schülerinnen und Schüler während der gesamten Schulzeit und darüber hinaus nur eingeschränkt leistbar. Von daher besteht die Notwendigkeit der expliziten Vermittlung von Regelhaftigkeiten und des Anstoßens von Transferleistungen für einige Lernende (Butzkamm & Caldwell, 2009, S. 127).

3.2 Der *classroom discourse*

Über die Frage, wie viele deutschsprachige Anteile der Begriff der „aufgeklärten Einsprachigkeit" (Haß, 2008, S. 303) beinhalten kann und welche Methoden zur Sprachmittlung und zur Semantisierung zum Einsatz kommen sollten, können Kollegien tagelang diskutieren, ohne einer Einigung auch nur näher zu kommen, und eine abschließende Klärung kann und will dieser Beitrag auch nicht versuchen. Die Zielsetzung sollte aber immer sein, dass auch in Lerngruppen, in denen zieldifferent gearbeitet wird, ein weitgehend einsprachiger Englischunterricht in der Zielsprache Englisch geführt wird. Die Unterrichtssprache Deutsch sollte nur dort zum Einsatz kommen, wo es aus Effizienzgründen unerlässlich erscheint. Butzkamm führt dazu aus, dass ein „zu wenig an Muttersprache" genauso schlecht sei, wie ein „zu viel", weil Verstehen immer an erster Stelle stehen muss (Butzkamm, 2007, S. 13) und favorisiert als sprachmittelnde Methode die Sandwich-Technik[5] (Butzkamm & Caldwell 2009, S. 115). Diese Sandwich-Technik ist eine sinnvolle Methode zur Semantisierung und zur Überwindung von zeitweiligen kommunikativen Hürden, aber niemals die durchgehende Art den *classroom discourse* zu gestalten. Wenn Schülerinnen und Schüler sich daran gewöhnen, dass jede fremdsprachliche Äußerung sprachmittelnd wiederholt wird, werden sie immer den Ankerpunkt des Hörverstehens auf die vertrautere Äußerung legen und nicht lernen, Lücken aus dem Kontext zu schließen. Außerdem entfällt dann für die Schülerinnen und Schüler die Möglichkeit selbst sprachmittelnd aktiv zu werden.

Von vielen Lehrkräften wird der *classroom discourse* auch deshalb als sehr problematisch empfunden, weil sie befürchten, durch eine Berücksichtigung der teils reduzierten Kompetenzerwartungen für zieldifferent unterrichtende Lernende im *classroom discourse* zwar deren Partizipation zu erreichen, aber gleichzeitig die leistungsstärkeren Lernenden zu unterfordern (Stahl-Morabito, 2016a, S. 28). In deutlich leistungsgemischten Gruppen ist es deswegen zwingend erforderlich, den *classroom discourse* sorgfältig zu planen und zu strukturieren, damit alle Schülerinnen und Schüler inhaltlich folgen können und in der Zielsprache Englisch rezeptiv wie produktiv aktiv eingebunden werden. Dabei können die folgenden Aspekte hilfreich sein:

Auswahl und explizite Thematisierung von wesentlichen, für alle Lernenden bedeutsamen, phrases: In jeder Klasse sollte es einen Grundbestand an *phrases* für den *classroom discourse* geben, der mit den Lernenden als solcher als verbindlich verein-

---

5   Einbettung der sprachmittelnden Aussage in der Mutter- oder sonstigen Unterrichtssprache in zwei gleiche fremdsprachliche Aussagen.

bart gilt und sukzessive eingeführt und erweitert wird. Dies kann z.B. über die Arbeit mit einem *sentence of the week* realisiert werden, damit für Lernende der *classroom discourse* als Lerngegenstand sichtbar wird. Insbesondere für die aktuellen *phrases* ist eine explizite Thematisierung und Visualisierung für leistungsschwächere Lernende unerlässlich. In der Einführungsphase profitieren leistungsschwächere Lernende deutlich davon, wenn diese aktuellen *phrases* unverändert und hochfrequent genutzt werden. Erst nach der Sicherung sollten Variationen genutzt werden (Stahl-Morabito, 2016a, S. 31).

Visualisierungen: Für die häufig genutzten Redemittel des *classroom discourse* sollte es eine Visualisierung geben, die für alle Lernenden im Klassenraum sichtbar ist. Dies erleichtert auch in Vertretungssituationen die Arbeit erheblich. Darüber hinaus ist es sinnvoll, differenzierte Darstellungen für Lernende mit reduzierten Kompetenzerwartungen bereitzustellen. Dies können in der Komplexität reduzierte Redemittel sein oder unterstützende Bilder oder Piktogramme zur Erleichterung des Wortabrufs. Diese Art der gestuften *scaffolds* kann dann am Schülerplatz liegen, ins Lerntagebuch geklebt werden o.ä., damit die Materialien im Unterricht jederzeit genutzt werden können und die unterrichtenden Lehrkräfte im Bedarfsfall darauf verweisen können.

4. Der Einsatz von Schriftsprache

Viele Schülerinnen und Schüler, die zieldifferent unterrichtet werden, zeigen einen deutlich erschwerten Zugang zur Schriftsprache (Iben & Katzbach, 2010, S. 76), der sich in einem deutlich verlangsamten Erwerbsprozess darstellen kann. Insbesondere in der Schuleingangsphase sind dabei noch nicht altersgerecht entwickelte Vorläuferfertigkeiten[6] (Einhellinger, 2013, S. 284) sowie ein weitgehend schriftfernes Aufwachsen im Rahmen der Primärsozialisation (Valtin & Sasse, 2012, S. 179) zu beobachten.

Dies erfordert eine vertiefende Auseinandersetzung mit dem Einsatz von Schriftsprache im Englischunterricht. Insbesondere die in der englischen Sprache schwach ausgeprägte Phonem-Graphem-Korrespondenz erweist sich für alle Lernenden – selbst für Muttersprachler – als Herausforderung (Gerlach, 2013, S. 79). Für Kinder und Jugendliche mit Lernbeeinträchtigungen kann sie ein erhebliches Lernhemmnis darstellen.

Vorab ist dabei anzumerken, dass sich der Schriftspracherwerbsprozess von Kindern und Jugendlichen mit einer Lernbeeinträchtigung nicht von dem anderer Lernenden unterscheidet; diese aber in besonderer Weise auf eine qualitativ hochwertige Förderung angewiesen sind (Valtin & Sasse, 2012, S. 179) und in der Regel dafür länger benötigen als Kinder und Jugendliche ohne sonderpädagogischen Unterstützungsbedarf.

---

6   Als Vorläuferfertigkeiten für den Schriftspracherwerb werden insbesondere die Phonologische Bewusstheit, Rekodierungsprozesse im Arbeitsgedächtnis und die Zugriffsgeschwindigkeit im mentalen Speicher bezeichnet. (Einhellinger, 2013, S. 284)

Dabei stehen die unterrichtenden Lehrkräfte vor einem grundsätzlichen Dilemma. Auf der einen Seite empfehlen einige Fachdidaktiker die aktive Einbeziehung von Schriftsprache erst dann, wenn der muttersprachliche Leselernprozess weitgehend abgeschlossen ist (Schmid-Schönbein, 2001, S. 69), was für einige Schülerinnen und Schüler mit den Förderschwerpunkten Lernen oder Geistige Entwicklung aber erst deutlich nach dem Wechsel in die Sekundarstufe der Fall ist, und auf der anderen Seite erfordert die oft weniger entwickelte Fähigkeit zum längerfristigen Speichern und Abrufen von Wissen und Kompetenzen (Vernoij, 2007, S. 55) den verstärkten Einsatz von schriftlichem *scaffolding*-Material, damit Lernende aktiv im Unterricht sprachhandelnd tätig werden können.

Dieser verzögerte Schriftspracherwerbsprozess im Zusammenhang mit Lernbeeinträchtigungen kann auf verschiedene Ursachen zurückgeführt werden, die an dieser Stelle nur genannt und nicht tiefergehend analysiert werden sollen. Sehr häufig führt ein „weitgehend schriftfernes" Aufwachsen (Valtin & Sasse, 2012, S. 180) dazu, dass für einige Lernanfänger der Zugang zur Schrift mit Lernwiderständen belegt ist und dadurch die gesamte Entwicklung von *literacy* erschwert wird (Iben & Katzbach, 2010, S. 76). Weiter ist zu berücksichtigen, dass für einige Lernanfänger die Erst-Alphabetisierung in der Schuleingangsphase bereits nicht in deren Muttersprache, sondern in der Unterrichtssprache Deutsch erfolgt. Für Kinder mit einer altersgerecht entwickelten Erstsprache ist das in der Regel ein mehr oder wenig problemlos zu bewältigender Prozess, für Kinder anderer Herkunftssprachen mit einer Lernbeeinträchtigung aber eine zusätzliche Hürde. Ebenfalls erschwerend, insbesondere im Primarbereich, sind die noch nicht altersgerecht entwickelten Basiskompetenzen, wie z.B. die generellen Wahrnehmungsprozesse, kognitive Fähigkeiten und die Phonologische Bewusstheit (Matthes, 2009, S. 27). All diese Faktoren führen dazu, dass für Schülerinnen und Schüler mit Lernbeeinträchtigungen der Spracherwerb in der mündlichen wie in der schriftlichen Sprache oft deutlich erschwert und verzögert verläuft und dies Konsequenzen für den Englischunterricht erfordert (Eisenberg et al., 2015, S. 116).

Die Konsequenz aus diesem deutlich erschwerten Zugang zur Schriftsprache darf aber auf keinen Fall darin bestehen, diese Anforderungen aus dem Englischunterricht auszuklammern und Kindern und Jugendlichen mit dem Förderschwerpunkt Lernen oder dem Förderschwerpunkt Geistige Entwicklung diesbezüglich keine Lernangebote zu unterbreiten. Rymarczyk kommt in ihrer Studie zum Einsatz von Schriftsprache im Englischunterricht in der Primarstufe sogar zu der entgegengesetzten Forderung:

> Der intensive Kontakt mit der Schrift vermeidet eine Fossilierung der Eigenregeln, die zwar eine natürliche Stufe im Schriftspracherwerbsprozess darstellen, die es aber zu überwinden gilt. Die Kinder nähern sich dabei der orthographischen Norm auf erfreuliche Weise an, das heißt es leidet weder die Aussprache des Englischen noch scheint der Schriftspracherwerbsprozess des Deutschen negativ beeinflusst zu werden. (Rymarczyk, 2010, S. 76)

4.1 Ansätze für den Einsatz von Schriftsprache im Englischunterricht

Je besser ein Kind oder ein Jugendlicher in der Muttersprache spricht, liest und schreibt, desto einfacher fällt der Zugang zur Fremdsprache. Bei einigen Kindern und Jugendlichen sollte deswegen die Förderung der deutschsprachigen Kompetenzen und ggf. der muttersprachlichen Kompetenzen mit bedacht werden, da der Zweit- und Fremdspracherwerb an sprachliche Schemata der Erstsprache anknüpft (Cameron, 2010, S. 80).

Deswegen ist es in der Primarstufe und in den ersten Unterrichtsjahren in der Sekundarstufe insbesondere für leistungsschwächere Schülerinnen und Schüler empfehlenswert, bewusstmachende Verfahrensweisen zur Einsicht in die fremdsprachliche Phonem-Graphem-Korrespondenz zu nutzen (Frisch, 2010, S. 126).

Meendermann präzisiert eine solche Verfahrensweise in folgender Sequenzierung (Meendermann, 2012, S. 142–143):
1. Sicherung der Aussprache durch wiederholtes Hören und Sprechen.
2. Wiedererkennen von Ganzwörtern, z.B. im Blitzlesen, wobei das Wiedererkennen nicht unbedingt auf der Basis der Ganzwörter geschehen muss, sondern sich auch an Anfangsbuchstaben orientieren kann.
3. Schreiben nach Vorlage.

Bei den Übungen zum Wiedererkennen von Ganzwörtern muss zwingend die Andersartigkeit des Vorgehens im Vergleich zum Lesen in der Unterrichtssprache Deutsch thematisiert werden, damit Schülerinnen und Schüler sich bewusst mit der im Englischen anderen Phonem-Graphem-Korrespondenz befassen. In dieser Phase kann es hilfreich sein, mit reduzierten Wortbildern zu arbeiten, z.B. mit Visualisierungen, die nur den Anfangsbuchstaben und dann Leerstellen für die nicht aufgeführten Buchstaben zeigen. Diese Leerstellen sollten, um den Schriftspracherwerbsprozess in der Fremdsprache zu begünstigen, als rechteckige Leerstellen mit den entsprechenden Ober- und Unterlängen präsentiert werden, als sogenannte *brickwords* (s. Abb. 2), damit die Erkennung des ganzen Wortbildes vorbereitet und unterstützt wird. Zusätzlich kann es, nicht nur in der Primarstufe, hilfreich sein, die im Englischen weniger ausgeprägte Phonem-Graphem-Korrespondenz durch zusätzliche visuelle Hilfen zu erinnern, wie das Lernplakat beispielhaft zeigen soll (s. Abb. 4). Darüber hinaus arbeiten einige Lernspiele mit literarischen Transkriptionen. Beim Einsatz dieser literarischen Transkriptionen sollte jedoch immer sehr sorgfältig abgewogen werden, ob dieses zusätzliche System der Verschriftung leistungsschwächere Lernende nicht eher überfordert, als dass es eine Hilfe darstellt, da hierzu eine weitere schriftliche Systematik erlernt werden muss.

Schreiben erfolgt dann im Primarbereich – gemäß den Lehrplänen – als Abschreiben nach Vorlage und wenn danach eigene erste Texte verfasst werden, stehen auch dabei Vorlagen mit korrekter Orthografie zur Verfügung.

Bei einigen Lernenden, deren Kompetenzerwartungen sich um mehrere Jahrgangsstufen von denen ihrer Mitschüler unterscheiden, wird dieses Vorgehen der expliziten

Vermittlung und des Bewusstmachens von Regelhaftigkeiten auch im Bereich der Sekundarstufe noch notwendig sein.

Abbildung 2: Beispiel Brickword *giraffe*

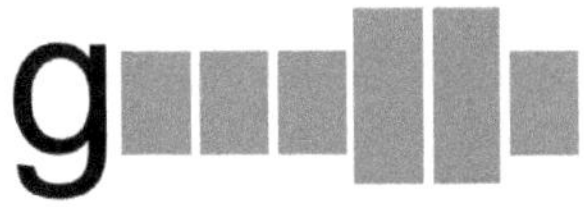

Abbildung 3: Beispiel literarische Transkription

Abbildung 4: Lernplakat ei – i

We hear [ei] but we write ,i':
tiger
to write
to climb

Für Schülerinnen und Schüler mit Lernschwierigkeiten ist es in der Regel auch notwendig, die grundlegenden physiologischen Abläufe des Lesens zu verbessern und dies auch in der Fremdsprache zu üben (Haß & Kieweg, 2012, S. 82). Hierbei ist nicht nur in der Primarstufe das bereits erwähnte Blitzlesen sinnvoll, welches das ganzheitliche Erfassen von Wortbildern trainiert, was auch für das spätere Lesen von Texten benötigt wird. Von diesen Übungen profitieren alle Lernenden, denn hochfrequent verwendete, kurze Wörter erfassen auch geübte Leser ganzheitlich (Gerlach, 2013, S. 79). Zusätzlich sollten auch Übungen zur Erweiterung der Fokusbreite durchgeführt werden, damit die Schülerinnen und Schüler befähigt werden, Wortgruppen in Texten zu erfassen und zu überblicken. In der Regel dürfte es sinnvoll sein, derartige Förderung als additive Maßnahme durchzuführen, da sie selten alle Schülerinnen und Schüler einer Lerngruppe betrifft. Die hier investierte Zeit rentiert sich durch verbesserte Lesefähigkeiten und dadurch effektiver genutzte Lernzeit im Klassenunterricht allemal.

Zusätzlich ist es notwendig, Lesestrategien für die Fremdsprache zu erlernen und im Unterricht immer wieder anzuwenden, damit diese langfristig genutzt werden können. Die Öffnung von Unterricht und das eigenständige Arbeiten erfordern die Fähigkeit, sich mit schriftlichen Arbeitsanweisungen und Texten in der Zielsprache

Englisch zu befassen. Ob diese Lesestrategien in Form eines *questionnaire* (Haß & Kieweg, 2012, S. 81) oder über die Erarbeitung von auf einzelne Lernende zugeschnittenen Selbstinstruktionsfolgen (Stahl-Morabito, 2016b, S. 341) oder über die Arbeit mit differenzierten *reading journals* erfolgt, ist dabei zweitrangig. Wichtig ist, dass ein Verfahren als Lesestrategie erarbeitet, genutzt und die Anwendung mit den Schülerinnen und Schülern reflektiert wird. Nur dann besteht die Chance, dass Lernende mit Lernschwierigkeiten durch das Befolgen der von außen vorgegebenen Struktur eine innere Strukturierung ihrer Lesetätigkeit erreichen. Im nächsten Schritt müssen diese Strategien aus dem konkreten Anwendungsbereich herausgelöst und auf andere Aufgabenbereiche übertragen werden, damit sie langfristig als Mittel der Lerntätigkeit erkannt werden. Das bedeutet, dass Lesestrategien, wie alle anderen Lernstrategien, immer in verschiedenen Anwendungsbereichen trainiert werden müssen (Matthes et al., 2002, S. 20). Optimal erfolgt die Arbeit an derartigen Lesestrategien also übergeordnet in mehreren Fächern und wird dann um die Spezifika des Faches Englisch präzisiert.

In der Regel wird es für einige Lernende notwendig sein, Texte zu entlasten und in der Darstellung zu optimieren. Wie bei jeder Differenzierung geht es bei der Textentlastung nicht darum, alle Hürden im Lernprozess zu eliminieren, sondern ein Anforderungsniveau zu treffen, welches eine leistbare Herausforderung darstellt. Dabei können Vokabelhilfen, Bildunterstützung, Textkürzungen, Markierungen und auch visuell entlastende Darstellungen zum Einsatz kommen, je nach Leistungsstand des entsprechenden Lernenden. Eine für schwächere Lerner jedoch unverzichtbare Hilfestellung ist es, den Text als beschreibbare Kopie vor sich zu haben. Mit einem Lehrbuchtext zu arbeiten, der nicht markiert werden kann, weil das Buch noch weitergegeben werden muss, stellt für leistungsschwächere Lernende oft eine nicht zu überwindende Hürde dar (Haß & Kieweg, 2012, S. 89).

5. Üben

Schülerinnen und Schüler mit sonderpädagogischem Unterstützungsbedarf in den Förderschwerpunkten Lernen oder Geistige Entwicklung benötigen mehr Wiederholungen und gezielte Anleitung für das eigenständige Lernen. Dies gilt selbstverständlich auch für das Lernen von Vokabeln und die dafür favorisierten Methoden. Wenn diese nicht durch Lehrkräfte angeleitet und ggf. modifiziert werden, kann die zur Verfügung stehende Zeit im Unterricht, in Lernzeiten und beim häuslichen Üben nicht effektiv genutzt werden (Haß & Kieweg, 2012, S. 182).

Da es im Rahmen einer derartigen Ausarbeitung nicht möglich ist, auf die gesamte Bandbreite des Themas Übung im Unterricht einzugehen, soll hier nur stellvertretend auf zwei ausgewählte Aspekte eingegangen werden: die Notwendigkeit einer erhöhten Wiederholungsfrequenz und der Umgang mit dem häuslichen oder selbstständigen Üben von Vokabeln und Redemitteln. Denn Übung ist, bezogen auf das Erlernen einer Sprache und den Erwerb basaler kommunikativer Fähigkeiten in dieser Sprache, wichtiger ist als die kognitiven Grundvoraussetzungen (Butzkamm, 2007, S. 217).

5.1 Gezieltes Wiederholen von Inhalten und Redemitteln im Unterricht

Für alle Lernenden stellen der Erwerb eines für die kommunikativen Erfordernisse ausreichenden Vokabulars und die Fähigkeit, dieses situationsgemäß abrufen zu können, eine große Herausforderung dar. Für Schülerinnen und Schüler mit Lernbeeinträchtigungen kann sich dies jedoch zu einer echten Barriere im Gemeinsamen Lernen entwickeln. Als eine simple Faustregel dabei gilt, dass alle Schülerinnen und Schüler, deren Lernen beeinträchtigt ist, erheblich mehr Wiederholungen benötigen als ihre Mitlernenden, die zielgleich unterrichtet werden.

Für den Englischunterricht bedeutet dies, dass aktuelle Redemittel häufiger von diesen Schülerinnen und Schülern aktiv genutzt werden müssen und dass Redemittel und Inhalte aus vorherigen Kontexten ebenfalls regelmäßig wiederholt, in sinnstiftende Kontexte eingebettet und darin verwendet werden müssen. Die folgenden Anregungen können dazu beitragen, den langfristigen Aufbau von Wortschatzinventaren zu unterstützen.

Bei der Einführung neuer Redemittel sollte auf folgende Aspekte unbedingt geachtet werden:
1. Sicherung der Lautbilder – insbesondere für hochfrequent genutzte Redemittel – auch noch in der Sekundarstufe I. Denn ein Wort zu hören bedeutet noch lange nicht, es auch aussprechen und verwenden zu können.
2. Die Wortstrukturen sollten verdeutlicht bzw. erarbeitet werden (Anzahl der Silben, Wortstämme etc.). Im Anfangsunterricht kann dies durch Markierung der Silben beim Sprechen angebahnt und dann im Verlauf der Sekundarstufe durch Reflexion über Sprache vertieft und erweitert werden. Neue Redemittel sollten mit bereits erworbenem Wissen vernetzt werden (kontextualisierte Wortfeldarbeit).
3. Zeitnah müssen neue Redemittel dann hochfrequent in einem sinnstiftenden Kontext verwendet werden.

Die häufige Forderung, dass die Erstbegegnung mit fremdsprachlichen Redemitteln nach Möglichkeit „exzeptionell beeindruckend" (Haß & Kieweg, 2012, S. 117) verlaufen soll, dürfte sich für den Unterrichtsalltag in der Fremdsprache als nicht immer realisierbar erweisen.

Nach der Einführung von Redemitteln müssen diese dann zeitnah, sinnstiftend, aktiv und häufig genutzt werden, damit sie gespeichert werden. Haß, Henseler & Meinecke empfehlen verschiedene Übungsvarianten, um die generelle Übungsbereitschaft der Lernenden zu erhöhen (Haß et al., 2014, S. 10). Von der in diesem Zusammenhang empfohlenen Nutzung von wettbewerborientierten Übungsformen ist aber in deutlich heterogenen Lerngruppen aus Sicht der Autorin eher abzuraten, um nicht durch ein Ansprechen des motivationspsychologischen Systems der Misserfolgsvermeidung (Matthes et al., 2002, S. 13) Schülerinnen und Schülern mit Lernschwierigkeiten die Teilnahme zu erschweren.

Um die langfristige Arbeit an und mit einem stetig wachsenden Wortschatz systematisch zu betreiben, muss dieser Wortschatz in irgendeiner Art gesammelt, systematisiert und dokumentiert werden. Optimal wäre es, wenn Fachkonferenzen an Schulen dazu eine einheitliche Vorgehensweise beschließen, damit die unterrichtenden Lehrkräfte auf die Vorarbeit zurückgreifen können und Lernende sich nicht bei jedem Fachlehrerwechsel auf eine neue Systematik einstellen müssen. Dazu bietet sich natürlich die Arbeit mit Portfolios an oder aber die Gestaltung anderer Sammlungen, wie z.B. Kieweg sie mit seinem zweigeteilten Wörterheft vorschlägt, welches im ersten Teil unsortierte Sammlungen und im zweiten Teil Systematisierungen der gleichen Wörter enthält (Kieweg, 2006, S. 16). Unabhängig von der Frage, wie diese Wortschatzinventare gesammelt werden, benötigen Lernende dazu Anleitung im Unterricht, Zeit um diese Sammlungen zu ergänzen, Lernaufgaben, in die diese Sammlungen sinnvoll eingebunden werden und – wie bei jeder Form der Portfolioarbeit – regelmäßiges Feedback zu ihrer Arbeit damit (Easley & Mitchell, 2004, S. 107).

Neben den Fragen nach Erstbegegnung und langfristiger Sammlung muss für zieldifferent unterrichtete Lernende auch noch der Aspekt aufgegriffen werden, wie die Redemittel aus vorherigen Zusammenhängen wiederholt, spiralcurricular vertieft und in sinnhafte Kontexte eingebunden werden können. Gerade für diese Lernenden ist es notwendig, dieses erneute Aufgreifen explizit zu thematisieren und zu planen. Dies kann in allen Altersstufen in spielerischen Übungssituationen und in ritualisierten Unterrichtsphasen geschehen, z.B. in jeder ersten Englischstunde in der Woche nutzen die Lernenden die ersten fünf Minuten für Konversationen mit wechselnden Partnern und unterhalten sich dabei mit Hilfe von Phrasen aus ihren *„talk-time-booklets"* (Bröcher & Byvank, 2014, S. 15). Hier bietet sich aber auch die Einbettung in die Arbeit an schulinternen Curricula an, um systematisch die Einbindung bereits erarbeiteter Redemittel in neue Kontexte zu realisieren.

5.2 Selbstständiges Üben

Es wäre eine Illusion zu glauben, dass eine gute Wortschatzarbeit im Englischunterricht das selbstständige Lernen und Wiederholen des Wortschatzes und das vertiefende Üben – egal ob daheim oder in schulischen Lern- oder Hausaufgabenzeiten – vollständig ersetzen könnte. Für Schülerinnen und Schüler, die Lernbeeinträchtigungen aufweisen, ist dies ohne ergänzende Hilfen in der Regel nicht möglich. Der Lernprozess wird im Unterricht angestoßen und muss durch ergänzendes Üben fortgeführt werden.

Dafür ist es notwendig, die Methoden und Strategien, die zum selbstständigen Vokabellernen genutzt werden können, im Unterricht nicht nur zu thematisieren, sondern grundständig zu erarbeiten und mit den Lernenden zu reflektieren und ggf. zu adaptieren, damit die Lernenden dann, mit der Unterstützung der Unterrichtenden, eine für sie passende Form der selbstständigen Wortschatzarbeit auswählen und festigen können.

Gleiches gilt für die Arbeit mit lehrwerksbegleitenden oder unabhängigen Computerprogrammen, deren Handhabung erst erlernt werden muss, bevor Schülerinnen und Schüler damit arbeiten können. Die Empfehlung, sich z.B. einen

Vokabeltrainer anzuschaffen, bleibt vollkommen wirkungslos, wenn die Lernenden dann nicht sinnvoll damit umgehen, weil sie z.B. nicht einschätzen können, wie lange und wie oft sie damit arbeiten sollten, wie sie die Vokabeln aussuchen und welche Übersetzungsrichtung für sie sinnvoll ist. Bei sehr schwachen Lernenden kann es zu Beginn der systematischen Wortschatzarbeit sinnvoll sein, grundsätzlich nur eine Übersetzungsrichtung beizubehalten, damit Strukturen nicht vermischt werden (Butzkamm & Caldwell, 2009, S. 138).

Nicht nur für zieldifferent unterrichtete Lernende, aber für diese besonders, wäre es wünschenswert, wenn zu Beginn der Sekundarstufe hierzu gezielte Unterrichtsreihen oder Trainingseinheiten stattfinden, in denen verschiedene Techniken und Strategien für die Vokabelarbeit erprobt werden und in die grundsätzliche Arbeit mit der systematischen Wortschatzsammlung eingeführt wird. Während der Einführung in diese Form des selbstständigen Arbeitens sollten die Schülerinnen und Schüler auch mit Methoden der Vokabelarbeit vertraut gemacht werden, die nicht rein schriftsprachlich ausgerichtet sind. Für die Lernenden, deren Schriftspracherwerbsprozess verzögert verläuft, ist die starke schriftliche Ausprägung der Vokabelarbeit oft eine kaum zu bewältigende Hürde. Für sie kann es sinnvoll sein, mit Vokabel-Apps zu arbeiten, oder mit Audio-Dateien auf mp3-Playern, bzw. als *playlist* für das Smartphone. Derartige Audio-Dateien können mit Hilfe von entsprechender Freeware unkompliziert am Computer oder mit der Diktiergerätefunktion eines Smartphones erstellt und auf die Endgeräte der Schülerinnen und Schüler kopiert werden.[7] Auch hierbei reicht es nicht aus, diese Methoden einmalig vorzustellen. Sie müssen erarbeitet und mehrfach verwendet werden, bevor Schülerinnen und Schüler sie alleine bewältigen können. Dies muss selbstverständlich im weiteren Verlauf der Schulzeit weiter thematisiert und eingebunden werden.

Zusätzlich müssen Schülerinnen und Schüler lernen, wie sie ihre Übungsaufgaben für Lernzeiten oder ihre Hausaufgaben in der Fremdsprache bewältigen. Neben der generellen Fähigkeit zur selbstständigen Aufgabenbewältigung, die in der Regel für zieldifferent unterrichtete Lernende ein vordringliches Förderanliegen darstellt, ist es für diese Schülergruppe oft ein zentrales Problem, die Hausaufgaben effektiv zu notieren. Hierzu werden oft Hilfen benötigt.

In jedem Fall benötigen viele Lernende sehr klare Anweisungen, was genau sie mit welchem Material machen sollen, was sie dabei lernen oder üben sollen und woran sie erkennen, dass eine Aufgabe abschließend bearbeitet ist, bzw. sie genügend geübt haben. Eine ausschließlich mündliche Thematisierung der Hausaufgaben und ein reines Benennen von Kriterien stellt für diese Lernenden in der Regel eine Überforderung dar, die dazu führen kann, dass sich eine Vermeidungs- oder Verweigerungshaltung entwickelt, die zu generellen Lernwiderständen führt.

---

7   Zum Konzept von „Bring Your Own Device" in Nordrhein-Westfalen: http://www.medienberatung.schulministerium.nrw.de/Medienberatung/Lern-IT/Ausstattung/Bring-Your-Own-Device/

6. Lernaufgaben für ALLE

„Es ist wichtig, Schülerinnen und Schüler mit Aufgaben zu versehen, die sie in die Lage versetzen, ihre fremdsprachliche Handlungskompetenz anzuwenden." (Schäfer, 2014, S. 54) Dieser Aussage werden alle Lehrkräfte zustimmen, aber die Frage, wie die Realisierung aussehen kann, stellt sich im Alltag aller Unterrichtenden immer wieder. An dieser Stelle kann deswegen auch keine abschließende Aussage dazu getroffen werden, sondern es sollen Ansatzpunkte aufgezeigt werden, wie einzelne Unterrichtende, Teams oder ganze Schulen sich diesem Thema widmen können.

Reich empfiehlt in diesem Zusammenhang inklusive Lernlandschaften oder Lernbüros einzurichten, damit Lernende auf der Basis individueller Kompetenzraster an individuellen Aufgaben arbeiten und ihren Lernfortschritt angeleitet oder selbstständig reflektieren (Reich, 2014, S. 332ff.). Wenn Schulen in einer solchen Konzeption auch für das Fach Englisch arbeiten, muss jedoch sichergestellt sein, dass die authentische Kommunikation in der Zielsprache Englisch nicht zu kurz kommt und Schülerinnen und Schüler über ihren individuellen Aufgaben nicht regelrecht verstummen.

Einfacher zu realisieren sind dementsprechend offene Unterrichtsformate für einzelne Lerngruppen, wie die Arbeit über Lernwerkstätten o.ä., die eine Mischung von individualisierten Phasen und Plenumsphasen und die Darbietung von differenzierten Lernaufgaben zu einem Oberthema ermöglichen. Um in solchen Konzeptionen alle Lernenden zu berücksichtigen, empfiehlt es sich bereits in der gemeinsamen Planung des Unterrichts auf Methoden wie Differenzierungsmatrizen (Sasse & Schulzeck, 2013), Inklusionsdidaktische Netze (Kahlert & Heimlich, 2012) oder die Arbeit mit „Fach- oder Förderorientierten Netzen" (Flott-Tönjes et al., 2017, 26ff.) zurückzugreifen, damit die Lernbedürfnisse aller Lernenden langfristig bedacht werden können. Auch bei derartigen Konzeptionen muss den besonderen Bedürfnissen des Faches Englisch Rechnung getragen werden, indem darauf geachtet wird, dass die weitgehende Individualisierung nicht dazu führt, dass der zielsprachlichen Kommunikation der Lernenden untereinander sowie der Lernenden mit den Unterrichtenden zu wenig Platz eingeräumt wird.

Eine eher an kommunikativen und sozialen Prozessen orientierte Konzeption stellt die Arbeit in Lernszenarien dar (Schäfer, 2014, S. 54). Hier werden die Lernaufgaben gemeinsam mit Schülerinnen und Schülern von einem Oberthema abgeleitet, durchgeführt und abschließend in der Lerngruppe präsentiert und reflektiert. Diese Lernszenarien können von Lehrkräften selbst erstellt oder von Aufgaben aus dem Lehrwerk abgeleitet werden. In der Regel arbeiten die Lernenden in derartigen Lernszenarien in Kleingruppen, treffen sich aber regelmäßig im Plenum, um über den Lernprozess zu berichten und um sich gegenseitig Ergebnisse zu präsentieren. Da nicht alle Kleingruppen an gleichen Lernaufgaben arbeiten, kann in dieser Konzeption zwischen der Prozesssprache (Sprache für den allgemeinen Arbeitsprozess/*classroom discourse* und für Plenumsphasen mit allen Lernenden) und der zu konkreten Lernaufgaben gehörenden Redemittel unterschieden werden. Hier liegt die besondere Chance für das Lernen in heterogenen Lerngruppen, weil es in der Lernbegleitung durch die Unterrichtenden möglich ist, über die Einteilung von Gruppen, die Zuweisung von Lernaufgaben und entsprechende *scaffolds*, Differenzierungen anzubieten und dabei nicht nur für zieldifferent unterrichtete Lernende, sondern auch für besonders leistungsstarke Schülerinnen und Schüler, herausfordernde Angebote zu entwickeln.

7. Ausblick

Die in diesem Beitrag aufgelisteten ausgewählten Aspekte für das zieldifferente Lernen im Fach Englisch zeigen auf, dass Unterricht, der alle Lernenden berücksichtigt, hochkomplex in Planung, Durchführung und Reflexion ist. Zur Bewältigung dieser äußerst anspruchsvollen Aufgabe bedarf es der Zusammenarbeit in Teams. Entsprechende Schulentwicklungsprozesse sichern die dafür notwendigen Strukturen innerhalb einer Schule. Folgende Aspekte können dies sinnvoll unterstützen:

Austausch über individuelle Förderbedürfnisse: Nur wenn Sonderpädagogen und Fachlehrkräfte auf dem gleichen Kenntnisstand über Lern- und Entwicklungsplanungen und die dort festgehaltenen individuellen fachlichen und entwicklungsorientierten Ziele und Maßnahmen sind, wird eine kontinuierliche Förderung und optimale Nutzung der vorhandenen personellen Ressourcen ermöglicht. In einem vom Fachunterricht geprägten Schulsystem der Sekundarstufe stößt diese Forderung aber im Alltag oft an enge Grenzen. Dennoch müssen Schulen dazu praktikable Lösungen finden, die alle Unterrichtenden einbinden.

Kooperation in Fachkonferenzen: Die Arbeit der einzelnen Unterrichtenden und der Wechsel von Lernenden in andere Gruppen kann deutlich erleichtert werden, wenn in der Fachkonferenz Englisch übergreifende Vereinbarungen zu grundlegenden Fragen des Englischunterrichts getroffen werden, wie z.B. Vereinbarungen zur Vokabelarbeit und zu Visualisierungen des *classroom discourse*.

Schulinterne Curricula für die zieldifferente Arbeit nutzen: Schulinterne Curricula können um Aspekte des zieldifferenten Lernens erweitert werden. Dies kann z.B. durch die Auflistung beispielhafter reduzierter Kompetenzerwartungen oder alternativer Lernaufgaben geschehen oder durch Verweise auf bewährte Adaptionen und Medien.

Englisch ist heute mehr denn je ein wichtiges Tor in die Welt, ein Schlüssel für Teilhabe und Kommunikation. Es ist die Aufgabe von uns Englischlehrerinnen und -lehrern, allen unseren Schülerinnen und Schülern den Blick in diese Welt und die Teilhabe daran zu ermöglichen.

Literatur

Bröcher, S. & Byvank, D. (2014). Ready, Steady, Chat! Freies Sprechen üben. *Der fremdsprachliche Unterricht Englisch, 131*, 12–25.

Brügelmann, H. (2011). Dem Einzelnen gerecht werden – in der inklusiven Schule. Mit einer Öffnung des Unterrichts raus aus der Individualisierungsfalle! *Zeitschrift für Heilpädagogik, 9/2011*, 355–362.

Butzkamm, W. (2007). *Lust zum Lehren, Lust zum Lernen. Eine neue Methodik für den Fremdsprachenunterricht.* Tübingen: Narr Franke.

Butzkamm, W. & Caldwell, J.A.W. (2009). *The Bilingual Reform. A Paradigm Shift in Foreign Language Teaching.* Tübingen: Narr.

Cameron, L. (2010). *Teaching Languages to Young Learners.* Cambridge: Cambridge University Press.

Dobslaff, O. (2007). Sprachliche Beeinträchtigungen bei Schülern mit Lernbeeinträchtigungen im mittleren und älteren Schulalter. In K. Salzberg-Ludwig & E. Grüning (Hrsg.), *Pädagogik für Kinder und Jugendliche in schwierigen Lern- und Lebenssituationen* (S. 131–148). Stuttgart: Kohlhammer.

Easley, S.-K. & Mitchell, K. (2004). *Arbeiten mit Portfolios. Schüler fordern, fördern und fair beurteilen.* Mülheim an der Ruhr: Verlag an der Ruhr.

Einhellinger, C. (2013). Schriftspracherwerb unter erschwerten Bedingungen. In C. Einhellinger, S. Ellinger, O. Hechler, A. Köhler & E. Ullmann, *Studienbuch Lernbeeinträchtigungen. Band 1 Grundlagen* (S. 271–312). Oberhausen: Athena.

Eisenberg, U., Determann-Schacht, M., Ischinsky, C., Melzer, C., Posingies, R., Stahl-Morabito, N. & Wittenberg-vom Heu, A. (2015). *Handreichung zur sonderpädagogischen Fachlichkeit im Förderschwerpunkt Lernen.* Münster: Publikation der Bezirksregierung Münster.

Flott-Tönjes, U., Albers, S., Ludwig, M., Schumacher, H., Storcks-Kemming, B., Thamm, J. & Witt, H. (2017). *Fördern Planen. Ein sonderpädagogisches Planungs- und Beratungskonzept für Förderschulen und Schulen des Gemeinsamen Lernens.* Oberhausen: Athena.

Frisch, S. (2010). Bewusstmachende Verfahren beim Umgang mit dem Schriftbild im Englischunterricht der Primarstufe – erste Ergebnisse der LiPs Studie. In B. Diehr & J. Rymarczyk (Hrsg.), *Researching Literacy in a Foreign Language among Primary School Learners* (S. 107–130*).* Frankfurt am Main: Peter Lang.

Gerlach, D. (2013). *wordly-Rechtschreibtraining: Konzeption und Evaluation eines Interventionsprogramms für lese-rechtschreib-schwache Englischlerner.* Münster: Waxmann.

Haß, F. (2008). *Fachdidaktik Englisch. Tradition – Innovation – Praxis.* Stuttgart: Klett.

Haß, F., Henseler, R. & Meinecke, B. (2014). Wortschatz (erfolgreich) üben. *Der fremdsprachliche Unterricht Englisch, 131*, 10–11.

Haß, F. & Kieweg, W. (2012). *I can make it! Englischunterricht für Schülerinnen und Schüler mit Lernschwierigkeiten.* Seelze-Velber: Klett Kallmeyer.

Hechler, O. (2013). Sozialisationsbedingungen des Lernens und der Persönlichkeitsentwicklung. In C. Einhellinger, S. Ellinger, O. Hechler, A. Köhler, E. Ullmann, *Studienbuch Lernbeeinträchtigungen. Band 1 Grundlagen* (S. 157–180). Oberhausen: Athena.

Hüther, G. (2016). *Mit Freude lernen ein Leben lang.* Göttingen: Vandenhoeck & Ruprecht.

Iben, G. & Katzbach, D. (2010). *Schriftspracherwerb in schwierigen Lernsituationen.* Stuttgart: Kohlhammer.

Kahlert, J. & Heimlich, U. (2012). Inklusionsdidaktische Netze – Konturen eines Unterrichts für alle (dargestellt am Beispiel des Sachunterrichts). In U. Heimlich, & J. Kahlert (Hrsg.), *Inklusion in Schule und Unterricht* (S. 153–190). Stuttgart: Kohlhammer.

Kieweg, W. (2006). Das „andere" Wörterheft. *Lernchancen, 53,* 16–17.

Kieweg, W. (2012). Lernschwierigkeiten überwinden. *Der fremdsprachliche Unterricht Englisch, 46,* 2–8.

Klauß, T. (2009). *Wie gestalten wir Lernangebote, die wirklich alle einbeziehen?* Manuskript zum Workshop bei der Tagung „Berufsorientierung in Tagesstätten – Lernwege und Bildungsbedarfe von Menschen mit schweren und mehrfachen Behinderungen". Verfügbar unter: https://www.lmbhh.de/fileadmin/_migrated/content_uploads/Bildungsangebote_gestalten_Theo_Klauss.pdf [07.05.2017].

KMK = Sekretariat der Ständigen Konferenz der Kultusminister der Länder in der Bundesrepublik Deutschland (1999). *Empfehlungen zum Förderschwerpunkt Lernen.* Verfügbar unter: http://www.kmk.org/fileadmin/Dateien/pdf/PresseUndAktuelles/2000/sopale.pdf [07.05.2017].

Kress, K., Rattay, C., Schlechter, D. & Schneider, J. (2011). *Individuell fördern. Das Praxisbuch*. Donauwörth: Auer.

Lenhard, A., Lenhard, W. & Klauer, K.-J. (2011). *Denkspiele mit Elfe und Matthis. Förderung des logischen Denkvermögens für das Vor- und Grundschulalter.* Göttingen: Hogrefe.

Matthes, G. (2009). *Individuelle Lernförderung bei Lernstörungen*. Stuttgart: Kohlhammer.

Matthes, G., Hofmann, B. & Emmer, A. (2002). *Training des Lernhandelns: Ergebnisse einer Trainingsstudie mit lernbeeinträchtigten Schülerinnen und Schülern.* Verfügbar unter: http://pub.ub.uni-potsdam.de/2002meta/0031/door.htm [08.03.2017].

Mayer, A. (2013). *Test zur Erfassung der phonologischen Bewusstheit und der Benennungsgeschwindigkeit (TEPHOBE)*. München: Ernst Reinhardt.

Meendermann, M. (2012). Schrifteinsatz im Englischunterricht der Grundschule. In H. Böttger (Hrsg.), *Englisch Didaktik für die Grundschule* (S. 141–153). Berlin: Cornelsen.

Reich, K. (2014). *Inklusive Didaktik. Bausteine für eine inklusive Schule*. Weinheim und Basel: Beltz.

Rymarczyk, J. (2010). Früher Schriftspracherwerb in der ersten Fremdsprache Englisch bei Kindern mit Migrationshintergrund. *Forum Sprache, 4/2010,* 60–78.

Sasse, A. & Schulzeck, U. (2013). *Differenzierungsmatrizen als Modell der Planung und Reflexion inklusiven Unterrichts – zum Zwischenstand in einem Schulversuch.* Verfügbar unter: www.gu-thue.de/material/Beitrag_Sasse_Schulzeck_ThillmJahr2013.pdf [23.02.2017].

Schäfer, U. (2014). Englisch für Schülerinnen und Schüler mit Lernschwierigkeiten. In R. Bartosch & A. Rohde (Hrsg.), *Im Dialog der Disziplinen. Englischdidaktik – Förderpädagogik – Inklusion* (S. 45–62). Trier: Wissenschaftlicher Verlag.

Schmid-Schönbein, G. (2001). *Didaktik: Grundschulenglisch*. Berlin: Cornelsen.

Stahl-Morabito, N. (2012). *Supporting foreign language learning for children with special needs. Focus on reading and writing.* Unveröffentlichte Masterarbeit, Pädagogische Hochschule Freiburg.

Stahl-Morabito, N. (2016a). Adäquate Lernangebote im Fach Englisch für Schülerinnen und Schüler mit dem Förderschwerpunkt Lernen in der Sekundarstufe I. *Sonderpädagogische Förderung in NRW, 2/2016,* 26–32.

Stahl-Morabito, N. (2016b). Selbstkontrolle im Rahmen der aufgabenbezogenen Selbstständigkeit für Schülerinnen und Schüler mit Lernschwierigkeiten. *Zeitschrift für Heilpädagogik, 7/2016,* 339–346.

Valtin, R. & Sasse, A. (2012). Schriftspracherwerb. In U. Heimlich & F. Wember (Hrsg.), *Didaktik des Unterrichts im Förderschwerpunkt Lernen* (S. 179–190). Stuttgart: Kohlhammer.

Vernoij, M. (2007). Aspekte des Lernens bei Kindern mit Lernbeeinträchtigungen. In K. Salzberg-Ludwig & E. Grüning (Hrsg.), *Pädagogik für Kinder und Jugendliche in schwierigen Lern- und Lebenssituationen* (S. 47–60). Stuttgart: Kohlhammer.

Wahn, C. & Piontek, F. (2011). Zur Bedeutung des frühen Fremdsprachenlernens an der Schule mit dem Förderschwerpunkt Sprache. *Zeitschrift für Heilpädagogik, 2*, 120–136.

Wember, F. (2004). *Englisch im Primarbereich an Sonderschulen: Chance oder Überforderung?* Verfügbar unter: http://www.schulentwicklung.nrw.de/cms/upload/egs/f_wember_chance__o_ueberforderungberforderung.pdf [07.05.2017].

Wernke, K. & Zierer, K. (2016). Lehrer als Eklektiker!? Grundzüge einer Eklektischen Didaktik. *Friedrich Jahresheft 2016*, 58–61.

Wessel, F. (2012). Nur Englisch sprechen? In H. Böttger (Hrsg.), *Englisch. Didaktik für die Grundschule* (S. 49–59). Berlin: Cornelsen.

II
Umsetzungsmöglichkeiten und Anwendungskontexte inklusiven Englischunterrichts

Janna Buck

Dramapädagogische Methoden für einen inklusiven Englischunterricht
Möglichkeitsräume und Herausforderungen

1. Ausgangslage

Seit Inkrafttreten der UN-Behindertenrechtskonvention (UN-BRK) im Jahre 2009 kreist die Inklusionsdebatte um Bedingungen gemeinsamen Fachunterrichts von Schülerinnen und Schülern mit und ohne sonderpädagogischem Förderbedarf (vgl. Hausen, 2014; Riegert, Sansour & Musenberg, 2015; Rossa, 2015). Weitgehender Konsens besteht im Inklusionsdiskurs darüber, dass inklusiver Unterricht über räumliche Gemeinsamkeit hinauszugehen hat und inhaltliche Kooperation zwischen Lernenden ermöglicht (vgl. Korff, 2012).[1] Mit Feuser (2015)

> geht es um die Schaffung eines vielfältigen Bedürfnissen und Entwicklungspotentialen (aller Kinder, Schülerinnen und Schüler) gerecht werdenden Unterrichtsangebotes, das einen uneingeschränkten Zugang und eine nicht limitierte Teilhabe an umfassender Bildung verlangt und die Realisierung einer individuellen Bildungsbiographie ermöglicht. (ebd., S. 50)

Zieldifferentes Lernen, Individualisierung, Differenzierung, kooperative Lernformen und offene Lernszenarien werden als Merkmale inklusiver Lehr- und Lernsettings ausgewiesen (vgl. Seitz & Scheidt, 2012; Korff, 2012; Reich, 2014). Dies führt in der Umsetzung in die Unterrichtspraxis zu folgendem Widerspruch: Während differenzierende Maßnahmen eine Voraussetzung dafür bilden, den Unterrichtsgegenstand den verschiedenen Lernbedürfnissen anzupassen und für den gemeinsamen Unterricht aufzubereiten, stellen die individuellen Zugangsebenen zu Bildungsangeboten zugleich eine Hürde für kooperative Lerngelegenheiten und inhaltlichen Austausch der Lernenden im Unterricht dar (vgl. Korff, 2012; Riegert et al., 2015). Korff benennt hierfür das Spannungsfeld zwischen „Gemeinsamkeit und Vielfalt" (Korff, 2012, S. 142), das mit Ziemen (2014) wie folgt erklärt werden kann:

---

1 Wocken (1998) weist für einen integrativen Unterricht auf die hohe Anforderung hin, die mit dem Anspruch auf inhaltliche Kooperation an Lernende gestellt wird; er gibt zu bedenken, diesem Anspruch in der Unterrichtspraxis Rechnung tragen zu können. Wockens Verständnis von gemeinsamen Lernsituationen ist ein erweitertes, das koexistente, kommunikative, subsidiäre (unterstützende und pro-soziale) sowie kooperative Lernsituationen umfasst.

> Eine übergreifende und fundamentale Herausforderung ist es, Heterogenität als Ressource zu betrachten, Lehr- und Lernprozesse gemeinschaftlich zu organisieren und zu gestalten, dabei jedoch der Individualität jedes Einzelnen Rechnung zu tragen. Es geht um die Balance von individualisierten und gemeinschaftlichen Angeboten. (ebd., S. 46)

Für die Fachdidaktiken ergibt sich hieraus die Aufgabe der Analyse und Ausdifferenzierung methodisch-didaktischer Ansätze für einen inklusiven Fachunterricht, um die Herausforderung einer Vereinbarkeit von Individualisierung und inhaltlicher Gemeinsamkeit zu bewältigen (vgl. Korff, 2012; Rossa, 2015). Riegert et al. (2015) bringen diese Debatte auf den Punkt, wenn sie danach fragen, wie sich „fachdidaktisch fundiert und den Bildungsansprüchen *aller* Schülerinnen und Schüler angemessen – *gemeinsame Sache machen* [lässt]" (ebd., S. 21, Hervorhebung im Original).

Eine wesentliche Entwicklungsaufgabe der modernen Fremdsprachendidaktiken besteht in der Konzeptualisierung inklusiven Unterrichts für Schülerinnen und Schüler mit sonderpädagogischem Förderbedarf, deren Lernvoraussetzungen in methodisch-didaktischen Ansätzen nicht ausreichend berücksichtigt werden (vgl. Rossa, 2015, S. 171). Dabei herrscht zunehmend Konsens darüber, „dass das Fach Englisch ein bedeutsames Element der Allgemeinbildung darstellt, welches keiner Personengruppe vorenthalten werden darf" (Köpfer, 2014, S. 159). Kern der Diskussion über Möglichkeitsräume gemeinsamen Englischunterrichts von Schülerinnen und Schülern mit und ohne sonderpädagogischem Förderbedarf bildet die Frage nach basalen Lernangeboten bzw. elementaren Aneignungsebenen, die den besonderen Lernbedürfnissen dieser Zielgruppe entsprechen (vgl. ebd., 2014, S. 157; Riegert et al., 2015, S. 15). Eine ganzheitlich-handlungsorientierte Ausrichtung, das Primat der Mündlichkeit, lebensweltliche Themen und spielerische Zugänge zu Bildungsangeboten werden für inklusiven Englischunterricht als förderlich eingeschätzt (vgl. Köpfer, 2014; Doert & Nold, 2015; Rossa, 2015). Individuelle Zugangsebenen zu und erweiterte Möglichkeiten einer Auseinandersetzung mit fremdsprachlichen Bildungsangeboten bilden eine Voraussetzung dafür, möglichst allen Schülerinnen und Schülern eine Teilhabe am Diskurs im Englischunterricht zu ermöglichen.

Der vorliegende Beitrag möchte hier ansetzen und den dramapädagogischen Ansatz auf sein Potenzial für einen inklusiven Englischunterricht hin untersuchen. Dieser hat mit Schewes Monografie (1993) „Fremdsprache inszenieren" Einzug in die Fremdsprachendidaktik des deutschen Sprachraumes gehalten. Seitdem floriert die Konzeptualisierung dramapädagogischen Fremdsprachenunterrichts; eine Vielzahl an methodisch-didaktischen Ansätzen liegen für die Teilbereiche Sprache, Literatur und Kultur vor (vgl. Tselikas, 1999; Even, 2004; Hallet, 2015). Auf der Basis vielfältiger Materialien, Texte und Medien können fiktive Handlungskontexte geschaffen werden, in denen Lernende zur Kooperation aufgefordert sind und die Fremdsprache unter möglichst lebensechten Bedingungen anwenden und erproben können (vgl. Schewe, 1993; Tschurtschenthaler, 2013). Dabei ist es ihnen möglich, eigene Vorstellungen, Gedanken, Ideen und Erfahrungen einzubringen und sich entsprechend ihrer individuellen kommunikativen und sprachlichen Fähigkeiten zu verständigen, „indem […] die mimischen, gestischen und proxemischen Zeichen bewußt(er) ins Spiel [gebracht werden] (Schewe, 1993, S. 6).

Der Fokus dramapädagogischer Lernszenarien auf ganzheitliche und interaktive Sprachanwendungssituationen lässt mich vermuten, dass der dramapädagogische Ansatz individuelle Zugangsebenen zu Bildungsangeboten im Englischunterricht schaffen und darüber hinaus ein Gleichgewicht im Spannungsfeld zwischen individuellen und kooperativen Lerngelegenheiten bewirken kann. Diesem möglichen Potenzial für einen inklusiven Englischunterricht möchte ich im Folgenden nachgehen.

2. Dramapädagogischer Englischunterricht als inklusiver Englischunterricht?!

In den modernen Fremdsprachendidaktiken wurden in den vergangenen Jahren eine Vielzahl an dramapädagogischen Ansätze zum Erreichen unterschiedlicher Zielstellungen im Fremdsprachenunterricht entwickelt: Für den Literatur- und Kulturunterricht wird ein Potenzial von dramapädagogischen Methoden u.a. zur kreativen Texterschließung, zum ästhetischen Lernen und zur Förderung (inter-)kultureller Kompetenzen beschrieben (vgl. Hallet, 2015; Lütge, 2015). Ansätze einer dramapädagogischen Grammatikarbeit finden sich mit Evens (2003) Konzept einer „Drama Grammatik" und nicht zuletzt bilden dramapädagogische Verfahren zur Förderung sprachlicher und kommunikativer Kompetenzen (vgl. Elis, 2015) und Übungen zum fertigkeitsorientierten Lernen (vgl. Schewe, 1993) eine umfangreiche Ausgangsbasis für den Englischunterricht.

Im Vordergrund des Beitrags stehen nicht so sehr die jeweiligen Ansätze, als vielmehr die grundlegenden Charakteristika eines dramapädagogischen Englischunterrichts und konzeptionell vermutete Annahmen über Lerngelegenheiten, die er Fremdsprachenlernenden verspricht bereitzuhalten.

2.1 Dramapädagogische Methoden

Elis (2015) untergliedert dramapädagogische Methoden in Übungen (z.B. Aufwärmübungen für Körper und Stimme, Vertrauensübungen und Übungen zur Rollenfindung) und szenischen Verfahren (ebd., S. 91). Letztere differenzieren sich nach Schewe (2010) in Groß- und Kleinformen sowie in produkt- und prozessorientierten Formen aus: Bei szenisch-dramatischen Großformen handelt es sich um zeitintensive Projekte mit dem Ziel einer Aufführung vor Publikum, die der langfristigen Planung bedürfen (ebd., S. 199); unter szenisch-dramatischen Kleinformen versammeln sich u.a. Standbilder, szenische Improvisationen, Rollenspiele und Simulationen (z.B. *At the restaurant*), die im zeitlichen Umfang einer Unterrichtsstunde bis -einheit erarbeitet werden (ebd., S. 201) und den Fokus auf den Lernprozess und dessen „ästhetische und körperliche Dimension" (Schmenk, 2015, S. 38) richten.

Englischunterricht kann dabei auf einen reichen Fundus an dramapädagogischen Lehr- und Lernkonzepten bzw. Unterrichtsangeboten zurückgreifen: Für den bilingualen Sachfachunterricht liegt das Methodenhandbuch *playingCLIL* vor, das Spiele – u.a. differenziert nach Sprachniveau und Alter der Lerngruppe – beinhaltet, die auch im Fachunterricht ohne bilingualer Ausrichtung genutzt werden können.[2] Maley und Duff (2005) stellen in ihrem Werk *Drama Techniques* vielseitige Einsatzmöglichkeiten dramapädagogischer Methoden vor und nicht zuletzt bietet Tselikas (1999) in „Dramapädagogik im Sprachunterricht" für den Bereich „Deutsch als Fremdsprache" einen Überblick über Techniken, Übungen und Sprachspiele.

Auf Grundlage dieser methodischen Bandbreite eröffnen sich im Englischunterricht verschiedene Einsatzmöglichkeiten dramapädagogischer Methoden, z.B. für einen kreativen Umgang mit dem Lehrwerk, literarischen Texten, Film, Musik etc., was Schülerinnen und Schülern individuelle Möglichkeiten einer Auseinandersetzung mit fremdsprachlichen Themen und Inhalten ermöglicht. Die Anpassung der Methode an die Gegenstände von Englischunterricht und insbesondere an die Lernvoraussetzungen der Schülerinnen und Schüler legen den Rückschluss nahe, dass ein dramapädagogischer Unterricht flexibel auf die Bedürfnisse von Lernenden einzugehen vermag und Potenziale für einen inklusiven Englischunterricht birgt.

2.2 Einsatzmöglichkeiten dramapädagogischer Methoden – Blick auf die Unterrichtspraxis

Die im Folgenden dargestellte Projektarbeit wurde in der 8. Klassenstufe an einer Gemeinschaftsschule in Schleswig-Holstein durchgeführt. Auf Grundlage einer zuvor behandelten Fotostory aus einem Lehrwerk wurde den Schülerinnen und Schülern die kommunikative Aufgabe gestellt, eine Fotostory zu entwickeln, zu inszenieren und schließlich zu verschriftlichen.

Das Projekt gliedert sich in drei Stufen der Erarbeitung: *introduction*, *development* sowie *presentation*. Alle Stufen werden durch ein Lernportfolio begleitet, das Arbeitsergebnisse sammelt und die Schülerinnen und Schüler zum Reflektieren über ihren Lernprozess anregt, indem sie sich mit aktuellen Themen, Inhalten und Erfahrungen sowohl fragegeleitet als auch frei auseinandersetzen. In der Phase *introduction* wird die Lerngruppe in die Projektarbeit eingeführt: Textsortenmerkmale und Rahmenbedingungen für eine angenehme Arbeitsatmosphäre werden gemeinsam erarbeitet. In der Phase *development* finden sich die Schülerinnen und Schüler in Kleingruppen zusammen, fertigen einen Ideenentwurf an und erarbeiten im Anschluss ein Storyboard. Der Ideenentwurf fordert die Schülerinnen und Schüler dazu auf, sich u.a. auf eine Rahmenhandlung und Figuren der fiktiven Spielwelt zu einigen. Das Storyboard zielt darauf ab, die Geschichte in Szenen einzuteilen und Überlegungen hinsichtlich ihrer Umsetzung anzustellen. Die Schülerinnen und Schüler werden mit Aufnahmemöglichkeiten und deren Wirkung bzw. Funktion (z.B. als Nah- und Fernaufnahme) vertraut gemacht. Die Umsetzung und Erprobung von Szenen fordert die

2 Vgl. http://www.playingclil.eu/de/produkte/ (19.05.2017).

Schülerinnen und Schüler dazu auf, sich mit ihrer fiktiven Rolle auseinanderzusetzen, der Einsatz körpersprachlicher Ausdrucksmittel sollte im Hinblick auf das Endprodukt der Fotostory besonders berücksichtigt werden. Hieran schließt sich die Inszenierung vor der Lerngruppe an (*presentation*), die Fotos werden zeitgleich aufgenommen. In dieser Phase wechseln die Schülerinnen und Schüler zwischen ihrer Rolle als Schauspieler bzw. Schauspielerin und Zuschauer bzw. Zuschauerin; so präsentieren sie ihre Ergebnisse entweder selber oder verfolgen die Inszenierungen der anderen und erteilen ihnen Feedback. Die Projektarbeit schließt mit der Verschriftlichung der Fotostory.

2.3 Handeln in fiktiven Spielwelten – Anforderungen an Lernende

Dieses Kapitel richtet den Blick auf das Handeln in fiktiven Spielwelten, das als Charakteristikum dramapädagogischen Fremdsprachenunterrichts gilt (vgl. Tschurtschenthaler, 2013; Schewe, 1993; Hallet, 2015). Anforderungen an Lernende werden auf Grundlage von Tselikas (1999) Modell zum dramapädagogischen Prozess[3] am Beispiel einer Inszenierung herausgestellt.

Ein dramapädagogischer Unterricht bewegt sich durch den Wechsel zwischen Alltags- und fiktiver Spielwelt auf zwei Realitätsebenen, was die Vorbereitung der Lernenden auf den Einstieg in die fiktive Spielwelt und den Ausstieg aus eben dieser erfordert (ebd., S. 24–25). Tselikas benennt fünf Phasen, denen jeweils unterschiedliche Funktionen im dramapädagogischen Prozess zukommen: Verkörperung (*embodiment*), Einstieg (*projection*), Spiel (*role*), Ausstieg (*de-roling*), Auflösung (ebd., S. 24). Die erste Phase dient der Vorbereitung und Einstimmung der Lernenden auf den Übergang in die fiktive Spielwelt, indem Stimme und Körper aufgewärmt werden und ihre Vorstellungskraft aktiviert wird. In der Phase des Spiels ist die aktive Auseinandersetzung der Schülerinnen und Schüler mit der fiktiven Rolle bzw. einem Thema vorgesehen; Szenen werden entwickelt. Eine Voraussetzung zur Rollenübernahme stellt mit Schewe (1993) die Klärung der Lernenden von Handlungsabsicht, Status und Haltung der Figur dar (ebd., S. 161). Die Arbeit an der fiktiven Rolle in Bezug auf deren innere Haltung (z.B. Gefühle, Vorstellungen, kulturelle und politische Orientierungen) bzw. äußere Haltung (körperliches und sprachliches Ausdrucksverhalten) soll das Einfühlen in die Rolle und den Übergang in die fiktive Spielwelt begünstigen (ebd., S. 163). Auf dieser Grundlage erfolgt die Inszenierung bzw. Präsentation. Das Verlassen der dramatischen Realität erfordert das Ablegen von der im Spiel eingenommenen Rolle, um schließlich in der Alltagswelt wieder anzukommen; Erfahrungen im ästhetischen Raum werden im Austausch mit der Lerngruppe reflektiert, verarbeitet und erweitert (Tselikas, 1999, S. 24; Schewe, 1993, S. 404).

Das Schlüsselmoment für den fremdsprachlichen Lernprozess stellt die Phase des Spiels dar, in der die Schülerinnen und Schüler im Rahmen eines fiktiven Handlungs-

---

3 Tselikas dramapädagogischer Prozess bildet einen idealtypischen Verlauf ab, der nicht immer gegeben sein muss.

kontextes zum weitgehend freien Sprachhandeln aufgefordert sind (vgl. Schewe, 1993; Tselikas, 1999; Tschurtschenthaler, 2013). Tschurtschenthaler versteht das Handeln in fiktiven Welten als Akt der Reproduktion bzw. Nachahmung von Wirklichkeit; ein dramapädagogisch ausgerichteter Fremdsprachenunterricht schafft in der Auffassung von Tschurtschenthaler reale Handlungskontexte, in denen Lernende Gelegenheit zur authentischen Interaktion erhalten:

> The double characteristic of drama, i.e. the interplay between representation and performance, is considered an advantageous condition for learning. For this reason the potential of the as-if moment in educational drama is seen in the interplay between the real and the fictitious world. The fictional context created in dramatic learning situations is based on the coexistence of the real and the fictional. […] When the learners take on a role, they behave as if they were actually living and experiencing the imagined situation. (Ebd., S. 30–31)

Ein dramapädagogischer Englischunterricht fordert nicht nur die produktiven und rezeptiven Fähigkeiten der Schülerinnen und Schüler, sondern darüber hinaus auch ihre Reflexionsfähigkeit, um sich mit Themen, sprachlichen Hindernissen und weiteren Spielerfahrungen auseinanderzusetzen und einen Erkenntnisgewinn zu bewirken (vgl. Tschurtschenthaler, 2013; Schewe, 1993). Schewe stellt diese Lernprozesse als Triade der Spracharbeit für die Ebenen Reflexion, Produktion und Rezeption dar (ebd., S. 404).

Auf dieser Grundlage ist anzunehmen, dass das Handeln in fiktiven Welten mit hohen Anforderungen verbunden ist: Zum einen müssen Fremdsprachenlernende über Abstraktionsvermögen verfügen, um zwischen den beiden Realitätsebenen, der alltäglichen und der fiktiven, hin- und herwechseln zu können. Zum anderen setzt die Auseinandersetzung der Schülerinnen und Schüler mit fiktiven Rollen in Bezug auf deren Handlungsabsichten, Haltungen und Gefühle ein tieferes Verständnis für unterrichtliche Themen und Inhalte voraus; nicht zuletzt gilt es Mut und Präsentationskompetenz zu beweisen, um die entwickelten Szenen der Lerngruppe vorzuführen und mit ihnen darüber in den Austausch zu gehen bzw. darüber zu reflektieren. Wenngleich es sich bei dem angeführten Beispiel der Inszenierung um ein anspruchsvolles dramapädagogisches Format handelt, das eher den höheren Klassenstufen vorbehalten ist (vgl. Schewe, 1993), so lässt sich hieran aufzeigen, dass ein dramapädagogischer Englischunterricht Lernende auf kognitiver, affektiver, physischer und sozialer Ebene fordert. Mit Schewe (1993) müssen sie

> das gesamte Spektrum ihrer persönlichen Fähigkeiten mit ins Spiel bringen […]. Das schließt insbesondere ihre körpersprachliche Ausdrucksfähigkeit ein, ihre auf fremdsprachenunterrichtliche Fertigkeiten bezogene Fähigkeiten im Sprechen, Hörverstehen […] und darüber hinaus Kompetenzen, die im üblichen Fremdsprachenunterricht leicht aus den Blick geraten, z.B. methodische bzw. Inszenierungskompetenz, Vergleichskompetenz, Beobachtungskompetenz, Problemlösekompetenz, Aushandlungskompetenz. (Ebd., S. 407)

Für inklusiven Englischunterricht ist kritisch im Blick zu behalten, dass hiermit hohe Anforderungen an Fremdsprachenlernende gestellt werden.

2.4 Potenzial dramapädagogischer Methoden für die Gestaltung von Lernprozessen

Spracherwerb – wie im weiteren Verlauf auf Basis von psycholinguistischen Erkenntnissen zum Erstspracherwerb aufgezeigt werden soll – ist ein individueller Prozess, dessen Fundament die soziale Interaktion bzw. die Auseinandersetzung des Individuums mit der Umwelt bilden. Ein dramapädagogischer Unterricht, so lautet die hier aufgestellte These, stellt Lerngelegenheiten bereit, die denen des Erstspracherwerbs nahekommen.

> „Die alles entscheidende Ur-Voraussetzung für Sprache – und damit für die den Menschen auszeichnende Fähigkeit zur Sprache – ist […] die zu einer *joint attend-Situation*." (Bleyhl, 2013, S. 26; Hervorhebung im Original)

Der Begriff *joint attend*-Situation wurde durch Bruner geprägt und bezeichnet die geteilte Aufmerksamkeit zweier Individuen in Bezug auf dasselbe Objekt. Tomasello und Farrar (1986) konkretisieren dies für Bruners Studien am Beispiel des Interaktionsverhaltens zwischen Mutter und Kind, die sich in der Phase des frühen Spracherwerbs maßgeblich über das Deuten und Zeigen auf Objekte in ihrer Umwelt miteinander verständigen:

> By the time children begin productive language use, they have already established with their caregivers a variety of social communicative routines. Ninio and Bruner (1978) and Ratner and Bruner (1978) analyzed the structure of these routines and demonstrated how such nonlinguistic interactions "scaffold" the child's early language. In effect, these interactions provide the young child with a predictable referential context that makes both her and her mother's language immediately meaningful. (Tomasello & Farrar, 1986, S. 2)

Diese Fähigkeit „zu wissen, was der andere meint", wird als „Wir-Intentionalität" bezeichnet und bildet eine wesentliche Grundvoraussetzung für den Spracherwerbsprozess (Bleyhl, 2013, S. 27); grammatikalisches Wissen wird in diesem Zuge von Sprachlernenden beiläufig erworben:

> Der traditionelle Glaube von Fremdsprachenlehrkräften, dass (grammatisches) *Wissen* Können bewirke, ist sowohl theoretisch wie empirisch widerlegt. Es gilt vielmehr: *Erfahrung und Können sind die Voraussetzungen für Wissen.* (Bleyhl, 2013, S. 28; Hervorhebung im Original)

Wie sich am oben genannten Beispiel der *joint attend*-Situation erkennen lässt, vollzieht sich sprachliche Kommunikation sowohl auf Inhaltsebene (digitale Kommunikation) als auch auf Beziehungsebene (analoge Kommunikation); dabei kommt Letztere über den Einsatz körpersprachlicher Kommunikationsformen wie Mimik, Gestik und Intonation zum Ausdruck. Beide Ebenen gehen oftmals ineinander über, sind nicht isoliert voneinander zu betrachten und für den Spracherwerbsprozess gleichermaßen von Bedeutung (ebd., S. 29).

> Denn jede Mitteilung birgt zugleich körpersprachlich, mimisch, gestisch, intonatorisch usw. mit-übermittelte und unbewusst aufgenommene Informationen, die für das subjektive Urteil über Wichtigkeit, Wahrhaftigkeit usw. einer Mitteilung sogar ausschlaggebend sind. (ebd.)

Als methodisch-didaktische Konsequenz für den Englischunterricht fordert Bleyhl eine

> ganzheitlich[e], ‚ökologisch[e] Didaktik‘, die das vielfältige Wechsel- und Zusammenspiel der hier angesprochenen Kräfte berücksichtigt, neben Körper und Geist auch die ‚Umwelt‘ der Sprachnutzer mit einbezieht und dem Einzelnen die Gelegenheit gibt, Sprache auch als soziales Instrument in sich zu entwickeln – eine Didaktik, die den Fluss ‚Lerner‘ nicht in einen Kanal presst. (Ebd., S. 38)

Diese Forderung wird in lernerzentrierten und ganzheitlich-handlungsorientierten Prinzipien berücksichtigt, an denen sich kommunikativer Englischunterricht ausrichtet (vgl. Bach & Timm, 2013; Timm, 2013). Dramapädagogische Methoden scheinen kommunikativem Englischunterricht dazu verhelfen zu können, diesen Prinzipien in besonderem Maße Rechnung zu tragen, indem als lebensecht akzeptierbare Lerngelegenheiten geschaffen werden, die Fremdsprachenlernenden einen ganzheitlichen Sprachgebrauch in sozialer Interaktion ermöglichen. Schewe (1993) bezeichnet die fiktive Spielwelt als „Experimental- und Freiraum" (ebd., S. 401), die Lernenden die Möglichkeit zum ganzheitlichen Agieren im geschützten Raum eröffnet. Dabei können sie die ihnen zur Verfügung stehenden (körper-)sprachlichen Kommunikationsmittel zur Verständigung unterstützend einsetzen (vgl. Tselikas, 1999; Kurtz, 2008). Sprachnotsituationen, die z.B. durch lexikalische Wissenslücken entstehen, können auf diese Weise überbrückt und das Interaktionsgeschehen aufrechterhalten werden (Tselikas, 1999, S. 39–41). Kommunikative Erfolge sind folglich auch mit begrenzten sprachlichen Mitteln möglich (Kurtz, 2008, S. 415–416), vorausgesetzt es besteht eine vertrauensvolle und unterstützende Atmosphäre im Englischunterricht:

> Das jeweils vorgegebene (Sprech-)Handlungsziel kann […] niemals allein, sondern immer nur gemeinsam erreicht werden. Individuelle fremdsprachliche Schwierigkeiten, die sich durch den Gebrauch der Fremdsprache als Verständigungsmedium ergeben, werden auf diese Weise zu geteilten bzw. zu kollektiven Herausforderungen, die nicht gleich zum Abbruch der Kommunikation führen müssen, sondern in der vertrauten Lerngemeinschaft, in gegenseitig sich stützender Schüler-Schüler-Interaktion und wenn nötig mit Hilfe der Lehrperson bewältigt werden können. (ebd., S. 417)

Darüber hinaus ermöglicht es ein dramapädagogischer Englischunterricht nach Schewe (1993) eigene „Phantasien, Träume, Wünsche und Hoffnungen" (ebd., S. 401) in die Spielwelt einzubringen. Lernende können die Fremdsprache ihren kommunikativen Absichten entsprechend verwenden und Handlungsoptionen für die außerschulische Lebenswelt erproben (ebd.). Der Begriff der *Spiel*welt verweist auf die soziale Interaktionsebene, die „ein wesentliches Merkmal" (ebd., S. 97) der dramapädagogischen Unterrichtsarbeit darstellt, indem auf inhaltlicher und sozialer Ebene Bedeutung ausgehandelt und Lernprozesse gemeinsam gestaltet werden.

Von diesen konzeptionell vermuteten Potenzialen ausgehend lässt sich annehmen, dass Lerngelegenheiten im dramapädagogischen Englischunterricht denen des Erstspracherwerbs nahekommen und die folgenden kognitiven Mechanismen – die Bleyhl (2013) als „Säulen der Sprachlernfähigkeit" (ebd., S. 29) bezeichnet – aktiviert werden:

1) Die Fähigkeit zur Gliederung und Strukturierung der Welt,
2) die Fähigkeit zur zeitlichen Gliederung oder Strukturierung der nichtsprachlichen, und später auch der sprachlichen, Akte und Verhaltensweisen,
3) die Fähigkeit, diese beiden gegliederten Welten, die gegenständlich-ereignishafte und die lautlich-gestisch-handlungshafte, in Beziehung zu bringen,
4) die Fähigkeit zur symbolischen Lokalisierbarkeit von „ich",
5) die Fähigkeit zum kreativen Sprachgebrauch. (ebd., S. 25)

Die zweite Fähigkeit bezieht sich darauf, „Körperbewegung und Sprache synchron zu erfahren", die dritte auf die Fähigkeit zur Verknüpfung „körperlicher Bewegung in der Welt mit Sprache" (ebd., S. 28). Nach Bleyhl erfahren die ersten vier Sprachlernfähigkeiten kaum Beachtung im institutionellen Fremdsprachenunterricht, was u.a. der didaktischen Aufbereitung des Materials und der Vorstrukturierung des fremdsprachlichen Lernweges geschuldet ist (ebd., S. 28–29). In der Argumentation von Kurtz' (2008) ermöglicht der Einsatz von dramapädagogischen Methoden eine Distanzierung von der „verschrifteten didaktisierten Mündlichkeit der Lehrwerke" (ebd., S. 411) und verhilft Englischunterricht dazu, ein Gleichgewicht zwischen sprachlichen Routine- und Stehgreifhandlungen herzustellen. Während mündliche Stehgreifhandlungen „Sprechhandlungsprozessen ihre natürliche Spontaneität, Dynamik, Flexibilität und Kreativität" verleihen (ebd.) und über sie individuell bedeutsame Inhalte (z.B. Gefühle, Gedanken und Wahrnehmungen) mitgeteilt werden, sind sprachliche Routinehandlungen hingegen „sehr eng an kulturspezifische Konventionen und an entsprechende situative Verhaltensmuster (*patterns of interaction, unwritten scripts, routines, event schemata*) gebunden" (ebd., S. 410). Beide Seiten kennzeichnen sprachliche Kommunikationsprozesse und sind infolgedessen für die Befähigung der Schülerinnen und Schüler zur fremdsprachlichen Handlungsfähigkeit von Bedeutung. Dramapädagogische Methoden können im Verständnis von Kurtz kommunikativem Englischunterricht zu Lerngelegenheiten verhelfen, in denen sprachliche Spontaneität, Flexibilität und Kreativität von Schülerinnen und Schüler gefordert ist (ebd., S. 415).

Insbesondere für den Anfangsunterricht liegen methodisch-didaktische Ansätze vor, die darauf zielen, Schülerinnen und Schülern Lerngelegenheiten bereitzustellen, die ihrem Entwicklungsstand entsprechen und ihnen einen spielerischen sowie ganz-heitlich-handlungsorientierten Zugang zur Fremdsprache ermöglichen. Der Einsatz authentischer Materialien und Medien (z.B. *songs, rhymes, chants* und *picture books*) und die zentrale Bedeutung von *Total Physical Response* für den fremdsprachlichen Lehr- und Lernprozess (vgl. Mayer, 2013; Bleyhl, 2013) ermöglichen institutionelle Rahmenbedingungen von Lernen, die denen des Erstspracherwerbs nahekommen. Der Einsatz von dramapädagogischen Methoden lässt erhoffen, Schülerinnen und Schülern einen spielerischen und ganzheitlich-handlungsorientierten Englisch-unterricht, der an ihrer Lebenswelt orientiert ist und individuell bedeutsame Lern-situationen bereitstellt, auch über den Anfangsunterricht hinaus zu ermöglichen.

3.   Fazit

Ausgangspunkt des Artikels ist die Annahme, dass der Einsatz von dramapäda-gogischen Methoden im Englischunterricht Schülerinnen und Schülern individuelles Sprachhandeln und kooperative Lerngelegenheiten ermöglicht. Wie ist dies vor dem dargestellten Hintergrund einzuschätzen?

Ein dramapädagogisch inspirierter Englischunterricht verspricht für Fremd-sprachenlernende ganzheitlich-handlungsorientierte Lerngelegenheiten bereitzu-halten, die außerschulischen gleichen und ein Erproben der Fremdsprache mög-lich machen. Konzeptionelle Annahmen über das Potenzial von Dramapädagogik zur Initiierung kooperativer Lernprozesse legen den Rückschluss nahe, dass der Ein-satz dramapädagogischer Methoden eine Balance zwischen individuellen und ge-meinsamen Lernsituationen im inklusiven Englischunterricht begünstigen kann. Da sich Schülerinnen und Schüler in ihrem Leistungsvermögen, ihren fremdsprach-lichen Kompetenzen und nicht zuletzt in ihrem Mut, sich in die fiktive Spielwelt ein-zubringen, unterscheiden, sind individuelle Hilfestellungen und ein sozialverträgliches Miteinander notwendig, um möglichst allen einen Zugang zu dramapädagogischen Unterrichtsangeboten zu ermöglichen. Unter diesen Voraussetzungen scheint Drama-pädagogik ihr Potenzial für das Fremdsprachenlernen entfalten zu können, indem etwa Sprachnotsituationen gemeinsam überbrückt und kommunikative Erfolge auch bei geringen sprachlichen Fähigkeiten verbucht werden können. Dies ist als durch-aus wertvoll für den außerschulischen Sprachgebrauch einzuschätzen und kann Schülerinnen und Schülern zu mehr Selbstsicherheit, Experimentierfreude und Mut verhelfen (vgl. Schewe, 1993). Der kreative Umgang mit Medien und Materialien birgt darüber hinaus Potenziale für individuelle Zugangsebenen zu Bildungsangeboten im inklusiven Englischunterricht, indem ein Erschließen von Unterrichtsgegenständen auf kognitiver, affektiver und physischer Ebene möglich ist. Einer verstärkt kognitiv ausgerichteten Auseinandersetzung mit Themen und Inhalten lässt sich mit dem Ein-satz dramapädagogischer Methoden folglich entgegenwirken.

Zugleich ergibt sich hieraus die zentrale Herausforderung für einen inklusiven Englischunterricht, da Fremdsprachenlernende auf komplexe Weise gefordert und hohe Anforderungen an sie gestellt werden (vgl. Schewe, 1993). Inwiefern ein dramapädagogisch inspirierter Englischunterricht inklusiven Ansprüchen daher genügen und *allen* Schülerinnen und Schülern eine Teilhabe am Diskurs im Englischunterricht in Aussicht stellen kann, gilt es empirisch zu überprüfen.[4] Ebenfalls erscheint es lohnenswert der These nachzugehen, dass die fiktive Spielwelt einen „Frei- und Experimentalraum" (Schewe, 1993, S. 401) darstellt, in dem „im Schutz der fiktiven Welt" ein Erproben sprachlicher Fähigkeiten und Handlungsoptionen möglich ist. Dieser These lässt sich das Argument der Öffentlichkeit der Sprachhandlung gegenüberstellen: So fordert ein dramapädagogischer Englischunterricht seinen Schülerinnen und Schülern Selbstvertrauen, Mut im Umgang mit der Fremdsprache und nicht zuletzt Empathiefähigkeit und soziale Kompetenzen ab.

Literatur

Bach, G. & Timm, J.P. (2013). Handlungsorientierung als Ziel und Methode. In G. Bach & J.P. Timm (Hrsg.), *Englischunterricht* (S. 1–22). Tübingen: Francke.

Bleyhl, W. (2013). Sprachlernen: Psycholinguistische Grunderkenntnisse. In G. Bach & J.P. Timm (Hrsg.), *Englischunterricht* (S. 23–42). Tübingen: Francke.

Doert, C. & Nold, G. (2015). Integrativer Englischunterricht – Forschungsfragen zwischen Wunsch und Wirklichkeit. In C. Bongartz & A. Rohde (Hrsg.), *Inklusion im Englischunterricht* (S. 23–37). Frankfurt am Main: Peter Lang.

Elis, F. (2015). Mit dramapädagogischen Methoden sprachliche und kommunikative Kompetenz fördern. In W. Hallet & C. Surkamp (Hrsg.), *Dramendidaktik und Dramapädagogik im Fremdsprachenunterricht* (S. 89–115). Trier: WVT.

Even, S. (2003). *Drama Grammatik. Dramapädagogische Ansätze für den Grammatikunterricht. Deutsch als Fremdsprache.* München: Ludicium.

Even, S. (2004). Body and Language – Intercultural Learning Through Drama. GFL – German as a Foreign Language. Verfügbar unter: http://www.gfl-journal.de/1-2004/rz_even.pdf [09.04.2017].

Feuser, G. (2015). Zur Frage der Didaktik einer inklusionskompetenten LehrerInnen-Bildung unter Aspekten multiprofessioneller Unterrichtsarbeit. In T. Häcker & M. Walm (Hrsg.), *Inklusion als Entwicklung. Konsequenzen für Schule und Lehrerbildung* (S. 47–67). Bad Heilbrunn: Klinkhardt.

Hallet, W. (2015). Die Performativität und Theatralität des Alltagshandelns: Performative Kompetenz und kulturelles Lernen. In W. Hallet & C. Surkamp (Hrsg.), *Dramendidaktik und Dramapädagogik im Fremdsprachenunterricht* (S. 51–67). Trier: WVT.

Hausen, A. (2014). Englisch an der Schule für Hörgeschädigte – Chance oder Überforderung? In R. Bartosch & A. Rohde (Hrsg.), *Im Dialog der Disziplinen. Englischdidaktik – Förderpädagogik – Inklusion* (S. 95–114). Trier: WVT.

Köpfer, A. (2014). Kernkategorien einer inklusiven Englischdidaktik. In R. Bartosch & A. Rohde (Hrsg.), *Im Dialog der Disziplinen. Englischdidaktik – Förderpädagogik – Inklusion* (S. 157–166). Trier: WVT.

---

4   Die Verfasserin promoviert zu dramapädagogischen Methoden für einen inklusiven Englischunterricht an der Humboldt-Universität zu Berlin. Das Vorhaben wird im Rahmen der gemeinsamen „Qualitätsoffensive Lehrerbildung" von Bund und Ländern aus Mitteln des Bundesministeriums für Bildung und Forschung gefördert.

Korff, N. (2012). Inklusiver Unterricht – Didaktische Modelle und Forschung. In R. Benkmann, S. Chilla & E. Stapf (Hrsg.), *Inklusive Schule. Einblicke und Ausblicke* (S. 138–157). Immenhausen: Prolog.

Kurtz, V. (2008). Szenische Improvisationen. Theoretische Grundlagen und unterrichtliche Realisierungsmöglichkeiten. In R. Ahrens, M. Eisenmann & M. Merkl (Hrsg.), *Moderne Dramendidaktik für den Englischunterricht* (S. 409–424). Heidelberg: Universitätsverlag.

Lütge, C. (2015). Handlungs- und Produktionsorientierung im Dramenunterricht: Perspektiven für die fremdsprachliche Literatur- und Kulturdidaktik. In W. Hallet & C. Surkamp (Hrsg.), *Dramendidaktik und Dramapädagogik im Fremdsprachenunterricht* (S. 189–202). Trier: WVT.

Maley, A. & Duff, A. (2005). *Drama Techniques. A Resource Book of Communication Activities for Language Teachers*. Cambridge: University Press.

Mayer, N. (2013). Wo Fremdsprachenlernen beginnt: Grundlagen und Arbeitsformen des Englischunterrichts in der Primarstufe. In G. Bach & J.P. Timm (Hrsg.), *Englischunterricht* (S. 61–90). Tübingen: Francke.

Reich, K. (2014). *Inklusive Didaktik. Bausteine für eine inklusive Schule*. Weinheim & Basel: Beltz.

Riegert, J., Sansour, T. & Musenberg, O. (2015). Gemeinsame Sache machen. Didaktische Theoriebildung und die Modellierung der Gegenstände im inklusiven Unterricht. *Sonderpädagogische Förderung heute, 60*(1), 9–23.

Rossa, H. (2015). Lerngelegenheiten im inklusiven Englischunterricht für Schülerinnen und Schüler mit Förderbedarf im Bereich der geistigen Entwicklung. In C. Bongartz & A. Rohde (Hrsg.), *Inklusion im Englischunterricht* (S. 169–184). Frankfurt am Main: Peter Lang.

Schewe, M. (1993). *Fremdsprache inszenieren. Zur Fundierung einer dramapädagogischen Lehr- und Lernpraxis*. Oldenburg: Zentrum für pädagogische Berufspraxis der Carl von Ossietzky Universität Oldenburg.

Schewe, M. (2010). Szenisch-dramatische Formen. In W. Hallet & F.G. Königs (Hrsg.), *Handbuch Fremdsprachendidaktik* (S. 199–203). Seelze-Velber: Klett Kallmeyer.

Schmenk, B. (2015). Dramapädagogik im Spiegel von Bildungsstandards, GeRS und Kompetenzdiskussion. In W. Hallet & C. Surkamp (Hrsg.), *Dramendidaktik und Dramapädagogik im Fremdsprachenunterricht* (S. 37–50). Trier: WVT.

Seitz, S. & Scheidt, S. (2012). Vom Reichtum inklusiven Unterrichts. Sechs Ressourcen zur Weiterentwicklung. *Zeitschrift für Inklusion, 1–2*. Verfügbar unter: http://www.inklusion-online.net/index.php/inklusion-online/article/view/62/62 [22.06.2017].

Timm, J.-P. (2013). Lernerorientierter Fremdsprachenunterricht: Förderung systemisch-konstruktiver Lernprozesse. In G. Bach & J.P. Timm (Hrsg.), *Englischunterricht* (S. 43–60). Tübingen: Francke.

Tomasello, M. & Farrar, M.J. (1986). Joint Attention and Early Language. *Child Development, 57*(6), 1454–1463.

Tschurtschenthaler, H. (2013). *Drama-based Foreign Language Learning, Encounters between Self and Other*. Münster: Waxmann.

Tselikas, E.I. (1999). *Dramapädagogik im Sprachunterricht*. Zürich: Orell Füssli.

Wocken, H. (1998). Gemeinsame Lernsituationen. In A. Hildeschmidt & I. Schnell (Hrsg.), *Integrationspädagogik (S. 37–52)*. Weinheim: Juventa.

Ziemen, K. (2014). Inklusion und deren Herausforderungen für die (Fach-)Didaktik. In B. Amrhein & M. Dziak-Mahler (Hrsg.), *Fachdidaktik inklusiv. Auf der Suche nach didaktischen Leitlinien für den Umgang mit Vielfalt in der Schule* (S. 45–55). Münster: Waxmann.

Vera Windmüller-Jesse und Marco Talarico

Go digital!
Chancen und Möglichkeiten digitaler Mediennutzung im inklusiven Englischunterricht

1. Einführung

Die zurückliegenden Entwicklungsprozesse im Bereich Bildung und Schule, angefangen bei der kompetenzorientierten Curricula-Entwicklung bis hin zur Gründung und Etablierung von neuen Schulformen längeren gemeinsamen Lernens, sind initiiert worden, um den Anforderungen an eine sich verändernde Gesellschaft gerecht zu werden. Dabei geht es im Bildungsbereich vornehmlich um ein zeitgemäßes und erfolgreiches Schulangebot, in dem alle Lernenden optimale Lernbedingungen vor dem Hintergrund ihrer individuellen Lernvoraussetzungen erhalten können.

Unsere Schülerinnen und Schüler sind Teil dieser heterogenen Gesellschaft und folglich ist Schule aufgefordert, diese Heterogenität und Vielfalt als Chance zu nutzen und Erfolgspotenziale freizusetzen. In diesem Zusammenhang ist es konsequent, dass eine zeitgemäße Schule Individualisierung und Differenzierung, *Assessment* und Förderung als Grundanliegen einer modernen Kompetenzorientierung lebt. Dabei steht jeder einzelne Lernende im Mittelpunkt einer individualisierten Unterrichtskultur.

Gesellschaftlicher Wandel, welcher sich gegenwärtig durch die „zunehmende Digitalisierung aller Lebensbereiche" (KMK, 2016, S. 8) kennzeichnen lässt und durch die zunehmende mediale Ausbreitung erfahrbar wird, betrifft Schule und alle am Schulleben Beteiligten unmittelbar. Teilhabe und Partizipation an einer digitalen Gesellschaft erfordern in einem hohen Maß digitales Orientierungswissen und digitales Anwendungskönnen. Auf welche digitalen Kompetenzen sollte fokussiert werden? Wie kann Unterricht zur Teilhabe und Partizipation an dieser digitalen Gesellschaft beitragen? Wie kann sichergestellt werden, dass *alle* Lernenden ihr Leben in einer digitalen Gesellschaft gestalten können?

Der vorliegende Artikel versucht die aufgeworfenen Fragen zu beantworten. Dabei setzt *Go digital!* eine Haltung von Lehrenden voraus, in Schule und Unterricht gemeinsam mit den Lernenden digitale Kompetenzen zu trainieren und Lern- und Entwicklungspotenziale zu nutzen. Dieser Artikel will anhand des Englischunterrichts exemplifizieren, welche Chancen und Möglichkeiten in digitaler Mediennutzung liegen und der Frage nachgehen, wie sich diese Chancen und Möglichkeiten produktiv für einen Englischunterricht, der die individuelle Förderung *aller* Schülerinnen und Schüler fokussiert, nutzen lassen.

2. Gemeinsamer Englischunterricht

> Aus sprachdidaktischer Perspektive kann die Einführung inklusiver Unterrichtsformate als Weiterführung einer konsequenten Differenzierung und notwendiger Individualisierung zur Gestaltung einer optimalen Lernumgebung für alle Schülerinnen und Schüler gedacht werden. (Eßer & Roters, 2016, S. 374)

Dabei kann als wesentliche Gelingensbedingung angenommen werden, dass eine prinzipiell bejahende Haltung, nämlich die Akzeptanz von Diversität und Vielfalt als Grundgegebenheiten innerhalb der Gesellschaft gleichsam auf das Klassenzimmer zu übertragen ist. Damit verändern sich die Rolle und das Selbstverständnis von Lernenden und Lehrenden gleichermaßen. Vielfältige individuelle Potenziale werden als Bereicherung in den Unterricht integriert.

2.1 Individualisierung und Differenzierung

Wenn die Begriffe *Individualisierung* und *Differenzierung* in bildungsrelevanten Kontexten fallen, stellen sich im Diskurs häufig Irritationen ein, die nicht zuletzt durch unterschiedliche Definitionen dieser Schlagworte entstehen. Eine grundlegende Einigkeit besteht in Bezug auf den Hintergrund des Begriffs *Individuelle Förderung*, denn in den Richtlinien für die Schulen in Nordrhein-Westfalen wird in den verbindlichen Aufgaben und Zielen § 1 des Schulgesetzes als Bildungs- und Erziehungsauftrag zitiert: „Jeder junge Mensch hat ohne Rücksicht auf seine wirtschaftliche Lage und Herkunft und sein Geschlecht ein Recht auf schulische Bildung, Erziehung und individuelle Förderung." (MSW NRW, 2008b, S. 11)

Um allen Schülerinnen und Schülern das Recht auf individuelle Förderung zukommen zu lassen, bedarf es unterrichtlicher Gestaltungsmaßnahmen, die auf dem Weg zu einer Vielfalt lebenden Unterrichtskultur unerlässlich sind. Ausgangs- und fortlaufender Ankerpunkt für die Unterrichtsgestaltung sind die einzelnen Lernenden der jeweiligen Lerngruppe, die im Englischunterricht die Möglichkeit erhalten sollen, ihre individuell sehr unterschiedlich ausgeprägten fremdsprachlichen Fähigkeiten zu erweitern. Ein Unterricht, der ausgehend vom Lernenden denkt, folgt dem Prinzip der Individualisierung:

> Individualisierung als Unterrichtsprinzip ist eng gekoppelt an wichtige Eckpunkte. Um individuell zu unterrichten, bedarf es der Kenntnis der Lernvoraussetzungen einer Lerngruppe. Soziale, kognitive und sprachliche Hintergründe müssen dem Lehrenden bekannt sein, sollen die individuellen

Fähigkeiten, Interessen und Kontexte der einzelnen Lernenden zum Ausdruck kommen. (Schäfer, 2012, S. 7)

Englischunterricht, der diesem Prinzip folgt, muss eine Vielzahl an unterschiedlichen
Maßnahmen ergreifen, um alle Lernenden zu befähigen, mit dem Lerngegenstand
individuell erfolgreich umgehen zu können. Dafür sind Differenzierungsmaßnahmen
unerlässlich, die auf verschiedenen Ebenen anzusiedeln sind. Böttger definiert fünf
verschiedene Ebenen der Differenzierung (Böttger, 2005, S. 136–144):

- *Differenzierung nach Qualität*
  Diese Ebene versteht die Schülerinnen und Schüler als individuelle Lernende und
  bietet ihnen Unterstützungsformate unterschiedlicher Komplexität an.
- *Differenzierung nach Quantität*
  Diese Ebene fokussiert auf die *Workload* und bietet den Lernenden in ihren
  individuellen Lerntempi Basis- und Vertiefungsübungen an.
- *Differenzierung nach Unterrichtsformen*
  Diese Ebene beabsichtigt, die Schülerinnen und Schüler partizipatorisch an der
  Wahl der Unterrichtsformen zu beteiligen.
- *Differenzierung nach Sozial- und Kooperationsformen*
  Diese Ebene setzt Prinzipien der positiven Abhängigkeit, des *peer learnings* und
  der Kooperation innerhalb der Lerngruppe um.
- *Differenzierung nach Medien und Arbeitsmitteln*
  Diese Ebene berücksichtigt unterschiedliche Zugänge durch einen variations-
  reichen Einsatz von Arbeitsmitteln und medialen Angeboten.

Diese Ebenen gilt es in der Planung und Gestaltung eines zielgerichteten Einsatzes
von Lernaufgaben zu berücksichtigen, die nachfolgend näher erläutert werden.

2.2 Einsatz von Lernaufgaben

„Die individuelle Kompetenzentwicklung der Schülerinnen und Schüler steht im
Zentrum der Planung und Gestaltung der Lehr- und Lernprozesse." (MSW NRW,
2015, S. 22) Um im Englischunterricht allen Lernenden unabhängig von der Bandbreite der individuellen Fähigkeiten und Lernvoraussetzungen gerecht werden zu
können, bedarf es sinnvoller Aufgabenformate, die es allen Lernenden ermöglichen,
ihre fremdsprachlichen Kompetenzen zu erweitern und eine individuell erfolgreiche
Bewältigung zu erfahren.

Seit Einführung der derzeit aktuellen Lehrpläne für die Grundschule und Kernlehrpläne für die Sekundarstufe I in Nordrhein-Westfalen, die durch die Orientierung
an Kompetenzen gekennzeichnet sind, werden für die Planung und Gestaltung des
Unterrichts gute Lernaufgaben fokussiert. Sie zeichnen sich dadurch aus, dass sie für
alle Lernenden bedeutsam und herausfordernd sind, ihr Vorwissen berücksichtigen,
unterschiedliche Herangehensweisen und Lösungen zulassen und die Reflexion des
individuellen Lernprozesses anregen (MSW NRW, 2008b, S. 13–14). Speziell für den

Fremdsprachenunterricht ist der Einsatz guter Lernaufgaben auch im Sinne des *Task-Supported Language Learning* (Müller-Hartmann & Schocker-von Ditfurth, 2011) von großer Bedeutung, um echte Kommunikationssituationen, individuelle Herangehensweisen und vielfältige Gelegenheiten zur intensiven sprachlichen Auseinandersetzung zu schaffen.

Um Lernenden im Rahmen einer *Task* oder guten Lernaufgabe eine erfolgreiche Mitarbeit zu ermöglichen, bedarf es in der Vorbereitung des Unterrichts einer intensiven Planung und Bereitstellung von Unterstützungsmaterialien, die allen Lernenden als *Scaffold* zur Verfügung gestellt werden: „Gemeint sind Maßnahmen, die das fachliche Lernen in der fremden Sprache gezielt unterstützen." (Jäger, 2012, S. 209) Sie bieten allen Lernenden Unterstützung, Anregungen und Impulse, um vor dem Hintergrund der jeweils individuell unterschiedlichen Voraussetzungen ein verlässliches Gerüst auf dem Weg zum selbstgesteuerten Lernen anzubieten. Dem Unterstützungssystem *Scaffolding* kommt gerade im inklusiven Unterricht eine besondere und wichtige Rolle zu.

> Mithilfe von Scaffolding sollen Schülerinnen und Schüler, deren Muttersprache eine von der Unterrichtssprache verschiedene ist, darin unterstützt werden, sich neue Inhalte, Konzepte und Fähigkeiten zu erschließen, sprachlich und fachlich. Lernende sollen also dazu gebracht werden, anspruchsvollere Aufgaben zu lösen als solche, die sie alleine bewältigen können. (Kniffka, 2010, S. 1)

Eine gute Lernaufgabe bereichert den Englischunterricht dahingehend, dass notwendige Lernprozesse initiiert und aktiviert werden, die im Folgeschritt individuelle Lernprozesse sichtbar machen und den Ausgangspunkt für eine bewusstmachende Reflexion bilden. Dabei steht nicht primär das *Assessment* im Mittelpunkt, sondern Strategien der Sprachverwendung.

Daher ist ein wesentliches Merkmal einer guten Lernaufgabe die Anbindung an eine konsequente Reflexion des eigenen Lernprozesses, die den Schülerinnen und Schülern für das weitere Fremdsprachenlernen Chancen eröffnet, den eigenen Lernprozess zu überdenken, sich über eigene Vorgehensweisen bewusst zu werden und mögliche Strategien zu entwickeln. Das selbstverständlich in den Unterrichtsverlauf eingebettete Nachdenken und Verbalisieren über Sprache und Lernprozess ist für die Lernenden auch vor dem Hintergrund der anzubietenden Lernchancen in den Bereichen *language awareness* und *language learning awareness* (MSW NRW, 2008b, S. 83) ein zentrales Element des kompetenzorientierten Englischunterrichts.

Da es sich bei der Arbeit mit guten Lernaufgaben häufig anbietet, diese in Partner- oder Gruppenarbeit auszugestalten, werden in den Arbeitsphasen für die Lehrperson viele Gelegenheiten geschaffen, sich einen Überblick über individuelle Lernstände zu verschaffen und diese zu dokumentieren. Darüber hinaus sind diese Phasen sehr wertvoll, um den Umgang mit der Sprache, sprachliche Auffälligkeiten oder mögliche Hürden im Arbeitsprozess zu beobachten, die sowohl in der anschließenden Reflexion als auch für die weitere Gestaltung des Unterrichts genutzt werden können. Die Erkenntnisse, die sich für die Lehrperson aus diesen Unterrichtssituationen ergeben, sind wesentliche Bestandteile für die Beurteilung der Lern- und Leistungsentwicklung, individuelle Förderung und gegebenenfalls auch für die Leistungsbewertung. Einen weiteren Baustein liefern die Ergebnisse der jeweiligen Lernaufgabe, die häufig mit einer visualisierten Darstellung und Präsentation einhergehen.

„Wichtig ist neben der Feststellung des Lernzuwachses auch die Art und Weise, wie Lernende sich dieses Wissen angeeignet haben und wie sie die erworbenen Kompetenzen in ihren weiteren Lernbemühungen einsetzen." (Bönsch et al., 2010, S. 60) Um den Lernenden mit ihren individuellen Produkten gerecht zu werden, bedarf es an dieser Stelle einer kriteriengeleiteten Überprüfung des individuellen Kompetenzzuwachses, denn „der Lernerfolg [ist] eben nicht wie bei einer Führerschein-Theorieprüfung mit ausklappbarem Lösungsbogen leicht evaluierbar." (Nieweler, 2016, S. 23) Dabei ist es von besonderer Signifikanz, die Lernenden auf dem Weg zum selbstgesteuerten Lernen dahingehend zu befähigen, Reflexionen und Evaluationen des eigenen Lernfortschrittes vorzunehmen und ihre Ergebnisse in Reflexionsphasen des Unterrichts konsequent zu verankern.

2.3 Prinzipien und Grundlagen des Englischunterrichts

Die bisherigen Aussagen zum Individualisieren und Differenzieren und die Ausführungen zu guten Lernaufgaben werden nachfolgend durch Prinzipien und Grundlagen eines modernen Englischunterrichtes ergänzt.

Dieser zeichnet sich grundlegend dadurch aus, dass *vielfältige Gelegenheiten zum Sprachhandeln* in authentischen Sprachverwendungssituationen angeboten werden, die sich am *Interessen- und Erfahrungshorizont der Schülerinnen und Schüler* orientieren und dem Grundprinzip eines *kommunikativen Fremdsprachenunterrichtes* folgt. Dabei ist eine zentrale Ausdrucksform der kommunikative Umgang mit der Zielsprache, der sich durch vielfältige Gelegenheiten des Experimentierens und Erprobens kennzeichnen lässt. Um den Bedürfnissen der Lernenden bestmöglich begegnen zu können, spielt die Berücksichtigung der *Handlungs- und Aufgabenorientierung* innerhalb *bedeutsamer und herausfordernder Lernaufgaben* oder *tasks* eine zentrale Rolle, so dass der *Lernerorientierung* und der *Lernermotivation* umfassend Rechnung getragen werden kann. Eine *reiche Lernumgebung* kombiniert mit einer *motivierenden Unterrichtsgestaltung* ermöglicht es den Schülerinnen und Schülern in *authentischen Sprachverwendungssituationen* experimentierend mit der Sprache umzugehen. In diesem Zusammenhang ist ein *konstruktiver Umgang mit Fehlern* von zentraler Bedeutung, die als Lernchance verstanden werden und für einen reflektierenden Umgang mit der Sprache positiv als Gesprächsgegenstand aufgegriffen werden (MSW NRW, 2012, S. 5–17).

Ein Englischunterricht, der die bisherigen Überlegungen in diesem Kapitel berücksichtigt, steht im direkten Einflussbereich der Erkenntnisse der empirischen Forschung zur Unterrichtsqualität (Hattie, 2014; Helmke, 2007; Meyer, 2004; Thaler, 2012), die auch im Referenzrahmen Schulqualität Berücksichtigung finden. Für einen

Unterricht, der in seiner Ausrichtung die Vielfalt der Lernenden als Chance begreift, sind insbesondere die Strukturiertheit von Lehr- und Lernprozessen (Reckermann, 2017) und die Gestaltung der Lernumgebung zu beachten. Gerade Schülerinnen und Schülern mit Unterstützungsbedarf wird eine erfolgreiche Bearbeitung einer Lernaufgabe dann erleichtert, wenn „unterrichtliche Prozesse und Inhalte [...] für die Schülerinnen und Schüler transparent und klar strukturiert" (MSW NRW, 2015, S. 35) sind. Darüber hinaus bedarf es gezielt eingesetzter Unterstützungsmaterialien im Sinne des *Scaffolding* und eine anregungsreiche und aufbereitete Lernumgebung, denn „[d]er Einsatz von Medien und die Gestaltung der Lernumgebung unterstützen den Kompetenzerwerb der Schülerinnen und Schüler." (ebd., S. 23)

Anknüpfend an diese Aussage wird der unterrichtliche Einsatz von Medien mit Fokus auf digitale Medien näher beleuchtet.

3.   Digitale Medien im Englischunterricht

3.1 Teilhabe durch Digitalisierung

Technische Innovationen wie die Erfindung des Computers oder die Realisierung des Internets kennzeichnen exemplarisch die Transformation von der Industriegesellschaft hin zur Informations- und Wissensgesellschaft, in der wir heute leben. Dieser Transformationsprozess betrifft nicht alleine eine Vielzahl emergierender, digitaler Medien (ICT: *Information and Communications Technology*), sondern die Gesellschaft fundamental. Versuche, diese transformierte Gesellschaft in ihrer Wesenhaftigkeit zu beschreiben, führen zwangsläufig zur Frage, wie die Mitglieder dieser Gesellschaft entsprechend zu betiteln sind.

Bereits im Jahr 2001 unternahm Marc Prensky eine Differenzierung nach *digital natives* und *digital immigrants* (Harmer, 2015, S. 196). Die Erstgenannten beziehen sich auf Personen, die im digitalen Zeitalter geboren wurden, wohingegen die Letztgenannten Personen beschreiben, die vor der Digitalisierung bereits auf der Welt lebten und sich die Angebote digitaler Medien erst aneignen müssen. Die von Prensky geprägten Termini nehmen die Unterscheidung einzig aufgrund des Lebensalters vor, eine Setzung, die in der gegenwärtigen Diskussion als kritisch aufgefasst wird, denn Teilhabe an einer digitalen Gesellschaft kann nicht vom Geburtsdatum abhängig gemacht werden.

Ausgehend von dieser Interpretation schlagen White und Le Cornu (2011) die Typologie des *digital visitor* und des *digital resident* vor und fokussieren somit anders als Prensky auf die Wechselwirkung, die zwischen einer digitalen Gesellschaft und seinen Mitgliedern zwangsläufig existieren muss. In dieser Wechselwirkung findet Teilhabe statt, über die Intensität der Teilhabe entscheidet der Mensch individuell.

> *Digital visitors* are people who access the digital world from time to time when they have a need for it, but who are not permanently hooked up to their computers or mobile devices. *Digital residents*, on the other hand, are people who spend a lot of their time living and interacting online and who

view the social interactions and relationships they encounter there as being important. (Harmer, 2015, S. 197, Hervorh. im Original)

Die Vielfalt der Begrifflichkeiten kann synonym dafür stehen, wie gesellschaftliches Leben und digitale Mediennutzung ineinandergreifen und jetzt schon miteinander verwoben sind. Die sich weiterentwickelnde Interdependenz von technischen Möglichkeiten und deren Nutzung lassen die Vermutung zu, dass sich zukünftig gesellschaftliches Leben und digitale Mediennutzung noch elementarer bedingen und dadurch untrennbar verschmelzen werden, so dass sich gesellschaftliches Leben noch deutlicher durch und in ICT artikulieren wird. Die Anerkenntnis dieses Sachverhaltes macht klar, dass eine professionelle digitale Mediennutzung zu den Kulturtechniken einer digitalen Gesellschaft gehört. „Digitale Medien verlangen von jedem Einzelnen stetig wachsende und sich ändernde Kompetenzen, deren Vermittlung staatlicher Bildungsauftrag ist." (BMBF, 2010, S. 5)

Vor diesem Hintergrund hat Schule die Aufgabe, Schülerinnen und Schüler digital kompetent zu machen, um an einer digitalen Gesellschaft und Arbeitswelt partizipieren zu können. Damit geht die Überlegung einher, die Einbindung digitaler Medien in den Fächern deutlich zu machen. Die Kultusministerkonferenz hat mit der deutschlandweiten Strategie *Bildung in der digitalen Welt* den konzeptionellen Rahmen gesetzt und durch die Konkretion von sechs digitalen Kompetenzbereichen Orientierung und Klarheit erreicht (KMK, 2016, S. 15–18):

- *Suchen, Verarbeiten und Aufbewahren*
- *Kommunizieren und Kooperieren*
- *Produzieren und Präsentieren*
- *Schützen und sicher Agieren*
- *Problemlösen und Handeln*
- *Analysieren und Reflektieren*

Ein Unterricht, der in diesen Bereichen Kompetenzerwerb intendiert, überträgt Verantwortung für das Lernen zunehmend auf die Lernenden und unterstützt sie, im eigenen Tempo zu lernen und zu kollaborieren, sich auszuprobieren, Erfahrungen zu sammeln, Problemlösestrategien zu probieren und darüber zu kommunizieren, Erfolge und Misserfolge als produktive Lernanlässe zu nutzen und Mitschülerinnen und Mitschülern zu präsentieren, die eigene Handlungsorientierung zu analysieren, reflektieren und gegebenenfalls zu optimieren. Vor diesem Hintergrund wird die Notwendigkeit nach einer Individualisierung von Unterricht nochmals evident. Individualisierter Unterricht ist kein Selbstzweck, sondern das institutionelle Angebot, allen Schülerinnen und Schülern Teilhabe an einer digitalen Gesellschaft zu ermöglichen.

3.2 Mehrwert digitaler Medien für den Unterricht

Im gegenwärtigen Fachdiskurs kommt der Frage nach dem Mehrwert digitaler Medien für den Unterricht eine besondere Bedeutung zu (Dausend & Nickel, 2017). Dabei gilt es, zwischen einem *allgemein unterrichtlichen Mehrwert* und einem *spezifisch den Englischunterricht betreffenden Mehrwert* zu differenzieren.

Herzig untersucht einen möglichen Mehrwert, in dem er die Wirkung digitaler Medien allgemein für den Unterricht in drei Wirkungsebenen betrachtet (Herzig, 2014), wobei die Berücksichtigung der ersten beiden Ebenen für die nachfolgenden Überlegungen relevant ist:

- Wirkung auf der Ebene des Individuums
- Wirkung auf der Ebene des Unterrichtsprozesses
- Wirkung auf der Ebene der Institution

Dieser Kategorisierung geht die Erkenntnis voraus, dass eine valide Aussage zur Wirkung digitaler Medien im Unterricht nur getroffen werden kann, wenn Unterricht mit digitalen Medien konzeptionell als Wechselspiel zwischen *digitalen Medien, Unterrichtsprozessen, Lehrenden* und *Lernenden* gedacht wird.

Die Wirkung auf der *Ebene des Individuums* lässt sich am Lernerfolg messen, den Herzig unter den Gesichtspunkten *Wissenserwerb, Problemlösefähigkeit* bzw. *Transferfähigkeit* konkretisiert (ebd., S. 12). Dieser wird begünstigt, wenn die Darbietung neben der Textform ebenso Illustrationen, Grafiken oder Bilder beinhaltet. Je unmittelbarer Text und Illustration miteinander in Beziehung gebracht werden, desto höher der Lernerfolg für alle Schülerinnen und Schüler.

In gleicher Weise sind mehrkanalige, unmittelbar einsetzende Sinnesstimuli positiv für den Lernerfolg. Vor diesen empirischen Erkenntnissen haben, nach Herzigs Verständnis, digitale Medien eine positive Wirkung auf den Lernerfolg.

Die Wirkung auf der *Ebene des Unterrichtsprozesses* lässt sich an der Veränderung der Handlungsmuster der Lehrpersonen messen. Es stellt sich die Frage, inwieweit digitale Medien es vermögen, den Unterrichtsprozess von einem lehrerzentrierten hin zu einem geöffneten, selbstorganisierten Unterricht zu alternieren. Dabei bietet Kerres (2003, S. 32) fünf Bereiche an, in welchen der unterrichtliche Mehrwert von digitalen Medien evident wird:

- *Motivationssteigerung durch digitale Medien*
  Die Verwendung von digitalen Medien im Unterricht ist motivierend, weil sie die Lebenswirklichkeit der Lernenden in den Unterricht integriert und den Aufforderungscharakter besitzt, die eigenen Fähigkeiten im Umgang mit digitalen Medien unter Beweis zu stellen.
- *Veränderte Lernprozesse durch digitale Medien*
  Digitale Medien in der Hand von Lernenden erfordern einen schülerzentrierten Unterrichtsansatz, der sich dem Prinzip der Individualisierung verpflichtet und den Prozess hin zu einem selbstgesteuerten Lernen unterstützt.

- *Veränderte Lerner- und Lehrerrollen durch digitale Medien*
  Dem Ziel eines selbstgesteuerten Lernens mit digitalen Medien liegt sowohl bei den Lernenden als auch bei den Lehrenden ein verändertes Rollenverständnis zugrunde, in welchem Verantwortlichkeiten in die Zuständigkeit der Lernenden sukzessive übertragen werden. Steuerungen durch die Lehrperson im Lernprozess reduzieren sich, so dass die Rolle als Lernbegleiter und Lernberater aktiv übernommen werden muss.
- *Veränderte Lerninhalte durch digitale Medien*
  Der Einsatz digitaler Medien führt zu einem deutlichen Zuwachs qualitativer Lerninhalte, die sich dahingehend kennzeichnen lassen, dass sie eine unmittelbare Begegnung der Lernenden mit der Zielsprache Englisch ermöglichen. Angereichert durch komplexe Aufgabenstellungen, Problemlöseaufgaben und gute Lernaufgaben kann der Lernende als Prosument (Schmeinck, 2013) an Lerninhalten arbeiten.
- *Veränderte Lernprodukte durch digitale Medien*
  ICT-basierte Lernprodukte besitzen einen didaktischen Mehrwert, denn sie dokumentieren Lernergebnisse, den punktuellen Lernstand und durch die implizite Nachhaltigkeit den Lernprozess.

Über die vorgenannten Felder hinaus ergeben sich für den inklusiven Englischunterricht folgende spezifische Mehrwertbereiche:

- *Lernen sichtbar machen*
  Digitale Medien haben nicht zuletzt durch Aufnahmeoptionen den Vorteil, Lernprozesse und Lernergebnisse lückenlos zu dokumentieren und diese für Reflexionsanlässe produktiv zu nutzen. Lernen lässt sich dadurch sichtbar machen und die Verfügbarkeit des eigenen Lernergebnisses oder -prozesses wird als erneuter Lernanlass weitergeführt. Kommunikative Kompetenzen verstetigen sich dadurch, dass das eigene Sprechen und Hören immer wieder zur Reflexion zur Verfügung gestellt werden kann.
- *Lernräume öffnen – Immersion in authentische Sprachanlässe*
  Der *language classroom* wird durch den Einsatz digitaler Medien entgrenzt. Internetfähige Smartphones oder Tablets in Schülerhand holen die Zielsprache in das Klassenzimmer und ermöglichen das Eintauchen in authentische Sprachanlässe, die für einen erfolgreichen Englischunterricht konstitutiv sind. Dabei fungieren digitale Medien nicht nur als Vehikel, sondern auch als *teaching assistant*.
- *Interkulturelle Kompetenzen sinnvoll ausbauen*
  Interkulturelle kommunikative Kompetenzen werden durch authentische, zielsprachenorientierte und jederzeit verfügbare Begegnungssituationen sinnstiftend erworben.
- *Unterstützende Materialien*
  Digitale Medien eignen sich als *Scaffold* für individualisiertes Lernen, in dem sie in allen kommunikativen Kompetenzbereichen verschiedene Unterstützungsangebote zur Verfügung stellen.

3.3 *Bring Your Own Device* (BYOD)

> Bring your own device (BYOD) refers to technology models where students bring a personally owned device to school for the purpose of learning. A personally owned device is any technology device brought into the school and owned by a student (or the student's family), staff or guests. (Alberta Education, 2012)

Als Argument für eine Unterrichtspraxis, in der digitale Medien nie oder nur am Rande eingesetzt werden, wird häufig die mediale Infrastruktur benannt. Diese Argumente beziehen sich sowohl auf Geräte, die seitens der Schule nicht in ausreichender Menge zur Verfügung stehen, als auch auf bisherige Erfahrungen, die sich nur auf ein begrenztes Zeitfenster der verlässlichen Nutzung beziehen, da sich an den Kauf keine langfristige und verlässliche Wartung der Geräte anschloss. Als weiteres Argument gegen die Nutzung digitaler Medien im Unterricht wird der Zeitfaktor angeführt, da es in der Unterrichtszeit zu lange dauert, bis ein Computer vollständig in Betrieb genommen und die eigentliche Arbeit beginnen kann.

Gegen diese Argumente sprechen die Versuche vieler Schulen, die all diesen Befürchtungen durch den Ansatz *Bring Your Own Device* entgegenwirken: Die Lernenden dürfen ihr eigenes Smartphone im Unterricht nutzen, was in den Schulen ein Umdenken in Bezug auf ein generelles Handyverbot erfordert.

„Das Prinzip BYOD unterstützt individualisiertes Lernen, weil Lernende jederzeit auf ihnen vertraute Technik zugreifen können." (Heinen & Kerres, 2015, S. 18) Die Verwendung eigener Geräte hat den Vorteil, dass sie einen direkten und kabellosen Zugang zu Inhalten ermöglichen, den Schülerinnen und Schülern durch ihre private Nutzung vertraut sind und Updates automatisch generiert werden.

Das Nutzen der eigenen Geräte bedeutet nicht, dass die Lernenden ihr Smartphone jederzeit in der Schule nutzen dürfen, es geht vielmehr darum, ihnen einen zielgenauen und kritischen Umgang mit ihrem eigenen Gerät zu ermöglichen, denn ein fachlicher und medialer Kompetenzerwerb kann nur dann gelingen, wenn „verschiedene digitale und nicht digitale Medien […] funktional und zielführend eingesetzt [werden]." (MSW NRW, 2015, S. 23)

4. Lernaufgabe: Produktion von Erklärvideos als *Explainity-Clips*

> Vor dem Hintergrund der schnell fortschreitenden technischen Möglichkeiten und der täglich wachsenden Anzahl von Angeboten muss den Kindern […] bereits in der Grundschule die Möglichkeit geboten werden, sich auch als potenzielle „Prosumer" (Prosumenten), d. h. als gleichzeitige Konsumenten und aktive Mediengestalter bzw. Medienproduzenten zu erkennen. (Schmeinck, 2013, S. 7)

Erklärvideos lassen sich auf unterschiedliche Art und Weise für den Unterricht nutzen. Werden sie konsumiert, bieten sie durch ihre Anschaulichkeit unterstützende Möglichkeiten, Lerninhalte transparent zu machen und dadurch die Informationsaufnahme der Lernenden zu erleichtern.

Wenn Lernende im Unterricht die Möglichkeit erhalten, Erklärvideos eigenständig zu produzieren, ist der Mehrwert der Clips deutlich höher, denn „um die Lernzeit der Kinder wirklich sinnvoll und effizient zu nutzen, müssen wir Lehrer verstärkt auf Lernmethoden und Lernarrangements zurückgreifen, die folgende Aktivitäten bei den Schülern in den Vordergrund stellen: Sehen und Hören, Kommunizieren, Kooperieren, Aktiv handeln, Lernpartnern helfen" (Bochmann & Kirchmann, 2006, S. 19). Für den Unterricht bieten sich unterschiedliche Ausgestaltungen der Erklärvideos an, die je nach Lernaufgabe und Schwerpunkt von den Lernenden als *Explainity-Clip*, *How-To-Video* oder Erklärvideo im Vlogging-Stil (Video/Blogging) produziert werden können (Film + Schule NRW). Da für die vorgestellte Lernaufgabe im inklusiven Englischunterricht bewusst die Produktion eines *Explainity-Clips* gewählt wurde, werden sich die nachfolgenden Ausführungen ausschließlich auf diese Produktion eines Erklärvideos beziehen.

Explainity-Clips erfreuen sich in den vergangenen Jahren großer Beliebtheit. Wenngleich sie in Werbespots häufig durch professionelle Produktionen mit Animationen angereichert sind, lässt sich die gestalterische Reduktion der *Explainity-Clips* gut für den Unterricht nutzen. Sie zeichnen sich dadurch aus, dass für ihre Herstellung ein Minimum an Materialien ausreicht, die im Alltag eines jeden Unterrichts vorhanden sind (Papier, Schere, Stift). Somit bedarf es keiner weiteren Aufwendungen, um die materielle Komponente für das Drehen eines *Explainity-Clips* sicherzustellen.

Um die Inhalte im Film abzubilden, wird ein *Explainity-Clip* mit der Hand-Lege-Technik (Legetrick-Technik) umgesetzt. Für diesen Vorgang benötigen die Lernenden neben vorbereiteten Zeichnungen eine funktionsfähige Kamera und eine Hand, um die Objekte auf einem Tisch passend zum gesprochenen Text verschieben zu können.

Die Filmaufnahme kann mit der eigenen Smartphone-Kamera (*Bring Your Own Device*) im Videomodus aufgenommen werden. Für die Nach- oder Weiterverarbeitung bietet es sich jedoch an, die Filme direkt mit einer App für die Filmbearbeitung aufzunehmen, denn so können die Clips im Anschluss an die Aufnahme mit wenig Aufwand nachbearbeitet werden. Für die Nachbearbeitung können Passagen aus dem Clip herausgeschnitten oder verschoben werden, nachgefilmte Sequenzen ergänzt, Geräusche oder Musik in den Hintergrund integriert oder auch Passagen nachträglich vertont bzw. verbessert werden. Diese Apps werden mittlerweile auf den gängigen Smartphones entweder direkt vom Anbieter per Vorinstallation angeboten oder können kostenlos erworben werden. Da es sich um die vertrauten Geräte handelt, bringen die Lernenden bereits viele Vorerfahrungen im Umgang mit der Filmproduktion mittels der entsprechenden Apps mit.

Die Produktion von *Explainity-Clips* im Englischunterricht ermöglicht den Lernenden

- eine intensive sprachliche und thematische Auseinandersetzung,
- Nachdenken und Reflektieren über das Endprodukt (in Bezug auf die sprachliche und gestalterische Darbietung, die Überarbeitung, die Zusammenarbeit in der Gruppe, den medialen Umgang etc.),
- einen intensiven Planungsaustausch in der Gruppe,
- durch die Teamarbeit soziale Erfahrungen in Bezug auf positive Abhängigkeiten (Wysocki, 2010, S. 9–11),
- einen zielgerichteten Einsatz ihres eigenen Smartphones,
- die Förderung der Medien- und Filmkompetenz (Film + Schule NRW, S. 2),
- einen lebensweltbezogenen Umgang mit dem digitalen Medium, der ihnen neben der Rolle als Medienkonsument auch die aktive Rolle in der medialen Produktion zukommen lässt (Prosument),
- eine Dokumentation ihrer aktuellen fremdsprachlichen und medialen Kompetenzen, die genutzt werden kann, um Prozesse im Kompetenzerwerb sichtbar zu machen und das individuelle Portfolio zu ergänzen.

4.1 *Explainity-Clips* als herausfordernde Lernaufgabe für ALLE Schülerinnen und Schüler

Die Produktion von *Explainity-Clips* bietet für alle Lernenden Möglichkeiten, sich entsprechend des individuellen Entwicklungs- und Lernstands erfolgreich in das Filmprojekt einzubringen, daher gewährt der Einsatz des digitalen Mediums im Unterricht gerade für Lernende mit sonderpädagogischem Unterstützungsbedarf viele Möglichkeiten sich partizipativ einzubringen:

- Die fremdsprachliche Kommentierung der Clips obliegt dem jeweiligen Lernenden. Durch die Legetechnik ist es möglich, komplexe sprachliche Ausgestaltungen herauszufordern, es ist aber auch eine Bild-Wort-Zuordnung auf der Einwortebene möglich, die ebenso als erfolgreiche Bewältigung der Lernaufgabe anzuerkennen ist. Die Erfahrung der positiven Bewältigung setzt Potenziale frei, die für die weitere Partizipation am Englischunterricht motivieren und Teilhabe realisieren kann.
- Für die Produktion der *Explainity-Clips* ist es notwendig, gemeinsam in einer Gruppe zu arbeiten, die drei Personen umfassen muss, denn während der Aufnahme sind drei verschiedene Aktivitäten unumgänglich: sprechen, Material bewegen, filmen (lfm NRW). Die Arbeit in den Teams ermöglicht eine intensive Auseinandersetzung, gegenseitige Unterstützung und Hilfestellung und für jeden Lernenden der Gruppe eine klar definierte und unverzichtbare Rolle innerhalb einer positiven Abhängigkeit.
- Das Lernen vollzieht sich in einem kreativ-explorativen Rahmen (Film + Schule NRW, S. 2) und lässt viele unterschiedliche Herangehensweisen und Ausgestaltungen zu, die individuelle Zugänge ermöglichen.

- *Explainity-Clips* verzichten auf die Darstellung von Personen, die vor der Kamera nicht agieren möchten oder können.
- Die Visualisierungen in den Clips unterstützen den Lernprozess und das Verstehen durch die dargebotene Aussage-Bild-Zuordnung.
- Die Bilder erfordern keine gestalterische Präzision, es sind vielmehr schnelle und vereinfachte Strichzeichnungen, die als Bilddarstellung in den Clips angeboten werden.

4.2 *All about me – Explainity-Clip* als *Bridging Task*

Gerade zu Beginn des Englischunterrichts in Klasse 5 ist es für die Lehrperson unumgänglich, die fremdsprachlichen Fähigkeiten der Lernenden zu erheben, um den Fortgang des Englischunterrichts in Klasse 5 auf der Grundlage der Erkenntnisse zielgenau auf die einzelnen Lernenden in der Unterrichtsgestaltung abstimmen zu können. Im Englischunterricht der Grundschule haben die Lernenden neben den fremdsprachlichen Kompetenzen auch methodische Kompetenzen erworben, an die es zunächst anzuknüpfen und die es im weiteren Verlauf sukzessive auszubauen gilt.

Der Englischunterricht der Grundschulen und der weiterführenden Schulen fußt dabei auf gemeinsamen Grundlagen, die das Ziel haben, die fremdsprachlichen Fähigkeiten der Lernenden im Hinblick auf kommunikative Kompetenzen, Sprachbewusstheit und Sprachlernbewusstheit zu erweitern.

> Trotz der jeweiligen Besonderheiten des Englischunterrichts in der Primarstufe und der Sekundarstufe I verfügen die Lehrpersonen aller Schulformen über gemeinsame Grundlagen. [...] Diese Grundlagen lassen sich für eine erfolgreiche Gestaltung des Kontinuums im Englischunterricht nutzen. (MSW NRW, 2012, S. 3)

Vor diesem Hintergrund sollen die Schülerinnen und Schüler zu Beginn des Lernens in einer neu formierten Lerngruppe die Gelegenheit bekommen, zu zeigen, welche Kompetenzen sie bereits erworben haben. Wie bereits in den Ausführungen zur Lernaufgabe erwähnt wurde, wird hier auf eine *task* fokussiert, die für die Lernenden herausfordernd und bedeutsam ist, individuelle Herangehensweisen ermöglicht und vielfältige Gelegenheiten zum Sprachhandeln anbietet. Da die mündliche Kommunikation im Englischunterricht der Grundschule von zentraler Bedeutung ist, sollen die Lernenden innerhalb dieser Lernaufgabe die Gelegenheit bekommen, in einem gewohnten Kommunikationssetting ihr Können zu zeigen. Da sich die Schülerinnen und Schüler auch als neue Lerngruppe kennenlernen und miteinander vertraut werden sollen, bietet sich zu Beginn eine Lernaufgabe an, innerhalb derer die Lernenden Gelegenheiten erhalten, miteinander in Kontakt zu treten und sich gegenseitig zu unterstützen: *All about me – Ich stelle mich in einem Erklärvideo vor.*

Um den Lernenden die ersten Schritte zu erleichtern, bietet ihnen die Lernaufgabe vielfältige Möglichkeiten, Freiheiten und kreative Ausdrucksformen, um sich vorzustellen. Dabei entscheiden sie eigenständig und legen ihre inhaltlichen und sprachlichen Schwerpunkte individuell fest. So ist es ihnen möglich, sich als Person mit den eigenen Vorlieben, Bezugspersonen, Umgebungen etc. vorzustellen.

Die Darstellung mit Hilfe eines *Explainity-Clips* und der Einsatz eines digitalen Mediums dient dabei als zusätzlicher Anreiz, sich mit den fremdsprachlichen Inhalten zu befassen und die Lernaufgabe motiviert mit Fokus auf das Endprodukt zu bearbeiten.

Neben dem motivationalen Charakter bietet die Lernaufgabe mit dem *Explainity-Clip* die Möglichkeit, den Lebensweltbezug in einer für die Lernenden von digitalen Medien umgebenen Welt herzustellen. Sie erhalten darüber hinaus die Möglichkeit, ihre Kompetenzen im Umgang mit digitalen Medien zu zeigen, zu vertiefen und entsprechend ihres täglichen Alltags Medien zu konsumieren und zu produzieren.

Bevor die eigentliche Lernaufgabe im Mittelpunkt steht, bedarf es zunächst der Sammlung, Visualisierung und Aktivierung des Wortschatzes, der den Lernenden bereits vertraut und für die anstehende Lernaufgabe relevant ist. Ebenso werden Redemittel, Strukturen und Satzanfänge aufgegriffen, eingebettet und aktiviert. Exemplarische Durchführungen der Planung und Gestaltung eines *Explainity-Clips* werden gemeinsam im Sinne einer Probehandlung erarbeitet und konkret durchlaufen, so dass für alle Lernenden im einsprachigen Englischunterricht mithilfe der Visualisierung abgebildet wird, welche Aktivitäten für eine erfolgreiche Bearbeitung notwendig sind. Unterstützungsmaterialien, die in der Aktivierung und Probehandlung gemeinsam erarbeitet und genutzt wurden, stehen den Lernenden in der Arbeitsphase visualisiert oder als *support material* zur Verfügung, so dass neben den Gruppenmitgliedern und der Lehrperson auch Materialien in der Arbeitsphase eine verlässliche Unterstützung anbieten.

Für die Arbeitsphase bietet sich die Sozialform der Gruppenarbeit mit drei Lernenden an, da in der späteren Aufnahme der Clips drei parallele Aktivitäten stattfinden. Obwohl jeder Lernende ein individuelles Endprodukt erstellt, kann der Beginn der Arbeitsphase für einen Ideenaustausch und fortlaufend als Unterstützungsmaßnahme genutzt werden.

Die vorbereitende Arbeitsphase gliedert sich in fünf Phasen:
- Festlegung der Inhaltsbereiche für den Clip (*my hobbies, my home town*, etc.)
- Erstellung eines *Storyboards* mit Stichworten für die Präsentation
- Erstellung der skizzierten Bilder für den Clip
- Probehandlung mit den erstellten Bildern und dem Textvortrag vor den anderen Mitgliedern der Arbeitsgruppe
- Feedback der Gruppenmitglieder (ggf. mit anschließender Überarbeitung)

Im Anschluss folgt die Aufnahme der *Explainity-Clips*. Alle drei Rollen werden dabei rotierend von jedem Lernenden ausgeführt, so dass alle Schülerinnen und Schüler die Möglichkeit haben, ihren eigenen *Explainity-Clip* mit Unterstützung und Begleitung der Gruppenmitglieder zu erstellen.

Dabei bewegen sich die Gruppenmitglieder innerhalb der rezeptiven und der produktiven Kommunikation. Sie schulen ihr Hör-/Sehverstehen sowie ihr monologisches und dialogisches Sprechen, in dem sie durch stetiges Wiederholen (Proben und Rollenwechsel) intensiv mit der Sprache umgehen.

Durch die Aufnahme per App zur Filmbearbeitung ist es im Anschluss für jeden Lernenden möglich, die eigene Darbietung im Clip zu reflektieren, mögliche verbesserungswürdige Elemente zu identifizieren und Passagen neu zu sprechen und nachträglich in den Clip hineinzuschneiden.

Neben dem Feedback, das die Lernenden fortlaufend von ihren Arbeitsgruppenmitgliedern im Prozess einholen können, ist es unerlässlich, Reflexionen einzubauen, um die Lernenden zu begleiten, Impulse für die Weiterarbeit zu geben und mögliche Auffälligkeiten gemeinsam in der Gruppe als Anlass zu nutzen, um sprachliche Besonderheiten oder Strategien bewusst zu machen. Je nach Länge des Unterrichtsvorhabens, das in Abhängigkeit der Lerngruppe, der einzelnen Lernenden und aufgrund der Komplexität der Lernaufgabe zwischen 6–8 Unterrichtsstunden umfasst, handelt es sich zum Teil auch um Zwischenreflexionen, die den Prozess fortlaufend begleiten oder um dezentrale Reflexionen, die angeboten werden und den Lernenden die Offenheit lassen, zu entscheiden, ob sie einen aktuellen Reflexionsbedarf haben oder weiter an ihrer Lernaufgabe arbeiten.

Die Vorteile, die sich durch den final produzierten und fortlaufend abrufbaren Clip im Gegensatz zu einem rein mündlichen Vortrag ergeben, sind für die Lernenden, aber auch für die Lehrperson von großem Wert.

- Die Lernenden können ihren Clip jederzeit im Hinblick auf sprachliche, gestalterische und mediale Aspekte reflektieren. Die Gelegenheit, Korrekturen vorzunehmen oder den Clip nach eigener Reflexion zu modifizieren, haben sie durch die Flüchtigkeit des gesprochenen Wortes in einem nicht digital unterstützen Unterricht nicht.
- Die Lehrperson kann die Clips auch nach der Präsentation zur Erkenntnisgewinnung im Rahmen eines formativen Assessments und die Ergebnisse für die Planung des Unterrichts und individuelle Unterstützungsmaßnahmen nutzen.
- Lernende und Lehrperson haben anhand des Clips die Möglichkeit, miteinander über gelungene und verbesserungswürdige Elemente ins Gespräch zu kommen und Schlussfolgerungen und Hinweise für die individuelle Weiterarbeit abzuleiten (Metakommunikation).
- Wenn die Produktion von Erklärvideos häufiger im Unterricht stattfindet, haben die Lernenden neben der Chance, ihre Kompetenzen im Hinblick auf einen bewussten Medieneinsatz zu erweitern, außerdem die Möglichkeit, die Entwicklung ihrer fremdsprachlichen Fähigkeiten zu dokumentieren und im Prozess die eigenen Fortschritte zu beobachten, sie wahrzunehmen und zu reflektieren.
- Für die Lehrperson hat die Dokumentation als eine digitale Erweiterung des Portfolios in Bezug auf den Schwerpunkt Sprechen den Vorteil, dass diese sowohl über den aktuellen Lernstand als auch über die Entwicklung im Bereich Sprechen Aufschluss gibt und auch für die Leistungsbewertung herangezogen kann.

Erklärvideos haben für den Einsatz im Unterricht den Vorteil, dass sie durch vielfältige Gestaltungsformen und die Anknüpfung an die Vorerfahrungen der Lernenden ohne großen Aufwand im Unterricht umzusetzen sind. Inhaltlich sind viele Themen denkbar, die an die Lebenswelt der Lernenden anknüpfen, den curricularen Vorgaben entsprechen und zu einer intensiven sprachlichen Auseinandersetzung anregen.

5. Ausblick

Die Intention dieses Artikels war es, Chancen und Möglichkeiten digitaler Mediennutzung im inklusiven Englischunterricht aufzuzeigen. Dabei ist bewusst auf Gelingenspotenziale und exemplarische Konkretisierungen für den Englischunterricht eingegangen worden. Natürlich ist im gegenwärtigen Diskurs eine kritische Haltung gegenüber dem Thema digitale Mediennutzung im (inklusiven) Unterricht feststellbar, welche sich unter anderem auf noch ausbaufähige Rahmenbedingungen beruft. Ein Anliegen dieses Artikels war es, unabhängig von vermeintlichen Stolpersteinen aufzuzeigen, welche unterrichtlichen Entwicklungspotenziale in diesem Thema liegen, die bei entsprechender Akzeptanz, Haltung und Motivation positiv auf Unterrichtsprozesse einwirken können.

Unter diesen Prämissen profitieren Schülerinnen und Schüler im gemeinsamen Lernen von digitalen Medien. Ihre Implementierung in den unterrichtlichen Alltag wird zukünftig eine zentrale Aufgabe aller Lehrenden sein. Dabei machen die voranstehenden Überlegungen deutlich, dass digitale Medien den fremdsprachlichen Unterricht in Bezug auf die Lernenden, die Lehrenden, die Lerninhalte und -prozesse bereichern.

Vor diesem Hintergrund wurde dargestellt, dass Digitalisierung und ihre produktive Einbindung in den Englischunterricht eine Form von Unterrichtsentwicklung darstellt. Dabei ist sie nicht als Additum zur bisherigen Unterrichtspraxis zu verstehen, sondern als Perspektiverweiterung innerhalb eines modernen Fremdsprachenunterrichts. Dieser setzt bei Schülerinnen und Schülern als bereits erfahrene Prosumenten einer digitalen Gesellschaft an, greift ihre mitgebrachten digitalen Fähigkeiten auf und entwickelt diese im Hinblick auf eine medienkompetente Teilhabe weiter. Lernende und Lehrende begegnen sich auf Augenhöhe und bereichern mit ihrem Erfahrungswissen einen gemeinsamen Lernprozess, der die Zielrichtung eines individualisierten, schülerorientierten und selbstgesteuerten Englischunterrichts verfolgt.

Eine Unterrichtsgestaltung, die diese Haltung zugrunde legt, nutzt die vorhandene Vielfalt, begreift sie als Bereicherung und versteht Unterstützung als Recht für jeden einzelnen Lernenden. Dabei bestechen Unterstützungsmöglichkeiten in Form von digitalen Medien in besonderem Maße, da sie dualistisch wirken: Als Mehrwert für den individualisierten Englischunterricht und als Ermöglichung der Teilhabe an einer digitalen Gesellschaft.

Literatur

Alberta Education (2012). *Bring Your Own Device. A Guide for Schools.* Edmonton: Alberta Education.

BMBF – Bundesministerium für Bildung und Forschung (2010). *Kompetenzen in einer digital geprägten Kultur. Medienbildung für die Persönlichkeitsentwicklung, für die gesellschaftliche Teilhabe und für die Entwicklung von Ausbildungs- und Erwerbstätigkeit.* Bielefeld: Bertelsmann.

Bochmann, R. & Kirchmann, R. (2006). *Kooperatives Lernen in der Grundschule. Zusammen arbeiten – Aktive Kinder lernen mehr.* Essen: Neue Deutsche Schule.

Bönsch, M., Kohnen, H., Möllers, B., Müller, G., Nather, W. & Schürmann, A. (2010). *Kompetenzorientierter Unterricht. Selbstständiges Lernen in der Grundschule.* Braunschweig: Westermann.

Böttger, H. (2005). *Englisch lernen in der Grundschule.* Bad Heilbrunn: Klinkhardt.

Dausend, H. & Nickel, S. (2017): Tap'n'Talk – Differenzierte Förderung von Sprachproduktionen durch tabletgestützte Lernaufgaben. In S. Chilla & K. Vogt (Hrsg.), *Heterogenität und Diversität im Englischunterricht. Fachdidaktische Perspektiven* (S. 179–203). Frankfurt: Peter Lang.

Eßer, S. & Roters, B. (2016). Entwicklung von Lehrerprofessionalität unter inklusiver Perspektive – Impulse für eine reflexive Praxis. In D. Gebele & A. Zepter (Hrsg.), *Inklusion: Sprachdidaktische Perspektiven. Theorie, Empirie, Praxis* (S. 373–399). Duisburg: Gilles & Francke.

Film + Schule NRW. *Erklärvideos im Unterricht.* Verfügbar unter: http://www.lwl.org/film-und-schule-download/Unterrichtsmaterial/Erkl%C3%A4rvideos-im-Unterricht.pdf [03.03.2107].

Harmer, J. (2015). *The Practice of English Language Teaching.* Harlow: Pearson.

Hattie, J. (2014). *Lernen sichtbar machen für Lehrpersonen.* Baltmannsweiler: Schneider.

Heinen, R. & Kerres, M. (2015). *Individuelle Förderung mit digitalen Medien. Handlungsfelder für die systematische, lernförderliche Integration digitaler Medien in Schule und Unterricht.* Verfügbar unter: https://www.bertelsmann-stiftung.de/fileadmin/files/BSt/Publikationen/GrauePublikationen/Studie_IB_iFoerderung_digitale_Medien_2015.pdf [05.02.2017].

Helmke, A. (2007). *Unterrichtsqualität erfassen, bewerten, verbessern.* Seelze: Kallmeyer.

Herzig, B. (2014). *Wie wirksam sind digitale Medien im Unterricht?* Verfügbar unter: https://www.bertelsmann-stiftung.de/fileadmin/files/BSt/Publikationen/GrauePublikationen/Studie_IB_Wirksamkeit_digitale_Medien_im_Unterricht_2014.pdf [06.03.2017].

Jäger, A. (2012). Planung und Reflexion von Unterricht. In H. Böttger (Hrsg.), *Englisch. Didaktik für die Grundschule* (S. 198–245). Berlin: Cornelsen.

Kerres, M. (2003). Wirkungen und Wirksamkeit neuer Medien in der Bildung. In R. Keill-Slawik & M. Kerres (Hrsg.), *Education Quality Forum. Wirkungen und Wirksamkeit neuer Medien* (S. 31–44). Münster: Waxmann.

KMK – Sekretariat der Kultusministerkonferenz (Hrsg.). (2016). *Bildung in der digitalen Welt. Strategie der Kultusministerkonferenz.* Berlin: KMK.

Kniffka, G. (2010). *Scaffolding.* Verfügbar unter: https://www.uni-due.de/imperia/md/content/prodaz/scaffolding.pdf [12.03.2017].

lfm NRW – Landesanstalt für Medien Nordrhein-Westfalen: *Erklärvideos im schulischen Kontext.* Verfügbar unter: http://www.medienkompetenzportal-nrw.de/themendossiers/medienpaedagogisches-lernen/erklaervideos-im-schulischen-kontext.html [20.03.2017].

Meyer, H. (2004). *Was ist guter Unterricht?* Berlin: Cornelsen Scriptor.

Müller-Hartmann, A. & Schocker-von Ditfurth, M. (2011). *Teaching English: Task-Supported Language Learning*. Paderborn: Schöningh.

MSW NRW – Ministerium für Schule und Weiterbildung des Landes Nordrhein-Westfalen (2008a). *Kompetenzorientierung – eine veränderte Sichtweise auf das Lehren und Lernen in der Grundschule.* Frechen: Ritterbach.

MSW NRW – Ministerium für Schule und Weiterbildung des Landes Nordrhein-Westfalen (2008b). *Richtlinien und Lehrpläne für die Grundschule. Lehrplan Englisch für die Grundschule.* Frechen: Ritterbach.

MSW NRW – Ministerium für Schule und Weiterbildung des Landes Nordrhein-Westfalen (2012). *Englisch als Kontinuum – von der Grundschule zur weiterführenden Schule.* Frechen: Ritterbach.

MSW NRW – Ministerium für Schule und Weiterbildung des Landes Nordrhein-Westfalen (2015). *Referenzrahmen Schulqualität NRW.* Frechen: Ritterbach.

Nieweler, A. (2016). Gute Aufgaben als Lernchance. Task-based language learning im Fremdsprachenunterricht. *Pädagogik, 12*, 20–23.

Reckermann, J. (2017): Eine Aufgabe – 25 richtige Lösungen: das Potenzial offener Lernaufgaben für den inklusiven Englischunterricht in der Grundschule. In S. Chilla & K. Vogt (Hrsg.), *Heterogenität und Diversität im Englischunterricht. Fachdidaktische Perspektiven* (S. 205–233). Frankfurt: Lang.

Schäfer, U. (2012). Meaningful to me. Individualisierung als Unterrichtsprinzip. *Grundschulmagazin Englisch,* 1/2012, 7–8.

Schmeinck, D. (2013). Digital Natives und Prosumer. Medienkompetenz in der Grundschule. *Grundschule,* 12/2013, 6–7.

Thaler, E. (2012). *Englisch unterrichten: Grundlagen – Kompetenzen – Methoden.* Berlin: Cornelsen.

White, D. & Le Cornu, A. (2011). *Visitors and Residents: A new typology for online engagement.* Verfügbar unter: http://firstmonday.org/ojs/index.php/fm/article/view/3171/3049This [27.03.2017].

Wysocki, K. (2010). *Kooperatives Lernen im Englischunterricht. Die Kommunikationsfähigkeit aktiv fördern – vom ersten Schuljahr an.* Essen: Neue Deutsche Schule.

Jan Springob

Die Realisierung inklusiven Englischunterrichts am Gymnasium aus (fach)didaktisch-inhaltlicher und systemisch-rechtlicher Perspektive – ein Praxischeck

1. Einleitung

Im August 2012 wurde am Geschwister-Scholl-Gymnasium (GSG) in Pulheim die erste Lerngruppe im Gemeinsamen Lernen als eine von sieben Parallelklassen eingerichtet. Von den 23 Schülerinnen und Schülern hatten und haben sechs Kinder einen sonderpädagogischen Unterstützungsbedarf; drei Kinder werden seitdem in dieser Klasse – absolutes Neuland für die meisten Gymnasien in Deutschland – zieldifferent im Förderschwerpunkt Lernen unterrichtet. Die Schule war und ist damit eine der ersten dieser Schulform in Deutschland, die sich auf den Weg gemacht hat und sich aktiv mit der Umsetzung von schulischer Inklusion auseinandersetzt und diese umsetzt. Der konkreten Einrichtung dieser von inzwischen vier Klassen im Gemeinsamen Lernen ging ein intensiver Diskussionsprozess in der Schulgemeinschaft voraus; bereits zwei Jahre vor der Aufnahme von Schülerinnen und Schülern mit sonderpädagogischem Unterstützungsbedarf wurde beispielsweise eine Arbeitsgruppe von Kolleginnen und Kollegen sowie Eltern gegründet, um den Prozess frühzeitig und konstruktiv zu gestalten. Das Thema war Gegenstand zahlreicher Lehrer- und Schulkonferenzen. Gleichzeitig gab und gibt es kritische Stimmen im Kollegium und der Schulgemeinschaft. Gerade die Aufnahme von vor allem zieldifferent geförderten Schülerinnen und Schülern an einem Gymnasium (einer Schulform, die häufig vor allem den Leistungsaspekt fokussiert) sowie der nun zu realisierende Gemeinsame Unterricht von einer *noch* heterogeneren Lerngruppe in einem nach wie vor selektiven Schulsystem wurden und werden kritisch diskutiert. Amrhein und Bongartz (2014) fassen häufig geäußerte Ängste zusammen: (I) Inklusion schadet vielen Schülerinnen und Schülern, (II) „Regel"-Schülerinnen und Schüler werden durch Gemeinsamen Unterricht zurückgehalten und Hochbegabte noch weniger gefördert, (III) eine größere Lerngruppenheterogenität ist eine Belastung für alle und hilft niemandem, und (IV) Lernende mit Förderbedarf können in der Förderschule besser gefördert werden (vgl. ebd., S. 37).

Die zentrale Frage ist die der schulpraktischen und tagtäglichen Realisierung von gelingendem Unterricht: Wie ist es möglich, sowohl Schülerinnen und Schüler mit besonderem Unterstützungsbedarf – diagnostiziert oder nicht – als auch Lernende mit beispielsweise einer gymnasialen Empfehlung sowie all die Kinder und Jugendlichen, die weder in die eine, noch die andere Kategorie fallen, in Schulen zu integrieren und individuell zu fördern, in denen die Bewertung vor allem von Leistungen auf dem Prinzip der Selektion beruht und die fachlichen Ansprüche in den Fächern und den Jahrgangsstufen stetig steigen? (vgl. Springob, 2017, S. 20f.) Die aufgeführten und nicht nur am GSG in Pulheim geäußerten Sorgen sollen Ausgangspunkt und Gegenstand dieses Artikels sein, der sich aus zwei Perspektiven mit dem Gemeinsamen Lernen von Schülerinnen und Schülern mit und ohne sonderpädagogischen Unterstützungsbedarf auseinandersetzt.

Der Frage der Umsetzung von Inklusion muss sowohl aus (fach)didaktisch-inhaltlicher als auch aus systemisch-rechtlicher Sicht beleuchtet und diskutiert werden, da sie in der schulischen Realität immer miteinander verwoben sind und einander bedingen. Eine pauschale Kritik („Das geht nicht") hilft genau so wenig wie eine naive Realitätsferne („Inklusion um jeden Preis") weiter. Es muss klar benannt werden, was bei der Realisierung von schulischer Inklusion funktioniert, was möglicherweise (noch) nicht und dann konsequenterweise auch, woran das liegt. Diese Benennung sollte im besten Fall auf empirisch erhobenen Ergebnissen und Erkenntnissen basieren, um sich begründet mit den praktikablen Umsetzungsmöglichkeiten und den *Baustellen* inklusiven Unterrichts im Anwendungskontext eben dieser Schulform auseinandersetzen zu können. Die Fragen, die in diesem Zusammenhang gestellt und beantwortet werden müssen, sind, welche Möglichkeiten und Chancen, aber auch Grenzen bzw. Hindernisse aus der jeweiligen Sicht zu beachten sind: Was spricht aus (fach)didaktisch-inhaltlicher, was aus systemisch-rechtlicher Sicht für oder möglicherweise auch gegen den Gemeinsamen Unterricht (am Gymnasium)? An welchen Schnittstellen beeinflussen sich die beiden eng miteinander verwobenen Felder konkret und was bedeutet dies für die Umsetzbarkeit von Gemeinsamem Unterricht im Alltag?

Die (empirische(n)) Antwort(en) auf diese Frage sind bisher noch nicht in zufriedenstellender Weise gegeben worden. Mit der Ratifizierung der UN-Behindertenrechtskonvention hat sich Deutschland zwar bereits 2009 (rechtlich-systemisch) verpflichtet, Inklusion auch in der Schule zu etablieren – doch gibt es bisher noch viel zu wenig gesicherte Forschungsergebnisse im Bereich inklusiven Fachunterrichts in Deutschland (vgl. Musenberg & Riegert, 2015, S. 20): „[...] über die Verknüpfung von fachlichem, fachdidaktischem, inklusiv didaktischem und sonderpädagogischem Wissen für die Umsetzung eines Unterrichts in inklusiven Lerngruppen liegen für den deutschen Sprachraum noch zu wenige Forschungsergebnisse oder [...] Praxismodelle vor" (Amrhein & Reich, 2014, S. 42). Es muss somit dringend geklärt werden, *wie genau* alle Schülerinnen und Schüler *gemeinsam* lernen und arbeiten können, so, dass wirklich alle Lernenden einen individuellen Lernzuwachs erzielen können und gleichzeitig die systemisch-rechtlichen Vorgaben erfüllt werden.

Anhand der ersten, inzwischen 8. Klasse im Gemeinsamen Lernen am GSG werden die benannten Perspektiven in diesem Beitrag umfassend beleuchtet. Diese Vorstellung der konkreten unterrichtlichen Umsetzung ist dabei an das Fach Englisch geknüpft. Die curricularen Forderungen und fachlichen Vorgaben sowie die spezifischen Möglichkeiten und die Herausforderungen eines jeden Faches sind zu unterschiedlich, um allgemein über (inklusiven) Unterricht zu sprechen (vgl. Springob, 2017, S. 22), die tatsächliche Vorstellung von Schülerinnen und Schülern einer Klasse soll hier jedoch Umsetzungsmöglichkeiten im konkreten Anwendungskontext sowie Grenzen veranschaulichen und diese greifbar machen. Theoretische Erkenntnisse der wissenschaftlichen Forschung und systemisch-rechtliche bzw. schulische Rahmenbedingungen bilden an den entsprechenden Stellen den Orientierungs- und Bezugsrahmen. Im Fokus stehen praktische Beispiele aus dem Unterrichts- und Schulalltag sowie gewonnene Ergebnisse und Erkenntnisse, die anschaulich Möglichkeiten und Grenzen der Machbarkeit verdeutlichen.

2. Zur Einordnung: eine kurze Vorstellung der Schule und der Lerngruppe

Das Geschwister-Scholl-Gymnasium ist ein sechs- bis siebenzügiges Gymnasium in Pulheim, einer Stadt mit ca. 50.000 Einwohnern im Nordwesten Kölns. Mit über 50 Prozent liegt die Übergangsquote von der Grundschule überdurchschnittlich hoch; die Schülerschaft lässt sich weitgehend der bürgerlichen Mittelschicht zuordnen. Demgegenüber ist der Anteil von Lernenden aus Familien mit Migrationshintergrund mit ca. 12 Prozent vergleichsweise gering.

> Aufgrund der Wohnortbezogenheit der Schülerschaft verfolgt das GSG ausdrücklich keine spezifische fachliche Profilierung (z. B. MINT, bilingual, Sport, Kultur). Die Größe der Schule ermöglicht es vielmehr, für die Schüler/innen mit ihren jeweiligen Interessen, Potentialen und Bedarfen ein breit gefächertes fachliches und überfachliches Lernangebot vorzuhalten. (Mesch, Niessen & Springob, 2017, S. 142)

Im August 2016 besuchten 1.550 Schülerinnen und Schüler das GSG. 22 Lernende haben zu diesem Zeitpunkt einen sonderpädagogischen Unterstützungsbedarf in den Förderschwerpunkten körperlich-motorische, emotionale und soziale, und geistige Entwicklung sowie im Förderschwerpunkt Lernen (vgl. ebd., S. 143).

Die hier fokussierte Klasse ist inzwischen in der Jahrgangsstufe 8 angekommen. Von den anfänglich 23 besuchen nun nur noch 20 Schülerinnen und Schüler die Klasse. Drei Schülerinnen haben im Laufe der ersten drei Jahre die Klasse verlassen. Drei Lernende der Klasse werden im Förderschwerpunkt Lernen zieldifferent unterrichtet; zwei Schüler haben den gutachterlich festgestellten Förderschwerpunkt emotionale und soziale, ein Schüler den (amtlich) zugewiesenen Förderschwerpunkt körperlich-motorische Entwicklung (zielgleiche Förderung). Der Klasse steht neben einem regulären ein zweiter Klassenraum zur Verfügung. Die Hauptfächer sowie einzelne Nebenfächer (zum Beispiel Sport) werden in Doppelbesetzung unterrichtet. Die Doppelbesetzung in Englisch ist seit der sechsten Klasse eine zweite Fachlehrerin, um einen kontinuierlichen gemeinsamen Fachunterricht zu realisieren. Die Sonderpädagogin, die mit ca. 12 Stunden in der Klasse eingesetzt ist, steht beratend und unterstützend zur Seite.

3. (Fach)didaktisch-inhaltliche Realisierung von inklusivem Englischunterricht vs. systemisch-rechtliche Rahmenbedingungen: ein Praxischeck

3.1 Empfehlungen für inklusiven Englischunterricht – ein Orientierungsrahmen

Die Auseinandersetzung mit einer inklusiven Fremdsprachendidaktik und einem inklusiven Fremdsprachenunterricht – Köpfer (2015) weist deutlich darauf hin – fehlt bis auf erste Ansätze fast vollständig (ebd., S. 347). Dennoch gibt es vor allem in der Fremdsprachendidaktik bereits ein gutes Repertoire an Konzepten, die eine solide Basis für die Weiterentwicklung und Überprüfung in der inklusiven Unterrichtsrealität genutzt werden können (vgl. Gerlach, 2015, S. 135). Gerade die in den letzten Jahren etablierten Ansätze im Bereich der Differenzierung und Individualisierung bieten eine gute Basis für inklusiven Englischunterricht (vgl. Bartosch & Rohde, 2014, S. 1). Eine auf die Fragestellungen eines inklusiven, fremdsprachlichen Englischunterrichts konzentrierte Aufarbeitung und vor allem die Verknüpfung fachwissenschaftlicher, fachdidaktischer und sonderpädagogischer Erkenntnisse fehlt jedoch bisher und wurde im Rahmen der Dissertation des Autors erstmalig bearbeitet (vgl. Springob, 2017).

Viele der Studien zum Gemeinsamen Unterricht von Schülerinnen und Schülern mit und ohne sonderpädagogischem Unterstützungsbedarf legen dem Autor folgend offen, dass natürlich auch Lernende mit demselben Unterstützungsbedarf keine homogene Gruppe darstellen und Entwicklungen der jeweiligen Lernenden aufgrund ihrer persönlichen Gegebenheiten, aber auch aufgrund des familiären Hintergrunds und schulischen Settings variieren können. Ein diagnostizierter Unterstützungsbedarf bedeutet nicht, dass alle Schülerinnen und Schüler mit derselben Diagnose dieselben Unterstützungsmaßnahmen benötigen. Gleichzeitig bedeutet keine offizielle Diagnose nicht, dass Lernende keine Schwierigkeiten haben, an einzelnen Fächern erfolgreich teilzunehmen (vgl. Springob, 2017, S. 167). Klein-Landeck (2014: 4) hebt hervor, dass es weder *das* Unterrichtskonzept für den Englischunterricht in Klassen des Gemeinsamen Lernens noch *das* ,behinderte‘ oder *das* ,nicht behinderte Kind‘ gebe. Insgesamt belegen die Studien, dass viele Lernende in inklusiven Lernarrangements eine positive Lernentwicklung nehmen können, mit und ohne sonderpädagogischen Unterstützungsbedarf (vgl. Springob, 2017, S. 167). Nach Stein und Ellinger (2014) muss im Einzelfall genau geprüft werden, wie ausgeprägt der emotionale und soziale Unterstützungsbedarf ist und an welchem Förderort diesem in ausreichendem Maße entsprochen werden kann. Für viele Kinder und Jugendliche mit diesem Unterstützungsbedarf stellt der Gemeinsame Unterricht häufig eine große Herausforderung dar.

Springob (2017, S. 298ff.) kommt zu dem Fazit, dass *alle* Fremdsprachenlernenden ganz unterschiedlich sind und sich aufgrund ihrer sprachlichen Fähig- und Fertigkeiten in der Erstsprache, ihrer Mehrsprachigkeitserfahrung und Sprachgeschichte, ihrem Grad an Motivation, ihrem Willen zu Kommunikation, ihrer erfahrenen Unterstützung im Elternhaus und in der Schule sowie ihrer bisherigen Erfahrung von Selbstwirksamkeit in Schule allgemein und im Englischunterricht im Besonderen unterscheiden. Menschen lernen (eine Sprache) auf ganz unterschiedlichen Wegen und bringen dabei unterschiedliche Voraussetzungen mit. Ein sonderpädagogischer Unterstützungsbedarf ist dabei eine von vielen Heterogenitätsdimensionen, wobei der zieldifferente Unterricht wohl eine „Schlüsselstellung" (Chilla & Vogt, 2017, S. 61) erhält. Aus der Sicht der Fremdspracherwerbsforschung spricht dabei nichts dafür, dass einzelne Kinder oder Jugendliche eine neue Sprache nicht lernen können (vgl. ebd., S. 168f.).

Für die Umsetzung inklusiven Englischunterrichts hilft die Berücksichtigung der von von Hebel und Freye-Edwards (2012, S. 7f.) zusammengefassten Punkte, die fächerübergreifend mit Kindern mit einem sonderpädagogischen Unterstützungsbedarf bzw. in einem differenzierenden Unterricht berücksichtigt werden sollten. Die aufgelisteten Aspekte unterstützen – der Hinweis auf den Einsatz in differenzierenden Settings soll das verdeutlichen – *alle* Schülerinnen und Schüler dabei, erfolgreich zu lernen:

1. Schaffung einer anregenden Lernumgebung,
2. Beachtung des Lernpensums,
3. Konzeption herausfordernder Lernaufgaben,
4. Anleitung zum selbstständigen Arbeiten,
5. Angebot an differenzierten Aufgabenstellungen,
6. Unterstützung des Hörverständnisses,
7. Förderung der Kooperationskompetenz und
8. Festlegung individueller Zielebenen.

Ergänzend können folgende Aspekte von Klemm und Preuss-Lausitz (2011, S. 34) genannt werden:

(I)   Lernen mit allen Sinnen,
(II)   Lernen durch Handeln,
(III)   häufiger Wechsel der Sozialformen,
(IV)   kommunikatives Lernen (*Peer-Peer*-Lernen),
(V)   Lernen durch verstärkte Partizipation (Einführung von Wahlmöglichkeiten),
(VI)   Verantwortungsübergabe auch an „schwierige" Schülerinnen und Schüler,
(VII)   Förderung *im* Raum (im Team),
(VIII) Realisierung des Vier-Augen-Prinzips und
(IX)   Zielvereinbarungen besprechen.

Ganschow und Schneider (2006, S. 3f.) präsentieren Methoden, die vor allem lern- und leistungsschwächere Schülerinnen und Schüler dabei unterstützen, eine Fremdsprache zu erlernen. Hier steht das multisensorische Lernen im Fokus, bei dem möglichst viele Sinne angeregt werden sollen:

a) multisensorisches Lernen: visuellen, auditiven, fühlbaren und kinästhetischen Input anbieten und Output ermöglichen und dabei, wenn möglich, verschiedene Sinne ansprechen und, wenn nötig, visuelle Unterstützung anbieten

b) Wiederholungen: Zeit für Wiederholungen und Übungsschleifen geben, z.B. in Partnerarbeit

c) Strukturiertheit: logische Abfolge einhalten und diese den Schülerinnen und Schülern transparent machen (z.B. Gliederung der Stunde); direkte/explizite Erklärungen von Grammatik

d) fortlaufend: von einfach bis hin zu schwer

e) explizites Lehren von Laut-Symbol-Folge

f) Metakognition: Schülerinnen und Schüler dabei unterstützen, Sprachkonzepte zu lernen und in eigenen Worten zu erklären

g) Wortanalyse (z.B. Trennung) anbieten

h) intensive Instruktion: Einzelbetreuung, Arbeit in Kleingruppen, Zeit zum Üben, Reduktion, bei Bedarf Unterricht in einem zusätzlichen Raum

Schäfer (2015) verdeutlicht anhand Meyers Merkmalen guten Unterrichts (2004), dass das Rad nicht neu erfunden werden muss, gleichzeitig aber die Notwendigkeit methodischer Modifikationen bestehe (Schäfer, S. 58ff.). Fast alle hier genannten Aspekte sind (fach)didaktisch-inhaltlicher Art und somit losgelöst von der Zuordnung zu einer bestimmten Schulform im Unterricht selbst zu realisieren. Sie sollten als fortlaufende und kontinuierliche Prinzipien gesehen werden, die allen fachlichen und inhaltlichen Entscheidungen zugrunde liegen, wobei nicht alle Punkte gleichzeitig und immer umzusetzen sind. Natürlich gibt es Phasen, in denen beispielsweise bewusst einzelne Sinne angesprochen werden oder Einzelarbeit angeleitet wird. Die aufgelisteten Aspekte bilden den Ausgangspunkt für Unterrichtsreihen und weniger, in ihrer Gesamtheit, für einzelne Stunden. Im Alltag müssen sie dann mit Leben gefüllt und umgesetzt werden. Hilfreich sind die aufgeführten Prinzipien für *alle* Schülerinnen und Schüler; das heißt jedoch nicht, dass sie auch immer in allen Schulen bzw. Schulformen umsetzbar sind – gerade auch vor dem Hintergrund der curricularen Anforderungen.

Folgend werden einzelne zuvor genannte Gesichtspunkte in Bezug auf die hier vorgestellte Klasse konkretisiert. Der Fokus wird dabei auf (I) die Konzeption herausfordernder Lernaufgaben und (II) die Anleitung zum selbstständigen Arbeiten gelegt. Weitere aufgeführte Punkte fließen an den entsprechenden Stellen mit ein. Dabei werden jeweils die beiden Perspektiven – (fach)didaktisch-inhaltlich und systemisch-rechtlich – angesprochen, und es wird verdeutlicht, wie sie einander bedingen. Gewonnene Erkenntnisse aus den ersten drei Schuljahren der hier vorgestellten Klasse dienen der Konkretisierung.

3.2 Konzeption herausfordernder Lernaufgaben

Ein didaktischer Ausgangspunkt für die Planung und Durchführung des Englisch-unterrichts in dieser heterogenen Lerngruppe stellen von Beginn an der Gemeinsame Gegenstand und die Lern- und Kompetenzaufgabe dar – jahrgangsübergreifend und für alle Schulformen realisierbar. Eine „Kooperation am Gemeinsamen Gegenstand" und eine „Innere Differenzierung durch Individualisierung" ermöglicht Lehrkräften sowohl die Planung als auch die Realisierung eines Unterrichts, der die „individuellen Zugangsmöglichkeiten und Bedürfnisse" aller Lernenden berücksichtigt (vgl. Feuser, 1994, S. 222; vgl. auch Köpfer, 2015). Die Lern- und Kompetenzaufgabe, die an die Lebenswelt und den Alltag der jungen Menschen anknüpft, orientiert sich an der Idee, Aufgaben bereitzustellen, die Lernende zu einem pragmatischen Sprachge-brauch in alltagsweltlichen Kommunikationsanlässen animiert, kognitive Prozesse an-regt und ein Arbeitsprodukt zum Ergebnis hat (vgl. Hallet, 2013; Gerlach, Goworr & Schluckebier, 2012).

Der Autor ist davon überzeugt, dass weder Inklusion noch eine Orientierung an den Schülerinnen und Schülern im Widerspruch zu hohen Erwartungen an die Leistungen aller stehen. „Akademisches, praktisches, soziales und emotionales Lernen sind für alle Lernenden gleichermaßen wichtig" (*European Agency for Develop-ment in Special Needs Education*, 2012, S. 15). Alle Schülerinnen und Schüler einer Klasse haben das Recht auf für sie individuell herausfordernde Lernaufgaben. Gleich-zeitig besteht vor allem an Gymnasien die Gefahr der Überforderung, denn gerade in dieser Schulform muss in kurzer Zeit quantitativ wie qualitativ inhaltlich-fachlich sowie kognitiv viel gelernt und überprüft werden. Förderung und Forderung sind ab-solut wünschenswert; eine Überforderung sollte jedoch bei allen Kindern und Jugend-lichen vermieden werden – völlig losgelöst von der Inklusionsthematik oder einem sonderpädagogischen Unterstützungsbedarf. Die größte Herausforderung besteht in einer Klasse des Gemeinsamen Lernens aus der (fach)didaktisch-inhaltlichen Sicht vor allem in der Schaffung des Gemeinsamen. Schülerinnen und Schüler individuell mit für sie (heraus)fordernden Aufgaben zu versorgen ist mit einem erhöhten Arbeits-aufwand für die Lehrkräfte verbunden, aber durch die direkte Orientierung an den Fähig- und Fertigkeiten Einzelner leichter realisierbar. Gerade der Englischunterricht zeichnet sich jedoch durch Kommunikation und Interaktion aus. „Eine Fremdsprache lernt man nur dann als Kommunikationsmedium benutzen, wenn sie ausdrücklich und genügend oft in dieser Funktion ausgeübt wird." (Butzkamm, 2002, S. 79) Guter Englischunterricht ist ein kommunikativer Unterricht, der alle fünf kommunikativen Kompetenzen (Hören, Sprechen, Lesen, Schreiben, Sprachmittlung) fördert (vgl. QUA-LiS NRW, 2005/2017).[1] Das Lernen einer Sprache ist eng mit dem aktiven Ge-brauch eben dieser verbunden und kann somit nicht nur in Einzelarbeit oder ohne den Austausch mit Mitschülerinnen und -schülern geschehen.

So muss es in einer Klasse des Gemeinsamen Lernens immer darum gehen – vor allem im Englischunterricht – möglichst viele gemeinsame Lerngelegenheiten

---

1   Für eine vollständige Darstellung der Übersicht vgl. http://www.schulentwicklung.nrw.de/cms/ upload/ue-englisch/modul_2/leitfaden_1/m-9.pdf [22.3.2017].

zu schaffen, die Schülerinnen und Schülern sowohl die Schulung der jeweiligen kommunikativen Fertigkeit (häufig im Austausch mit anderen) als auch einen individuellen Lernzuwachs ermöglichen. Das impliziert, dass einzelne Phasen ganz bewusst getrennt und/oder in Einzel- sowie Kleingruppenarbeit stattfinden (können/müssen), um Lernenden bei Bedarf individuelle Übungs- und Wiederholungsschleifen zur Verfügung zu stellen. So viel gemeinsam wie möglich, so viel getrennt wie nötig: Trotz der Einfachheit dieser Aussage fasst es die übergeordnete Orientierung für die Unterrichtsplanung in der hier vorgestellten Klasse zusammen. Die Englischlehrkräfte orientieren sich immer an den Bedürfnissen der einzelnen Kinder und Jugendlichen, ohne die dabei so wichtige wie zentrale Fokussierung auf das Gemeinsame – niemals zu allen Zeitpunkten umsetzbar oder sinnvoll – aus den Augen zu verlieren.

So gibt es ganz verschiedene Settings, die abhängig von Thema und zu schulender kommunikativer Fertigkeit umgesetzt werden. Häufig arbeiten alle Schülerinnen und Schüler der Klasse mit beiden Lehrkräften in einem Klassenraum, immer wieder werden dann auch beide Klassenräume genutzt, um allen – Lernenden wie Lehrenden – mehr Raum und Ruhe zu geben. Teilweise wird die Klasse aufgeteilt – abhängig von Thema und Schwerpunkt der Unterrichtsreihe bzw. -stunde leistungsheterogen oder leistungshomogen – und die Kleingruppen arbeiten mit einer der Lehrkräfte in einem der beiden Räume. Bei Bedarf werden einzelne Schülerinnen und Schüler oder Kleingruppen von einer Lehrkraft unterrichtet. In diesen Phasen können die Lernenden vertiefend üben und wiederholen. Diese flexible Umsetzung von Unterrichtssettings hat sich in der hier präsentierten Lerngruppe als realisierbar und gewinnbringend herausgestellt. Ein Schüler, der zieldifferent unterrichtet wird, bringt es in einem Gespräch auf den Punkt: „Wenn ich etwas verstehe, arbeite ich gerne gemeinsam mit allen anderen in einem Raum. Wenn mir aber etwas fehlt, zum Beispiel eine neue Zeit, und ich nicht so viel verstehe, dann arbeite ich lieber in einem anderen Raum." Entscheidend ist hier das Zusammenspiel von individueller Förderung und (hohen) individuellen Zielen, die durch herausfordernde Lernaufgaben ermöglicht werden können. Lernaufgaben können, um nur ein Beispiel zu nennen, (offene) Fragen zu einem Themengebiet sein, die allen Lernenden auf ihren individuellen Niveaus eine produktive Erarbeitung ermöglichen. Zum Themenfeld *London* in der Sekundarstufe I könnte die Frage *What would you like to see in London and why?* als Ausgangspunkt dienen. Konstruktionen wie *I would like to visit ... because ...* könnten vertiefend eingeübt werden.

3.3 Der kompetenzorientierte Kernlehrplan

Der kompetenzorientierte Kernlehrplan der Sekundarstufe I Englisch für das Gymnasium in Nordrhein-Westfalen (NRW) dient bei der Planung des Unterrichts als rechtliche Vorgabe und bietet Lehrerinnen und Lehrern die benötigte Orientierung für die zu schulenden fremdsprachlichen Fähig- und Fertigkeiten (vgl. MSW NRW, 2007, S. 9). Durch die Lehrpläne und Richtlinien regeln die Bundesländer, „[...] welche Inhalte und Arbeitsbereiche, in den jeweils verschiedenen Schulformen, Schulstufen und Jahrgängen im Fach Englisch gelernt und welche Ziele erreicht werden sollen" (Finkbeiner, 1998, S. 36). Ziener (2008) weist darauf hin, dass die Kompetenzstandards den verbindlich anzustrebenden Ertrag von „Bildungsgängen in Form von Kenntnissen, Fähigkeiten/Fertigkeiten und Einstellungen/Haltungen der Schülerinnen und Schüler" formulieren (vgl. ebd., S. 44). Die vorgegebenen Kompetenzerwartungen am Ende eines Schullaufbahnabschnittes (z.B. am Ende der sechsten und achten Klasse) bilden für Lehrerinnen und Lehrer die Grundlage und die Bezugsgröße der Leistungsmessung und -beurteilung (vgl. Haß, 2008, S. 5). Für Förderschulen Lernen und das Unterrichtsfach Englisch gibt es in NRW keinen gesonderten Lehrplan. Für den Unterricht gelten somit die Unterrichtsvorgaben des Schulgesetzes NRW (§29) für die allgemeine Schule sowie die Richtlinien für die einzelnen Förderschwerpunkte (vgl. MSW NRW, 2014, §21/5). Der Unterricht für die zieldifferent geförderten Schülerinnen und Schüler orientiert sich an dem (Kern)Lehrplan für die Grund- und Hauptschule (vgl. von Hebel, 2010, S. 4). Die zieldifferent unterrichteten Schülerinnen und Schüler erhalten keine Ziffernoten. In individuellen sonderpädagogischen Förderplänen werden zu erreichende Lernziele kompetenzorientiert festgehalten und in regelmäßigen Abständen mit den Schülerinnen und Schülern sowie den Eltern besprochen. Die Leistungsbewertung sollte sich dabei auf die Ergebnisse des Lernens sowie die individuellen Anstrengungen und Lernfortschritte der Lernenden erstrecken (vgl. MSW NRW 2014, §32/1 Leistungsbewertung). Die Schülerinnen und Schüler erhalten Schriftzeugnisse, die genau diese individuellen Fortschritte sowie den Leistungsstand darlegen.

Einerseits lässt der Lehrplan Lehrerinnen und Lehrern trotz der Vorgaben in Bezug auf zu schulende und zu erlernende Fähig- und Fertigkeiten sowie inhaltliche Themenfelder einen gewissen Freiraum, Schwerpunkte zu setzen und Aufgabenformate zu realisieren (z.B. Lern- und Kompetenzaufgabe). Andererseits sind die vorgegebenen Kompetenzerwartungen gerade für die Schulform Gymnasium (zu Recht) anspruchsvoll – nicht zuletzt durch die Komponente der sprachlichen Korrektheit und den Umfang an zu nutzenden sprachlichen und grammatischen Mitteln. Die Einführung einzelner Zeiten oder das Bilden von Verneinungen und Fragen kann motivierend eingebettet und um einzelne Wochen nach vorne oder hinten verschoben werden; ein Auslassen ist nicht möglich. Die Herausforderung im Kontext des Gemeinsamen Lernens besteht, da sich inklusiv arbeitende Gymnasien aktuell paradoxerweise nur an den beiden Extremen *zielgleich* und *zieldifferent* orientieren (dürfen). Lernende mit einem sonderpädagogischen Unterstützungsbedarf Lernen werden zieldifferent unterrichtet und so geht es vor allem um das Erreichen individuell festgelegter Lernziele, orientiert am Lehrplan der Grund- und Hauptschule. Alle anderen Schülerinnen und Schüler an einem Gymnasium sind zielgleich zu fördern und fordern. Für sie ist der Orientierungsrahmen der gymnasiale Lehrplan – für zahlreiche Kinder und Jugendliche in seiner Komplexität oftmals (noch) zu anspruchsvoll. Eine Beschulung im Bildungsgang Real- oder Hauptschule ist an Gymnasien nicht zulässig. So gab und gibt es auch in der hier vorgestellten Lerngruppe einzelne Schülerinnen oder Schüler, die sich aus ganz unterschiedlichen Gründen schwertun, erfolgreich am Englischunterricht teilzunehmen bzw. die neue Sprache zu erlernen;

die (mehr)sprachlichen Voraussetzungen oder ein wenig unterstützendes Elternhaus sind nur zwei von vielen Heterogenitätsdimensionen, die darüber hinaus selten
isoliert auftreten (vgl. Chilla & Vogt, 2017, S. 57ff.).

> Für die zieldifferent unterrichteten SchülerInnen lässt sich das Prinzip der
> individuellen Förderung in der Realität am ehrlichsten und direktesten um-
> setzen. Dadurch, dass die Leistungen der SchülerInnen nicht in ein ‚Noten-
> korsett' gedrückt werden müssen und sie kein bestimmtes Ergebnis be-
> nötigen, um versetzt zu werden, kann es wirklich darum gehen, ihnen einen
> persönlichen Lernzuwachs zu ermöglichen. (Springob, 2017, S. 310)

Für alle anderen Schülerinnen und Schüler ist genau das leider nicht möglich, auch an
einem inklusiv arbeitenden Gymnasium nicht. Drei Schülerinnen mussten so in den
ersten drei Jahren die Klasse verlassen. Die Aufgaben orientieren sich in der Schule
an (rechtlich) vorgegebenen Vorgaben in den Lehrplänen und können so die Bedürfnisse, Fähig- und Fertigkeiten der Lernenden in dem Maße berücksichtigen, wie sie
sich dem Bildungsgang Gymnasium zuordnen lassen. Individuelle Lernziele und eine
wirkliche Öffnung von Lernwegen sind kaum bis gar möglich – trotz des Wissens um
die (fach)didaktisch-inhaltliche Notwendigkeit.

3.4 Anleitung zum selbstständigen Arbeiten

Mit der Konzeption herausfordernder Lernaufgaben durch die Lehrkraft ist für die
Schülerinnen und Schüler häufig ein hohes Maß an Selbstständigkeit und Eigenver-
antwortung bei der Umsetzung verbunden. Der Anleitung und Umsetzung des eigen-
verantwortlichen und selbstständigen Arbeitens wird am GSG viel Aufmerksamkeit
geschenkt, auch wenn der Unterricht nach wie vor – wie an vielen Gymnasien – überwiegend durch konventionellen Fachunterricht geprägt ist. In den Jahrgangsstufen
5 bis 9 gibt es pro Woche je zwei Doppelstunden freie Lernzeit mit tatsächlichen
Möglichkeiten, Individualisierung, interessengeleitetes Lernen oder eigene Projekte zu
realisieren. Die Schülerinnen und Schüler können in diesen Stunden sowohl in ihren
eigenen Klassenräumen, an sogenannten Lerninseln im Schulgebäude, in der Biblio-
thek oder in der *Study Hall* arbeiten. Zusätzlich hat die Schule Lernbüros eingerichtet,
in der (Hauptfach-)Lehrerinnen und -lehrer für mögliche Fragen der Schülerinnen
und Schüler zur Verfügung stehen. Selbstständigkeit und Eigenverantwortlichkeit soll
darüber hinaus

> … auch durch die Übernahme von Verantwortung in der Schule und über
> den Unterricht hinaus gefördert werden. Letzteres wird ermöglicht durch
> Angebote wie Schulsanitäter, Streitschlichter, Sporthelfer, AG SOR (Schule
> ohne Rassismus, Schule mit Courage), GSG One World, Schüler-Coaching,
> Schüler/innen unterrichten Senioren. (Mesch et al., 2017, S. 143)

Das selbstständige und eigenverantwortliche Arbeiten fällt vielen Kindern und
Jugendlichen noch schwer. Vor allem, aber nicht nur, Lernende mit dem (sonder-

pädagogischen) Unterstützungsbedarf emotionale und soziale Entwicklung, bei denen Aufmerksamkeitsdefizite und Hyperaktivitätsstörungen (ADHS) zu den häufigsten Verhaltensauffälligkeiten gehören, werden durch selbstständig und eigenverantwortlich zu erledigende Aufgaben oftmals vor eine große Herausforderung gestellt (vgl. Döpfner & Banaschewski, 2013). Störungen der Aufmerksamkeit können sich beispielsweise in einem vorzeitigen Abbruch der Aufgaben, einem Nicht-Beenden dieser, vor allem bei kognitiven Tätigkeiten, einer Unfähigkeit abzuwarten und Bedürfnisse aufzuschieben zeigen – alles Aspekte, die das selbstständige Arbeiten für sie zu einer großen Hürde werden lässt. Die Schülerinnen und Schüler neigen dazu, Impulsen zu folgen; eine exzessive Ruhelosigkeit tritt oftmals in strukturierten und organisierten Situationen auf (vgl. ebd.). Hier hat sich gezeigt, dass eine ganz enge und wohlwollende Unterstützung durch Lehrkräfte oder Mitschülerinnen und -schüler sowie ganz klar strukturierte, kleinschrittige Arbeitsaufträge helfen. Vor allem Schülerinnen und Schüler mit Lernschwierigkeiten benötigen häufig eine genaue Anleitung und eine kleinschrittige Struktur, wie sie vorgehen sollen (vgl. Schulz & Michalak, 2015, S. 116). Auch Lernenden mit dem Unterstützungsbedarf emotionale und soziale Entwicklung sowie vielen anderen Lernenden hilft die Strukturierung ihres Lern- und Arbeitsprozesses, um den vorzeitigen Abbruch einer Aufgabe bzw. ein Nicht-Beenden von Tätigkeiten bei vor allem kognitiven Tätigkeiten zu vermeiden (vgl. Döpfner & Banaschewski, 2013). Die Anleitung zum selbstständigen Arbeiten muss dabei als langwieriger Prozess gesehen werden, um weder die jeweiligen Kinder und Jugendlichen noch die Lehrkräfte zu überfordern.

Einem Schüler der Klasse fiel es in den ersten anderthalb Jahren sehr schwer, sich länger als ein paar Minuten auf einen Arbeitsauftrag einzulassen; er ließ sich schnell entmutigen und ablenken und konnte die (freien) Lernzeiten kaum eigenverantwortlich nutzen. Dieses Bild hat sich im Laufe des sechsten Schuljahres geändert.

> Im Verlauf der sechsten Klasse gelang es dem Schüler besser, dem Unterricht konzentriert zu folgen und sowohl bei Unterrichtsgesprächen als auch bei Arbeitsphasen aktiv mitzuarbeiten. So bearbeitet er inzwischen auch die schriftlichen Aufgaben in den Lernzeiten in der Regel zufriedenstellend. Vor allem in den ersten eineinhalb Jahren hat er häufig versucht, schriftliche Anforderungen zu vermeiden. Inzwischen kann er gut benennen, wenn seine Konzentrations- und Aufmerksamkeitsgrenze erreicht ist, so dass es ihm dann ermöglicht werden kann, eine kurze Entspannung zu finden. Sein Arbeitsmaterial verwaltet er inzwischen ordentlich; das benötigte Material hält er zu Beginn der Stunde bereit. (Springob, 2017, S. 270)

Eine dauerhafte Doppelbesetzung im Unterrichtsfach Englisch, die eher kleine Klassengröße, eine Schulbegleitung für einen Schüler als dritte Pädagogin sowie ein zweiter Klassenraum – alles systemisch-schulische Fragen – müssen hier als unterstützende Rahmenbedingungen genannt werden. Drei Erwachsene für 20 Schülerinnen und Schüler bieten mehr Möglichkeiten der Differenzierung und Individualisierung, das ist klar, als eine Lehrkraft, die für teilweise mehr als 30 Lernende zuständig ist. Mit Inklusion hat das erst einmal gar nichts zu tun. Inhaltlich-fachlich bietet der von Gerlach, Goworr und Schluckebier vorgestellte Ansatz der Lernaufgabe als „[...] strukturiertes, mittels kleinerer Übungen und Aufgaben aufeinander aufbauendes Konstrukt" (Gerlach et al., 2012, S. 4) eine hilfreiche Konkretisierung wie Relativierung von (kompetenzorientierten) Aufgaben für die Arbeit in Klassen des Gemeinsamen Lernens. Eine weitere themen- und jahrgangsübergreifende Möglichkeit, Unterricht in einer heterogenen Lerngruppe zu gestalten und zu individualisieren, sind Arbeitspläne (*work plans*), die sowohl aus Pflicht- als auch aus Wahlaufgaben bestehen und den Ablauf strukturieren. Motivierende (Lern)Aufgaben, die von allen Schülerinnen und Schülern bearbeitet werden können (Offenheit) sowie unterstützende und rahmende Vorgaben (Strukturierung) optimieren die Individuelle Förderung.

4.   Fazit und Ausblick

Die eingangs zusammengefassten Ängste (vgl. Amrhein & Bongartz, 2014, S. 37) können für die begleitete Lerngruppe nicht bestätigt werden. Die Ergebnisse der beiden am Ende der fünften und der sechsten Klasse in der gesamten Jahrgangsstufe geschriebenen *Final Checks*, der Klassenarbeiten und der mündlichen Prüfung in der sechsten Klasse legen offen, dass die Schülerinnen und Schüler ohne sonderpädagogischen Unterstützungsbedarf in den Testungen vergleichbare fachliche und sprachliche Leistungen wie ihre Stufenkameradinnen und -kameraden in den Parallelklassen erzielen und nach zwei Jahren nicht messbar in den Rückstand geraten (vgl. Springob, 2017, S. 292). Es gibt auch in der vorgestellten Klasse Schülerinnen und Schüler, die gute bis sehr gute Ergebnisse erzielen. Genau wie in allen sechs Parallelklassen gibt es auch in dieser Klasse einzelne Schülerinnen und Schüler, die Schwierigkeiten bei der Umsetzung bzw. Anwendung einzelner kommunikativer Fertigkeiten haben. „Bei allen SchülerInnen ist ein fachlicher und sprachlicher Lernfortschritt erkenn- und messbar – auch bei den SchülerInnen mit einem sonderpädagogischen Unterstützungsbedarf. Die Quantität und Qualität des Outputs variieren hingegen deutlich, auch bei SchülerInnen, die zielgleich unterrichtet werden" (ebd., S. 295).

Trotz der insgesamt positiven Entwicklung müssen zwei Punkte unbedingt bedacht werden. Erstens gibt es einzelne Lernende, vor allem Jungen, die sich (von Anfang an) schwer tun mit dem Erlernen der Fremdsprache – völlig losgelöst von einem sonderpädagogischen Unterstützungsbedarf. Vor allem für die zielgleich unterrichteten Schülerinnen und Schüler sind der Umfang und das Tempo – Gespräche mit den Schülern selbst und den Eltern legen das offen – zu viel und zu schnell. Eine individuelle Förderung kann, so der Eindruck, nur kurzzeitig helfen. Weder für die Lernenden noch für ihre Lehrkräfte ist das eine zufriedenstellende Situation. Die Vorgabe, Leistungen durch vergebene Noten zu definieren, hat vor allem bei Lernenden mit dauerhaft schlechteren Noten eine eher demotivierende Wirkung. Es wird ihnen immer wieder verdeutlicht, dass trotz einer möglichen (individuellen) Verbesserung die (curriculare) Zielvorgabe nicht erreicht wurde.

Zweitens sollte nicht der Einfluss der Lerngruppe unterschätzt werden. Studien zur Lern- und Leistungsentwicklung in inklusiven Settings legen offen, dass leistungsschwächere Schülerinnen und Schüler möglicherweise bessere Ergebnisse erzielen, da sie von und mit (aus ihrer Perspektive) leistungsstärkeren Schülerinnen und Schülern lernen (vgl. Ruijs & Peetsma, 2009): „Gerade die stärkere Fokussierung auf eine schulische Lern- und Leistungsentwicklung könnte gleichzeitig motivierend sein." (Springob, 2017, S. 295) Andererseits können leistungsschwächere Schülerinnen und Schüler Motivation und Selbstvertrauen verlieren, da sie möglicherweise tagtäglich sehen, was andere erreichen können, sie selbst aber nicht (vgl. Ruijs & Peetsma, 2009, S. 69). Die Tatsache, dass sich in der hier vorgestellten Klasse einige Schülerinnen und Schüler schwertun, führt dazu, dass „die gefühlte wie tatsächliche Schere zwischen den Leistungen vieler SchülerInnen in dieser Lerngruppe gar nicht so groß [ist]" (Springob, 2017, S. 296). Dennoch muss gerade in Klassen des Gemeinsamen Lernens darauf geachtet werden, dass die Lerngruppe nicht zu heterogen wird und es immer auch leistungsstarke wie -motivierte Schülerinnen und Schüler gibt, die ihre Klassenkameradinnen und -kameraden mitziehen. Neueste Studien haben auch für den Fremdsprachenunterricht noch einmal belegt, dass die Motivation Einzelner für das Erlernen einer Fremdsprache das Resultat der Beobachtung und der Zusammenarbeit mit anderen ist (vgl. Pfenninger & Singleton, 2016).

Das GSG geht grundlegend von einem weiten Inklusionsverständnis aus, das alle Heterogenitätsdimensionen und die Vielfalt der Lerngruppe in den Blick nimmt und wertschätzt. Dazu gehören dann auch die vielfachen Kompetenzen, der soziale Hintergrund, die gesprochene(n) Sprache(n), die jeweilige Kultur und Religion, potenzielle Migrationserfahrungen, Interessen, das Geschlecht oder die sexuelle Orientierung. Der Blick geht somit über das Verständnis von Inklusion als Gemeinsames Lernen von Kindern und Jugendlichen mit und ohne sonderpädagogischen Unterstützungsbedarf weit hinaus (vgl. Grosche, 2015). Doch sind der Schule systemisch-rechtlich Grenzen gesetzt, die nicht einfach ignoriert oder vollständig umgangen werden können, trotz des Versuchs und Anspruchs, möglichst alle Schülerinnen und Schüler individuell zu begleiten.

Hohe Leistungsanforderungen und -ansprüche an einem Gymnasium und allen anderen Schulformen sind grundlegend richtig und wichtig. Junge Menschen haben ein Recht auf Bildung und einen Lernzuwachs. Prengel (2014) schlägt darüber hinaus vor, dass die inklusive Schule für alle Schülerinnen und Schüler zum jeweiligen Leistungsstand passende Abschlusszeugnisse vergeben solle (vgl. ebd., S. 11). Das bedeutet in der Realität, dass in einer inklusiven Schule alle Bildungsabschlüsse – nicht nur das Abitur – erworben werden können. Eine tatsächlich individualisierte Schullaufbahn für alle Schülerinnen und Schüler, Prengels Vorschlägen zu den inklusiven Gestaltungsprozessen unseres Bildungssystems folgend, wäre dann anzudenken. Durch einen zwischen allen an Schule Beteiligten abgestimmten Schulentwicklungsprozess und einen außerordentlich hohen persönlichen Einsatz schafft es das Geschwister-Scholl-Gymnasium Pulheim in einzelnen Klassen sowohl geflüchtete Kinder und Jugendliche – mit zu Beginn so gut wie keinen Kenntnissen in der Bildungssprache – als auch Schülerinnen und Schüler mit dem Förderschwerpunkt Lernen zu unterrichten und ihnen einen messbaren individuellen Lernzuwachs zu ermöglichen. Konsequenterweise wäre es dann auch wünschenswert, junge Menschen zu fördern oder zu fordern, die *nur* auf einer Gesamt-, Real- oder Hauptschule lernen und eben auch diese Schulabschlüsse zu vergeben. Gymnasien stehen in diesem Zusammenhang vor der besonderen Herausforderung, vor allem ab den höheren Jahrgangsstufen der Sekundarstufe I die Schülerinnen und Schüler auf die gymnasiale Oberstufe vorzubereiten. Springob (2017) betont in diesem Zusammenhang, dass vielleicht gerade die Erkenntnis, „dass eigentlich schon viel Wissen und Erfahrungen für die unterschiedlichen Bereiche des Gemeinsamen Unterrichts von SchülerInnen mit und ohne sonderpädagogischen Unterstützungsbedarf vorhanden sind" zur Entspannung in der oftmals emotional geführten Diskussion beitragen könne (vgl. ebd., S. 356).

Wenn schulische Inklusion wirklich umgesetzt werden soll, dann geht das in der gesamten Konsequenz nicht in einem selektiven Schulsystem und macht dort auch wenig Sinn. Jede Schule, das GSG in Pulheim ist ein Beispiel dafür, kann beginnen „Schritte hin zu einer inklusiven Bildung zu verwirklichen" (Werning & Avci-Werning, 2015, S. 175) und es ist wichtig, dass Schulen zeigen, dass der Gemeinsame (Fach)Unterricht gelingen kann, um eine bundesweite Umsetzung – orientiert vor allem an den Bedürfnissen der Schülerinnen und Schüler – weiter voranzutreiben. Der Abbau der Förderschulen – vor allem ohne die entsprechende Ausstattung aller anderen Schulen mit der entsprechenden Expertise – muss behutsam und durchdacht begleitet werden. Felten (2017) äußert deutlich, dass wir nicht in der, wie er es nennt, Inklusionsfalle gefangen sind: „[...] es gibt ein Entrinnen, eine pädagogische Mitte zwischen totaler Inklusion und starrer Separation." (ebd., S. 6) Vielleicht können gerade Erkenntnisse der fachwissenschaftlichen und fachdidaktischen Schulforschung beitragen, auch Änderungen im System voranzutreiben oder zumindest „den Finger in die Wunde zu legen". Aktuell stehen sich diese beiden Perspektiven leider häufig noch eher als Gegenpole gegenüber.

Alle Schülerinnen und Schüler sind und lernen unterschiedlich; ein sonderpädagogischer Unterstützungsbedarf stellt dabei nur eine von vielen relevanten Heterogenitätsdimensionen dar. Inklusion ist somit in der praktischen Realisierung deutlich mehr als die Aufnahme von einzelnen Kindern und Jugendlichen mit einer spezifischen Diagnose.

Literatur

Amrhein, B. & Bongartz, C.M. (2014). Diversity and Inclusion in Second and Foreign Language Learning – Chancen für die LehrerInnenbildung. In R. Bartosch & A. Rohde (Hrsg.), *Im Dialog der Disziplinen: Englischdidaktik, Förderpädagogik, Inklusion* (S. 25–44). Trier: Wissenschaftlicher Verlag.

Amrhein, B. & Reich, K. (2014). Inklusive Fachdidaktik. In B. Amrhein & M. Dziak-Mahler (Hrsg.), *Fachdidaktik inklusiv. Auf der Suche nach didaktischen Leitlinien für den Umgang mit Vielfalt in der Schule* (S. 31–44). Münster: Waxmann.

Bartosch, R. & Rohde, A. (2014). *Im Dialog der Disziplinen: Englischdidaktik, Förderpädagogik, Inklusion.* Trier: Wissenschaftlicher Verlag.

Butzkamm, W. (2002). *Psycholinguistik des Fremdsprachenunterrichts* (3. Auflage). Tübingen/Basel: A. Francke.

Chilla, S. & Vogt, K. (2017). Englischunterricht mit heterogenen Lerngruppen: eine interdisziplinäre Perspektive. In S. Chilla & K. Vogt (Hrsg.), *Heterogenität und Diversität im Englischunterricht. Fachdidaktische Perspektiven* (S. 55–81). Frankfurt: Peter Lang.

Döpfner, M. & Banaschewski, T. (2013). Aufmerksamkeitsdefizit-/Hyperaktivitätsstörungen (ADHS). In F. Petermann (Hrsg.), *Lehrbuch der klinischen Kinderpsychologie* (S. 271–290). Göttingen: Hogrefe.

European Agency for Development in Special Needs Education (2012). *Inklusionsorientierte Lehrerbildung. Ein Profil für inklusive Lehrerinnen und Lehrer* (TE4I).

Felten, M. (2017). *Die Inklusionsfalle. Wie eine gut gemeinte Idee unser Bildungssystem ruiniert.* Gütersloh: Gütersloher Verlagshaus.

Feuser, G. (1994). Aspekte einer integrativen Didaktik unter Berücksichtigung tätigkeitstheoretischer und entwicklungspsychologischer Erkenntnisse. In H. Eberwein (Hrsg.), *Behinderte und Nichtbehinderte lernen gemeinsam. Handbuch der Integrationspädagogik* (S. 215–226). Weinheim/Basel: Beltz Verlag.

Finkbeiner, C. (1998). Lehrplan – Lehrwerk – Stoffverteilungsplan – Unterricht. In J.-P. Timm (Hrsg.), *Englisch lernen und lehren. Didaktik des Englischunterrichts* (S. 36–44). Berlin: Cornelsen.

Ganschow, L. & Schneider, E. (2006). Assisting Students with Foreign Language Learning Difficulties in School. *Perspectives on Language and Literacy*, 1–8.

Gerlach, D. (2015). Inklusion im Fremdsprachenunterricht. Zwischen Ansprüchen und Grenzen von Heterogenität, Fachdidaktik und Unterricht(srealität). *Fremdsprachen Lehren und Lernen, 44*(1), 123–137.

Gerlach, D., Goworr, J. & Schluckebier, J. (2012). Lernaufgaben als Planungsinstrumente. Vorschläge für den kompetenzorientierten Fremdsprachenunterricht und die Lehrerausbildung. *Beiträge zur Fremdsprachenvermittlung, 52*, 3–19.

Grosche, Michael (2015), Was ist Inklusion? Ein Diskussions- und Positionsartikel zur Definition von Inklusion aus Sicht der empirischen Bildungsforschung. In: P. Kuhl et al. (Hrsg.), *Inklusion von Schülerinnen und Schülern mit sonderpädagogischem Förderbedarf in Schulleistungserhebungen* (S. 17–39). Wiesbaden: Springer.

Hallet, W. (2013). Die komplexe Kompetenzaufgabe. *Der fremdsprachliche Unterricht Englisch, 124*, 2–11.

Haß, F. (2008). Keiner wie der andere. Im differenzierenden Unterricht Lernprozesse individualisieren. *Der Fremdsprachliche Unterricht Englisch, 94*, 2–9.

Klein-Landeck, M. (2014). *Inklusions-Material. Englisch 5–10*. Berlin: Cornelsen.

Klemm, K. & Preuss-Lausitz, U. (2011). *Auf dem Weg zur schulischen Inklusion in Nordrhein-Westfalen. Empfehlungen zur Umsetzung der UN-Behindertenrechtskonvention im Bereich der allgemeinen Schulen.*

Köpfer, A. (2015). Zielperspektive: Inklusiver Englischunterricht – didaktische Diskussion am Unterrichtsbeispiel „London". In J. Riegert & O. Musenberg (Hrsg.), *Inklusiver Fachunterricht in der Sekundarstufe* (S. 347–356). Stuttgart: Kohlhammer.

Mesch, D., Niessen, A. & Springob, J. (2017). Das Geschwister-Scholl-Gymnasium Pulheim – Chancen und Probleme inklusiver Schulentwicklungsprozesse im Gymnasium. In K. Reich (Hrsg.), *Inklusive Didaktik in der Praxis. Beispiele erfolgreicher Schulen* (S. 153–173). Weinheim/Basel: Beltz.

Meyer, H. (2004). *Was ist guter Unterricht?* Berlin: Cornelsen.

MSW NRW – Ministerium für Schule und Weiterbildung des Landes Nordrhein-Westfalen (2007). *Kernlehrplan für das Gymnasium – Sekundarstufe I (G8) in Nordrhein-Westfalen. Englisch*, Düsseldorf.

MSW NRW – Ministerium für Schule und Weiterbildung des Landes Nordrhein-Westfalen (2014). *Verordnung über die sonderpädagogische Förderung, den Hausunterricht und die Schule für Kranke (Ausbildungsverordnung sonderpädagogische Förderung – AO-SF)*, Düsseldorf.

Musenberg, O. & Riegert, J. (2015). Inklusiver Fachunterricht als didaktische Herausforderung. In O. Musenberg & J. Riegert (Hrsg.), *Inklusiver Fachunterricht in der Sekundarstufe* (S. 13–28). Stuttgart: Kohlhammer.

Pfenninger, S.E. & Singleton, D. (2016). Affect trumps age: A person-in-context relational view of age and motivation in SLA. *Second Language Research, 32*(3), 311–345.

Prengel, A. (2014). Inklusive Bildung: Grundlagen, Praxis, offene Fragen. In T. Häcker & M. Walm (Hrsg.), *Inklusion in Schule und Lehrer_innenbildung* (S. 1–19). Bad Heilbrunn: Klinkhardt.

Ruijs, N.M. & Peetsma, T. (2009). Effects of inclusion on students with and without special educational need reviewed. *Educational Research Review, 4*, 67–79.

Schäfer, U. (2015). Inklusives Lehren und Lernen im Englischunterricht. In C.M. Bongartz & A. Rohde (Hrsg.), *Inklusion im Englischunterricht* (S. 57–69). Frankfurt: Peter Lang.

Schulz, A. & Michalak, M. (2015). „Es unnötig weil trotzdem ...". Sprachliche Unterstützung im Förderschwerpunkt Lernen. In M. Michalak & R. Rybarczyk (Hrsg.), *Wenn Schüler mit besonderen Bedürfnissen Fremdsprachen lernen* (S. 112–139). Weinheim/Basel: Beltz Juventa.

Springob, J. (2017). *Inklusiver Englischunterricht am Gymnasium. Evidenz aus der Schulpraxis im Spiegel von Spracherwerbstheorie und Fremdsprachendidaktik*. Frankfurt: Peter Lang.

Stein, R. & Ellinger, S. (2014), Zwischen Separation und Inklusion: zum Forschungsstand im Förderschwerpunkt emotionale und soziale Entwicklung. In: R. Stein & T. Müller (Hrsg.), *Inklusion im Förderschwerpunkt emotionale und soziale Entwicklung* (S. 76–109). Stuttgart: Kohlhammer.

von Hebel, A. (2010). Yes, we can talk! Englisch für Jugendliche mit sonderpädagogischem Förderbedarf. *Praxis Fördern, 1*, 4–6.

von Hebel, A. & Freye-Edwards, E. (2012). Heterogenität verstehen – Individualität fördern. „Individuals making a difference" im Englischunterricht. *Praxis Fördern, 1*, 6–8.

Werning, R. & Avci-Werning, M. (2015). *Herausforderung Inklusion in Schule und Unterricht. Grundlagen, Erfahrungen, Handlungsperspektiven*, Seelze-Velber: Klett Kallmeyer.

Ziener, G. (2008). *Bildungsstandards in der Praxis. Kompetenzorientiert unterrichten*, Seelze-Velber: Klett Kallmeyer.

III
Inklusiver Englischunterricht
und Lehrerbildung

Christiane Doms

Inklusiver Englischunterricht in Ausbildung und Schule

1. Vorhaben

Der Beitrag beschäftigt sich allgemein mit der Professionalisierung von zukünftigen Lehrerinnen und Lehrern für einen inklusiven Englischunterricht in den zwei Phasen der Lehrerausbildung und von Lehrerinnen und Lehrern in der Schule, hier als „dritte Phase" bezeichnet. Auf der Grundlage der rechtlichen Vorgaben zur schulischen Umsetzung von Inklusion werden allgemeine Ziele für die Ausbildung von Lehrkräften genannt. Im Umgang mit dieser durch Inklusion bedingten noch größeren Heterogenität der Lerner scheinen Diagnose, Förderung und Kooperation ein besonderes Gewicht zu bekommen ebenso wie Unterrichtsformen, die individualisiertes Lernen ermöglichen.

Für die drei Phasen der Aus- bzw. Weiterbildung werden Möglichkeiten aufgezeigt, entsprechende Haltungen, Kenntnisse und Kompetenzen langfristig zu entwickeln. Da die Entwicklung kontinuierlich verläuft, ist die hier vorgenommene Schwerpunktsetzung in den einzelnen Phasen keine starre Einteilung. Die Vorschläge zur Professionalisierung beziehen sich auf die fachliche und teilweise auch auf die überfachliche Ausbildung in der Grundschule in Nordrhein-Westfalen. Eine Übertragung auf die Sekundarstufe I ist vielfach möglich. Der Englischunterricht scheint Prinzipien und Merkmale aufzuweisen, die bei der Umsetzung für das Unterrichten im inklusiven Kontext hilfreich sein könnten.

2. Inklusiver Englischunterricht in Ausbildung und Schule

2.1 Inklusion und Heterogenität

Der inklusive Bildungsauftrag und die damit verbundene inklusive Fachdidaktik stellen Lehrkräfte vor neue Herausforderungen und erfordern deren weitere Professionalisierung. Die Lehrkräfte sind mit einer „neuen Heterogenität der Schülerschaft" (Amrhein & Dziak-Mahler, 2014, S. 11) konfrontiert und müssen pädagogische und fachliche Kenntnisse und Kompetenzen im Hinblick auf die veränderten Anforderungen entwickeln. Die für die 1. und 2. Phase der Lehrerausbildung gültigen

Ausbildungsgesetze für NRW (LABG, LZV, OVP, Kerncurriculum)[1] und das für den Unterricht an allgemeinbildenden Schulen gültige Schulrecht (9. Schulrechtänderungsgesetz vom 1. August 2014) wurden entsprechend geändert und schreiben allgemein den Umgang mit Vielfalt bzw. Inklusion fest.

Im Zusammenhang mit dem inklusiven Bildungsauftrag werden verschiedene Begriffe verwendet, um die Herausforderung bezogen auf die Lerngruppe zu beschreiben: Umgang mit Vielfalt, Umgang mit Heterogenität, unterschiedliche Lernvoraussetzungen, individuelle Entwicklung (vgl. Kerncurriculum und LABG). Diese Aspekte wurden schon vor dem inklusiven Bildungsauftrag berücksichtigt. Daher scheint der Begriff der „neuen Heterogenität" in diesem Kontext hilfreich zu sein, weil er zum einen impliziert, dass Lerngruppen immer heterogen waren und zum anderen, dass durch gesellschaftliche und politische Veränderungen die Bandbreite der heterogenen Lernvoraussetzungen innerhalb einer Lerngruppe wächst.

Inklusion als bildungspolitisches Konzept basiert im Folgenden auf einem Verständnis von Heterogenität in der Schülerschaft, das nach Trautmann davon geprägt ist, „dass sich Schülerinnen und Schüler hinsichtlich zahlreicher Merkmale unterscheiden: z.B. Migrationserfahrungen, Vorwissen, Geschlecht, Behinderung, Interesse, Alter, sozioökonomischer Hintergrund, Lerntempo, Motivation usw." (ebd., 2010, S. 2).

Auch für den Fremdsprachenunterricht scheinen diese Merkmale im Hinblick auf die Heterogenität in der Schülerschaft relevant zu sein, wobei einzelne Bereiche in der Fremdsprachenforschung empirisch erforscht sind, andere dagegen bisher nicht. Trautmann verweist darauf, dass in erster Linie „individualpsychologische Variablen" untersucht wurden wie „Sprachlerneignung, verschiedene Persönlichkeitseigenschaften, Lernstile und -strategien, Motivation, Alter, Sprechangst, Gedächtnisleistung und weitere Sprachlernerfahrungen" (ebd., 2010, S. 4). Ergänzend dazu merkt er an, dass Merkmale, die sich nicht auf die individuellen Lernenden, sondern z.B. auf „Zusammenhänge zwischen sozialen Umwelten von Schülergruppen und Fremdsprachenkompetenzen" oder auf die „Interaktionsprozesse im Unterricht im Blick auf die Entstehung von Differenzen" (ebd., 2010, S. 5) beziehen, relevant sein könnten, aber bisher kaum erforscht sind.

2.2 Ziele für die Ausbildung der Lehrkräfte

Ausgehend von den allgemeinen Anforderungen an Lehrkräfte, die im LABG §2 beschrieben sind („Entwicklung der grundlegenden beruflichen Kompetenzen für Unterricht und Erziehung, Beurteilung, Diagnostik, Beratung, Kooperation und Schulentwicklung") soll hier der Blick auf die Besonderheiten im inklusiven Kontext gelegt werden.

---

1   LABG: Lehrerausbildungsgesetz (MSW, 2016c), LZV: Lehramtszugangsverordnung (MSW 2016b), OVP: Ordnung für den Vorbereitungsdienst (MSW 2011), Kerncurriculum (MSW 2016a)

Die grundlegenden, wenn auch nicht ausreichenden Anforderungen an Lehrpersonen im inklusiven Setting sind nach Sawalies, Veber, Rott und Fischer (2013, S. 4) eine offene pädagogische Haltung, ein produktiver Umgang mit Heterogenität und ein inklusives Grundverständnis. Auch wenn diese Haltungen als „grundlegend" bezeichnet werden, so widerspricht dies offensichtlich nicht der Erkenntnis, dass diese Haltungen das Ergebnis eines Prozesses sind, der langfristig angebahnt werden muss.

Die Anforderungen an Lehrpersonen im inklusiven Setting sind in den Bildungsgesetzen, die die UN-Behindertenrechtskonvention verpflichtend bildungspolitisch umsetzen, festgelegt:

> „Dabei sind die Befähigung zu einem professionellen Umgang mit Vielfalt insbesondere mit Blick auf ein inklusives Schulsystem sowie die Befähigung zur Kooperation untereinander, mit den Eltern, mit anderen Berufsgruppen und Einrichtungen besonders zu berücksichtigen." (LABG §2, MSW NRW, 2016c)

Folgende Leitlinie gilt für die Ausbildung im Vorbereitungsdienst für Lehrämter:

> „Ausgangspunkt allen verantwortlichen Lehrerhandelns ist die in den Lerngruppen gegebene Vielfalt auch in ihren interkulturellen, genderbezogenen, begabungsdifferenzierten, sozialen und behinderungsspezifischen Ausprägungen." (MSW NRW, 2016a, S. 3)

Diese Anforderungen werden im Kerncurriculum (ebd.) für die Ausbildung im Vorbereitungsdienst in Form von Kompetenzbeschreibungen, Standards und Handlungssituationen konkretisiert.

Die folgenden Aspekte bekommen im Kontext eines inklusiven Schulsystems bei der Planung, Durchführung und Reflexion von Unterricht einen besonderen Stellenwert. Sie hängen eng zusammen und werden für die jeweilige Phase konkretisiert.
- Diagnostik
- Individuelle Förderung (vgl. LABG, NRW §2,2, MSW NRW 2016c)
- Kooperation

Für die Unterrichtsentwicklung bedeutet der Umgang mit der neuen Heterogenität folglich eine größere Bandbreite an Maßnahmen zur Individualisierung und Differenzierung. *Seitz & Scheidt* (2012) halten fest: „Inklusiver *Unterricht* ist die *konsequente Weiterentwicklung* eines *individualisierten* und *differenzierten Unterrichts* mit *besonderem Augenmerk* auf die *Interaktionsebene*" (2012, S. 4).

2.3 Diagnose und Förderung

Diagnostische Kompetenz ist nach Kubanek und Edelenbos (2012) eine Kombination aus

> „einer pädagogischen Haltung, hermeneutischen Fähigkeiten: genaues Hinsehen, Vergleichen, Deuten, Sprache evozieren, Selbstdistanz und Offen-

heit, Fertigkeiten: Bei der Auswahl und Anpassung von Testmaterial, bei der Durchführung von Lernkontrollen und Leistungsfeststellungen" (ebd., S. 2).

Sie schließt die Unterstützung des individuellen Lernprozesses als Anwendung der Diagnose ein. Die Wahrnehmung des Lernprozesses muss trainiert werden und wird für die Lehrperson immer eine Herausforderung darstellen (ebd., 2012, S. 1). In diesem Zusammenhang wird die Notwendigkeit betont, die Fremdwahrnehmung der Lehrperson durch die Selbstwahrnehmung der Lerner abzugleichen.

Für die Diagnose werden kriteriengeleitete Beobachtung, diagnostische Gespräche, Testverfahren, Fehleranalyse von Schülertexten, Auswertung von Portfolios oder Lerntagebüchern vorgeschlagen (Müller-Hartmann & Schocker, 2015, S. 6). Diagnose kann sich auf fachliche Aspekte beziehen wie z.B. auf einzelne Phänomene beim Erlernen einer Sprache oder auch auf komplexe Leistungen, wie die Fähigkeit, Zusammenhänge zwischen Sprachen zu erkennen und zu nutzen. Grundlage hierfür sind fachwissenschaftliche und fachdidaktische Kenntnisse über Sprache(n) und Spracherwerb.

Im inklusiven Kontext scheint neben der fachlichen Diagnose die Diagnose der allgemeinen Lernvoraussetzungen für die Förderung des sprachlichen Lernens eine wesentliche Rolle zu spielen. Haß (2013, S. 30) unterteilt die Lernvoraussetzungen in drei Bereiche: Der „biologisch-organische Bereich" bezieht sich auf Beeinträchtigungen oder Behinderungen, soweit sie relevant sind für das schulische Lernen. Der „psychologische Bereich" betrifft z.B. kognitive Fähigkeiten, Sprachlernbegabung, Selbststeuerungsfähigkeit, Aufmerksamkeit und Konzentrationsfähigkeit, Gedächtnisleistung oder Motivation. Der „soziokulturelle Bereich" betrifft das soziale Umfeld, den sozioökonomischen Hintergrund und Migrationserfahrungen, die als anregend, herausfordernd, überfordernd, aber auch als defizitär oder hemmend im Hinblick auf Lernen wahrgenommen werden können.

Die von Haß und Trautmann genannten Lernvoraussetzungen und Merkmale sind für alle Lernenden relevant und liefern Ansatzpunkte für mögliche Förderung und Forderung. Sie gehen über das Verständnis von sonderpädagogischer Förderung (MSW NRW, 2016b) hinaus.

Die Umsetzung der Diagnose, individuellen Förderung und Kooperation erfolgt auf dem Hintergrund der Einstellung der Lehrperson zu schulischer Heterogenität. Trautmann (2010, S. 11) verweist auf die Notwendigkeit, die Lehrenden mit ihren unterschiedlichen Überzeugungen und Kompetenzen stärker in den Blick zu nehmen, um mögliche Schwierigkeiten und Widerstände im Umgang mit Heterogenität herauszufinden. Dies scheint für den Umgang mit Inklusion besonders zu gelten.

2.4 Kooperation

Die Fähigkeit im Team zu arbeiten und mit Lernenden, Eltern, anderen Akteuren und externen Einrichtungen zu kooperieren stellt im Lehrerberuf generell und insbesondere im Rahmen von Inklusion eine wichtige Voraussetzung dar. Dennoch wurde in der DESI-Studie (Deutsches Institut für Internationale Pädagogische

Forschung, 2006) nachgewiesen, dass gemeinsame Unterrichtsplanung im Englischunterricht und *team teaching* kaum stattfinden: Im Englischunterricht wird „gemeinsame Unterrichtsvorbereitung so gut wie gar nicht genutzt. … Ein noch selteneres Ereignis ist die gemeinsame Unterrichtung" (ebd., S. 38).

Zukünftig werden mehr Förderschullehrkräfte, aber auch Schulbegleiter/innen[2] in den Regelschulen arbeiten und dort Schülerinnen und Schüler unterstützen und mit Lehrkräften der allgemeinen Schulen zusammenarbeiten. Auf die Bedeutung der Kooperation wird ebenso hingewiesen wie auf die Notwendigkeit, den Kooperationsprozess professionell zu gestalten. Die Kooperation im inklusiven Kontext stellt „Problemlösung und Problem" gleichermaßen dar (Werning & Avci-Werning, 2015, S. 111). Daher sollte sie bereits in der ersten Phase der Ausbildung angeregt werden, um Flexibilität, Fähigkeit zur Selbstreflexion, gegenseitige Wertschätzung der Fachkompetenzen und Übereinstimmung in den Werten und Zielen anzubahnen (ebd., 2015, S. 112).

2.5 Inklusiver Englischunterricht

Spezifische Anforderungen an Unterricht in inklusiven Lerngruppen sind von Klemm und Preuss-Lausitz (2011, S. 34) zusammengefasst und decken sich vielfach mit den Prinzipien und Merkmalen guten Englischunterrichts: Lernen durch Handeln, häufiger Wechsel der Sozialformen, Lernen mit allen Sinnen, Kommunikatives Lernen. Der Englischunterricht der Grundschule setzt zusätzlich auf eine starke Visualisierung und Kontextualisierung der Inhalte und ermöglicht so eine aufgeklärte Einsprachigkeit im Unterricht. Transparenz über Ziele, Medien und Methoden, klare Strukturen, Rituale und Routinen schaffen Sicherheit (Doms, 2016, S. 206f.). Das Primat des Mündlichen geht einher mit einer hohen Fehlertoleranz bei gleichzeitigem regelmäßigem *corrective feedback* und *scaffolding* durch die Lehrperson. Der individuelle Lernprozess wird so unterstützt.

Köpfer betont, dass die Inhalte des Englischunterrichts der „sprachlich-kulturellen und individuell-persönlichen Heterogenität der Schülerschaft" entgegenkommen können und der Erstkontakt mit dem Englischen eher voraussetzungsarm ist (ebd., 2014, S. 163). Dies kann sich positiv auf die Motivation und Lernbereitschaft auswirken, insbesondere wenn die verschiedenen interkulturellen Erfahrungen und Spracherfahrungen der Lernenden im Sinn einer Didaktik der Mehrsprachigkeit in den Unterricht einbezogen werden.

Stahl-Morabito (2016, S. 26) dagegen verweist darauf, dass gerade das Fach Englisch von Lehrkräften als Herausforderung wahrgenommen wird, wenn Schülerinnen und Schüler mit dem Förderschwerpunkt Lernen in der weiterführenden Schule im Gemeinsamen Lernen unterrichtet werden. Neben der Herausforderung, gemeinsame Themen zu finden, die für alle relevant sind, scheint die

---

2 Lernende mit sonderpädagogischem Förderbedarf können unter bestimmten Umständen für den Schulbesuch an Regelschulen individuelle Hilfen in Form von Schulbegleiter/innen oder Integrationshelfer/innen erhalten.

Unterrichtssprache Englisch eine Schwierigkeit darzustellen. Lehrkräfte sollten daher sowohl einen herausfordernden sprachlichen Input als auch eine vereinfachte Sprache anbieten, die durch Visualisierung unterstützt wird.

3. Die erste Phase der Ausbildung

3.1 Rechtliche Vorgaben

Maßgeblich für die Ausbildung an den Hochschulen ist neben dem Lehrerausbildungsgesetz und dem darin zitierten §2 die Lehramtszugangsverordnung. Diese legt fest, dass inklusionsorientierte Fragestellungen einen Umfang von mindestens 5 Leistungspunkten in nordrhein-westfälischen Lehramtsstudiengängen einnehmen müssen (MSW NRW, 2016b, LZV §1). Eine Konkretisierung erfolgt in den überfachlichen und fachlichen Angeboten der Universitäten und Hochschulen.

3.2 Erwerb grundlegender Kenntnisse in Bildungs- und Fachwissenschaften

In den Bildungswissenschaften werden gemäß einer Studie von Sawalies et al. (2013[3]) zunehmend Veranstaltungen zu den folgenden Themen angeboten, wobei mit der häufigsten Nennung begonnen wird: „Sensibilisierung für Heterogenität, Diagnostik, Theoretische Grundlagen der Inklusion, Gemeinsamer Unterricht, Forschendes Lernen, Arbeiten in multiprofessionellen Teams, Sonderpädagogische Förderung." (ebd., 2013, S. 9ff.) Sie verweisen darauf, dass dieser Bereich noch stark im Aufbau ist. Aktuellere Studien liegen noch nicht vor. Auch für das Wintersemester 2016/17 kann für die lehrerbildenden Universitäten in NRW auf Grundlage einer Dokumentenanalyse der Vorlesungsverzeichnisse bestätigt werden, dass einzelne Veranstaltungen zu diesen Themen angeboten werden.

Diese Themen sollten in den Fachwissenschaften neben den Grundzügen der Fachdidaktik theoretisch vertieft bzw. konkretisiert werden, da es kaum fachdidaktische Angebote im Bereich Inklusion/Heterogenität/Diagnose gemäß der Vorlesungsverzeichnisse für das Wintersemester 2016/17 der Universitäten in NRW gibt.

Wünschenswert wären z.B. Veranstaltungen in den Bildungs- und Fachwissenschaften, die grundlegende Kenntnisse zu Heterogenität und Inklusion, Diagnose und Kooperation vermitteln und folgende Zusammenhänge beleuchten:

- Einstellung zu Heterogenität/Inklusion und professionelles Handeln
- Verständnis von Kooperation und Arbeit in multiprofessionellen Teams
- Lernstandsdiagnose und Förderung im Fach Englisch
- allgemeine Lernvoraussetzungen und Leistung im Fach Englisch
- Einstellung der Lerner zum Fach und zur Leistung im Fach Englisch

---

3   Für die Studie wurden Daten von 25 lehrerbildenden Hochschulen aus verschiedenen Bundesländern gesammelt.

3.3 Diagnose und Förderung im Orientierungspraktikum und Praxissemester

Eine enge Verzahnung von Theorie und Praxis erscheint sinnvoll, um ausgehend von der eigenen Schulerfahrung die subjektiven Theorien z.B. über den Umgang mit Heterogenität zu überprüfen und erste Kenntnisse über Diagnose und Förderung anzuwenden und zu hinterfragen. Hierzu bieten das Orientierungspraktikum und besonders das Praxissemester Gelegenheit. Eine positive Haltung zur Heterogenität kann im konkreten Umgang mit entsprechenden Lerngruppen schrittweise entwickelt werden.

Für das Praxissemester liegt eine Rahmenkonzeption vor (MSW NRW, 2010). Die hier beschriebenen überfachlichen Kompetenzen sind an den Universitäten in Kooperation mit den Zentren für schulpraktische Lehrerausbildung (ZfsL) und mit Schulen für die Fachbereiche konkretisiert worden. Diese Konkretisierung sollte im Hinblick auf ihren inklusiven Gehalt überprüft und ggf. überarbeitet werden. Die überfachliche Kompetenz „Lernvoraussetzungen und Lernprozesse von Schülerinnen und Schülern zu beschreiben und in Ansätzen zu diagnostizieren" (ebd.) sollte z.B. für den inklusiven Englischunterricht konkretisiert werden. Für die Ausbildung können sich daraus weitere Ziele ergeben. Die Studierenden

- berücksichtigen die sprachliche Heterogenität der Lernenden,
- erfassen die Interdependenz von sprachlichen Leistungen und allgemeinen Lernvoraussetzungen,
- beobachten gezielt sprachliche Kompetenzen einzelner und nutzen nach Möglichkeit diagnostische Verfahren zur Ermittlung des Sprachstands,
- planen auf der Grundlage von Diagnosen Fördermaßnahmen für zielgleiches und zieldifferentes Lernen.

Ein Lernziel für die Ausbildung scheint die Kenntnis von unterschiedlichen Diagnoseinstrumenten zu sein und damit verbunden das Wissen um Einsatzmöglichkeiten und Einschränkungen.

> „Ihnen sollte sowohl das Potential wie die Begrenztheiten verschiedener Instrumente gezeigt werden, am besten durch Erprobung in ihrer eigenen Klasse oder Praktikumsgruppe. Wichtig ist es, multiple Interpretationen auszulösen, die Beobachtungsfähigkeit zu trainieren und die Fähigkeit, Erzählungen über Lerner zu verfassen. Konkret soll dann die Folge sein, gezielte Förderung einzuleiten." (Kubanek & Edelenbos, 2012, S. 14)

Das dem Praxissemester vorgeschaltete Eignungs- und Orientierungspraktikum bietet erste Möglichkeiten zur gezielten Beobachtung. Im Praxissemester können theoretische Kenntnisse über Diagnose und Förderung erstmals erprobt und Einsatzmöglichkeiten und Grenzen von Diagnoseinstrumenten erfahren werden. Aufgrund des zeitlichen Rahmens erscheint es sinnvoll, die Merkmale oder die Anzahl der Lernenden, die beobachtet werden, zu begrenzen und Merkmale auszuwählen, die sich während eines begrenzten Zeitraums im Unterricht beobachten lassen, z.B.

einzelne sprachliche Kompetenzen. Die Fähigkeit zur gezielten Beobachtung und Diagnose muss in der 2. und 3. Phase weiterentwickelt werden. Mit zunehmender Erfahrung kann die Anzahl der zu beobachtenden Lernenden größer, die Diagnose der Merkmale komplexer und die Diagnose sprachlicher Fähigkeiten durch den ganzheitlichen Blick auf die Lernenden ergänzt werden.

Mögliche Diagnoseaspekte sind:
• Spracherwerbsstörungen (Ebene der Aussprache, der Grammatik, semantisch-lexikalische Ebene)
• Bereitschaft, die englische Sprache zu nutzen
• Rückgriff auf Muttersprache
• (bewusste) Nutzung von Kontextualisierungshilfen

Der Bereich der Spracherwerbsstörung wurde bereits erforscht und bietet sich daher an, um ausgehend von der Beobachtung eine gezielte Förderung abzuleiten. Mayer und Schick (2015, S. 237ff.) liefern hilfreiche Beispiele, um Spracherwerbsstörungen im Englischunterricht zu begegnen, z.B. um die Merkfähigkeit von Lernenden bezogen auf einzelne Wörter zu fördern. Wünschenswert ist eine Erweiterung des Konzepts auf das Memorieren von einfachen *chunks* und ganzen Sätzen.

Im Rahmen des Praxissemesters kann das Forschende Lernen auf einen Aspekt der Inklusionsdidaktik gelenkt und hierzu ein Unterrichtsvorhaben entwickelt werden, das für eine konkrete Klasse oder konkrete Lernenden auch tatsächlich relevant ist, z.B. Umgang mit Mehrsprachigkeit im Rahmen der Sprachmittlung, Einstellung zum Englischen oder Rolle von Lernpartnern und -partnerinnen.

3.4 Kooperation

Während der Praxisphasen an der Schule können gemeinsam mit dem Mentor/der Mentorin Beobachtungsaspekte entwickelt werden, die die Studierenden während des Unterrichts zur gezielten Beobachtung und anschließenden Förderung einzelner Lernenden nutzen.

An Hochschulen, an denen neben Grundschule und Sekundarstufe auch das Lehramt Sonderpädagogische Förderung angesiedelt ist, können gemeinsame Seminare zum Austausch genutzt werden. In Praxisphasen kann Unterricht im Tandem allgemeinbildende Schule/Förderschule geplant und ggf. gemeinsam durchgeführt werden. So erweitern die Studierenden von Anfang an ihre Kenntnisse z.B. über die Förderung von fachlichen Kompetenzen und die Förderung in den Entwicklungsbereichen und der notwendigen, aber möglicherweise schwierigen Balance.

An Zentren für schulpraktische Lehrerausbildung, die sowohl für allgemeinbildende Schulen als auch für Förderschulen ausbilden, ist eine Kooperation in der 1. Phase im Rahmen des Praxissemesters wünschenswert. Die vorgeschriebenen Einführungsveranstaltungen zur „Planung von Unterricht" und „Beobachtung und Beurteilung von Leistung" wie auch Begleitveranstaltungen können gemeinsam angeboten werden und den Austausch bereichern.

3.5 Einsatz von Unterrichtsmitschnitten

Der Einsatz von Unterrichtsmitschnitten stellt eine weitere Möglichkeit dar, Theorie und Praxis zu verbinden und die gemeinsame Wahrnehmung und Reflexion von Unterricht anzuregen. Ein von van Es und Sherin (2002) und Seidel und Stürmer (2014) entwickeltes Modell sieht folgende Schritte vor:

- *Noticing*: Zunächst werden Lern- oder Lehrsituationen wahrgenommen, die relevant erscheinen.
- *Describing*: Unterrichtssituationen werden ohne Wertung beschrieben.
- *Explaining*: Die Beobachtungen werden auf dem Hintergrund des eigenen fachdidaktischen Wissens erklärt und begründet.
- *Predicting*: Eine mögliche Fortsetzung wird antizipiert und Alternativen zu den Lehr- und Lernsituationen können entwickelt werden.

Ein offener Impuls, z.B. „Was sehen Sie?", ermöglicht es in besonderer Weise, dass die Beiträge der Betrachter die eigenen Erfahrungen, Kenntnisse und Einstellung über guten Unterricht und Umgang mit Heterogenität etc. widerspiegeln (vgl. Homepage Englisch in der Grundschule, QUA-LiS NRW)[4].

Alternativ oder im Anschluss an eine offene Frage können Leitfragen die kritische Beobachtung anregen:

- Wie werden die Lernenden zum Sprachhandeln motiviert und aktiviert?
- Welche Formen der (visuellen) Unterstützung nutzt die Lehrkraft?
- Welche Möglichkeiten der individuellen Förderung werden genutzt?
- Wie unterstützen sich die Lernenden gegenseitig?

4. Die zweite Phase der Ausbildung

4.1 Rechtliche Vorgaben und Herausforderungen

Das Kerncurriculum (MSW NRW, 2016a) dient als inhaltliche Grundlage für die Ausbildung in der 2. Phase. Die verstärkten Anforderungen an zielgleiche und zieldifferente Planungskompetenz, Diagnose, Förderung, Kooperation, Beratung und Nutzung außerschulischer Beratungseinrichtungen werden in den im Kerncurriculum festgelegten Handlungssituationen und Kompetenzen deutlich. Diese Kompetenzen werden in der Arbeit im Kernseminar, das der überfachlichen Ausbildung dient, wie auch im Fachseminar ausgebildet.

---

4 Unterrichtsvideos stehen auf der Seite der QUA-LiS NRW zur Schulentwicklung Englisch in der Grundschule zur Verfügung. http://www.schulentwicklung.nrw.de/cms/angebote/egs/unterrichtsvideos/index.html (Datum des letzten Zugriffs: 07.06.2017)

In der 2. Phase der Ausbildung übernehmen die Lehramtsanwärterinnen und -anwärter zunehmend Verantwortung in allen Handlungsfeldern. Sie agieren nun selbstständig im Rahmen des bedarfsdeckenden Unterrichts. Sie entwickeln geeignete Lernaufgaben (s. 4.4) und vertiefen ihre Kenntnisse und Kompetenzen im Umgang mit heterogenen Lerngruppen, indem sie Lernende regelmäßig im Schulalltag beobachten, (Vor-)Kenntnisse diagnostizieren, für Einzelne oder Gruppen gezielte Fördermaßnahmen entwickeln und dabei u.a. mit den Lehrkräften und Schulbegleitungen kooperieren.

4.2 Diagnose und Förderung

Die Herausforderung für die Unterrichtsplanung liegt in der genauen Diagnose der fachlichen und methodischen Lernvoraussetzungen für die gesamte Lerngruppe, der fachwissenschaftlichen und fachdidaktischen Analyse der Lernaufgabe, inklusive der Antizipation von Schwierigkeiten, dem Erstellen von Kriterien für beobachtbare Leistungen und der Passung von (Vor-)Kenntnissen, Kompetenzzuwachs und methodischer/medialer Umsetzung.

Die im Kerncurriculum festgelegte zu entwickelnde Kompetenz „Lehrerinnen und Lehrer diagnostizieren Lernvoraussetzungen und Lernprozesse von Schülerinnen und Schülern; sie fördern Schülerinnen und Schüler gezielt und beraten Lernende und deren Eltern" (MSW NRW, 2016a, S. 7) erfordert es, dass für einzelne Lernende mit erhöhtem Förderbedarf die individuellen fachlichen, methodischen und allgemeinen Lernvoraussetzungen in Ansätzen ermittelt werden. Während der Durchführung liegt die fachliche Herausforderung in der genauen Beobachtung und anschließenden Analyse der Lernprozesse und -produkte.

Im Rahmen des Unterrichts unter Anleitung ist es sinnvoll, die Beobachtung, Diagnose und Förderung gemeinsam mit der Mentorin/dem Mentor durchzuführen und zu reflektieren. Die Fähigkeit zur kritischen Selbstreflexion und zum Perspektivwechsel kann so geübt werden und ist Voraussetzung, um Zusammenhänge zwischen Lehren und Lernen sowie den motivationalen Lernvoraussetzungen und dem Sprachenlernen zu erkennen.

Die Förderdiagnostik sollte als hypothesenprüfender Prozess (Breitenbach, 2015) erfahren werden, wobei das Zulassen und Überprüfen vielfältiger Hypothesen wesentlich ist. Der von Breitenbach vorgeschlagene Prozess wurde dahingehend ergänzt, dass nicht nur die Lehrperson agiert, sondern auch dem Lerner eine aktive Rolle zukommt. Die Lehrkraft

1. beobachtet Lernhemmung, Lernpotenzial,
2. nutzt Fachkenntnisse und Kenntnisse über Fremdsprachenlernen,
3. nutzt Kenntnisse über den Lerner bezüglich fachlicher und allgemeiner Lernvoraussetzungen,
4. stellt Hypothesen auf, die die Lernhemmung oder das Lernpotenzial auf mehrere Faktoren zurückführen lassen,
5. bezieht den Lerner bei der Aufstellung der Hypothesen mit ein,

6. plant entsprechend Fördermaßnahmen, stimmt sie mit dem Lerner ab,
7. überprüft deren Wirksamkeit, nutzt Selbsteinschätzung des Lerners,
8. überprüft und verändert ggf. Hypothesen und Fördermaßnahmen.

Das Anlegen eines Steckbriefs zu den individuellen Lernvoraussetzungen ausgewählter Lerner erscheint als ein praktikabler Weg, sich einen ersten Überblick zu verschaffen. Dies bietet sich an, wenn die Leistungen und/oder die Leistungsbereitschaft deutlich unter oder über den Anforderungen liegen. In der Fachseminararbeit werden für den Englischunterricht wichtige Aspekte für Lernvoraussetzungen gesammelt: z.B. überfachliche Stärken und Schwächen, Interessen, Einstellung zum Englischunterricht, Kooperationsfähigkeit, mögliche Lernpartner, beobachteter Förderbedarf. Das Ausfüllen des Steckbriefs erfordert oft den Austausch mit Kolleginnen und Kollegen. Auf dieser Grundlage können gemeinsam mit dem Lerner Zielvereinbarungen getroffen werden, die auf dessen individuelle Ressourcen und Verhaltensmöglichkeiten abgestimmt sind.

Darüber hinaus ist die Kenntnis von Störungsbildern und entsprechender Maßnahmen notwendig. Haß (2013) hat für folgende Beeinträchtigungen im biologisch-organischen und psychologischen Bereich Fördermöglichkeiten für den Englischunterricht entwickelt: Aufmerksamkeitsstörung, Autismus, geistige Beeinträchtigung, Störung des Hörvermögens, Lese-Rechtschreib-Schwäche, Störung des Sehvermögens, Sprachstörung, geistige Entwicklungsstörung. Die Maßnahmen sind als Ideenpool zu verstehen und müssen für jeden Lerner mit einer entsprechenden Beeinträchtigung, individuell überprüft und angepasst werden. Doms (2016) hat in Anlehnung an Haß (2013) die Maßnahmen für den Englischunterricht der Grundschule adaptiert.

4.3 Kooperation

Der Einsatz von Unterrichtsmitschnitten (vgl. 3.5) bietet sich besonders zu Beginn der 2. Ausbildungsphase an, wenn noch kein eigenständiger Unterricht erfolgt und der Schwerpunkt in der Ausbildung auf der Beobachtung von Lernprozessen liegt.

Eine Möglichkeit, intensiver zu kooperieren, stellt das gemeinsame Planen, Durchführen und Reflektieren von Unterricht z.B. in Form einer Gruppenhospitation dar. Unterricht wird als *Co-Teaching* durchgeführt und ermöglicht den Lehramtsanwärterinnen und -anwärtern eine kleine Gruppe z.B. während der Erarbeitung eines Rollenspiels (s.u.) intensiv zu beobachten und zu beraten. Kompetenzen können dabei in den folgenden Bereichen erweitert werden:
- Planung von Lernaufgaben mit Hilfe inklusionsdidaktischer Netze (s.u. S. 131),
- Analyse der Lernaufgabe bezüglich der Lernchancen und Schwierigkeiten,
- Diagnose der Lernausgangslage und
- Entwicklung von Fördermöglichkeiten,
- individuelle Unterstützung während der Arbeitsphase,
- *Scaffolding*

Der gemeinsame Austausch im Anschluss an die Unterrichtsstunde über beobachtete Lernchancen und -hemmnisse und Maßnahmen zur Unterstützung fördert die Selbstreflexion. Hierbei kann deutlich werden, dass das Verhalten der Lernenden unterschiedlich wahrgenommen und interpretiert werden kann und Schülerinnen und Schülern in unterschiedlichen Lernsettings und mit unterschiedlichen Lehrenden möglicherweise ein anderes Verhalten zeigen.

Eine weitere Kooperationsmöglichkeit besteht in der Erprobung der kollegialen Fallberatung (Tietze, 2002). Diese stellt ein strukturiertes Beratungsgespräch in einer Gruppe nach feststehendem Ablauf mit verteilten Rollen dar. Ausgangspunkt ist ein konkretes Praxisproblem eines „Fallgebers". Die kollegiale Fallberatung ermöglicht es, einen umfassenden Blick auf das wahrgenommene Problem zu werfen durch Anregungen wie z.B. Perspektivwechsel, *Reframing, worst case*-Szenarien. Ziel ist es, dem Fallgeber neue Wahrnehmungs-, Denk- und Handlungsmuster zu eröffnen. Diese Methode kann während der 2. Ausbildungsphase z.B. im Rahmen der Seminararbeit trainiert werden und eignet sich auch für Schulkollegien.

An Zentren für schulpraktische Lehrerausbildung (ZfsL), an denen auch das Lehramt sonderpädagogische Förderung angesiedelt ist, bietet sich für die 2. Phase der Ausbildung eine Kooperation an, um einen intensiven Austausch über die Themen Diagnose, individuelle Förderung und Einstellung zur neuen Heterogenität im inklusiven Kontext herbeizuführen. Dies kann überfachlich und fachlich in gemeinsamen Seminaren stattfinden. Als besonders effektiv werden in der Regel gegenseitige Hospitationen an der jeweils anderen Schulform erlebt, die eingebettet in die Seminararbeit vorbereitet und reflektiert werden.

4.4 Lernaufgaben für den inklusiven Kontext

Ein wesentliches Merkmal für Lernaufgaben nicht nur im inklusiven Kontext ist in Anlehnung an Feuser, dass „alle Kinder in Kooperation miteinander auf ihrem jeweiligen Entwicklungsniveau und mittels ihrer momentanen Denk- und Handlungskompetenzen an und mit einem ‚Gemeinsamen Gegenstand' spielen, lernen, studieren und arbeiten" (ebd., 1988, S. 177). Differenziert werden kann im Bereich der Kompetenzerwartungen (zielgleich und zieldifferent), der Wahl der Medien und Hilfsmittel, der Sozialform und im Bereich der Methoden.

Die von Heimlich und Kahlert (2012) entwickelten *inklusionsdidaktischen Netze* stellen eine Möglichkeit dar, bei der Unterrichtsplanung individuelle Kompetenzentwicklung mit der Förderung von Entwicklungsbereichen zu vernetzen. Die Entwicklungsbereiche umfassen sensomotorische, kognitive, soziale, kommunikative und emotionale Aspekte (ebd., 2012).

Zunächst wird ein für die Bewältigung lebensweltlicher Aufgaben bedeutsamer Inhalt gewählt, der z.B. zur Kompetenzerweiterung im Bereich „Kommunikation – sprachliches Handeln" beiträgt.

Am folgenden Beispiel wird in Anlehnung an Heimlich und Kahlert die Vernetzung von Entwicklungsbereichen (hier kursiv) mit dem Teilbereich der Lernaufgabe „Rollenspiel *The three little pigs* verstehen" für die Klassenstufe 3/4 verdeutlicht. Die Aspekte, die nicht kursiv gedruckt sind, können während der Erarbeitung und Aufführung des Rollenspiels entwickelt und vernetzt werden.

Sensomotorische Aspekte	Rollenspiel	Kommunikative Aspekte
– *Realien ertasten* – Mimik und Gestik einsetzen	**The three little pigs** – *verstehen* – erarbeiten – aufführen	– *Wörtliche Rede verstehen und der jeweiligen Rolle zuordnen* – im Dialog agieren – Intonation bewusst einsetzen – Absprachen treffen

Kognitive Aspekte
– *Sinn des Märchens verstehen*
– Eigene (Sprech-)Rolle kennen
  und umsetzen
– Strategien zum
  Auswendiglernen erproben
	Soziale Aspekte
	– gemeinsam im Rollenspiel
	  agieren
	– sich beim Üben und
	  Präsentieren der Rolle helfen
	– Verantwortung bei
	  Erarbeitung und Darstellung
	  übernehmen
		Emotionale Aspekte
		– *sich in die Rolle und unter-
		  schiedlichen Gemütslagen der
		  Figuren hineinversetzen*
		– sich einlassen auf eine Rolle

4.5 Individuelles Lernen im Rollenspiel

Das Rollenspiel bietet sich als Methode besonders an, weil es als Spielform motivierend ist, zu sprachlicher Interaktion in sinnvollen Kontexten anregt, kognitives wie kreatives Denken fördert, verschiedene Lernkanäle anspricht, zahlreiche Möglichkeiten der Individualisierung und Differenzierung innerhalb der Rollen ermöglicht und Zusammenarbeit fördert (Bland, 2007, S. 8). Außerdem bietet ein Rollenspiel mit anschließender Aufführung zahlreiche Entwicklungschancen, da Kooperation, Verantwortung, Zuverlässigkeit und kreative Ideen gefordert sind. Weitere Aufgaben wie z.B. das Bereitstellen von Requisiten, Kostümen, Ton, Licht und das Schreiben von mehrsprachigen Einladungsbriefen für eine Vorführung bieten weitere Lernchancen für zieldifferente Förderung oder auch zusätzliche Herausforderung.

Die Einteilung der Rollenspielgruppen erfolgt nach dem Prinzip der Heterogenität: sprachlich-kognitive Fähigkeiten, soziale Fähigkeiten, spielerisch-kreative Fähigkeiten, physische Beeinträchtigungen. Die Lehrkraft berät bei der Einteilung in die Gruppen und der Zuweisung und Adaptierung der Rollen.

5. Schule und Unterricht

5.1 Rechtliche Vorgaben

In den Richtlinien von 2008 für die Grundschule stellt „Vielfalt als Chance und Herausforderung" einen Grundpfeiler der Bildung und Erziehung dar. Damit eng verknüpft sind die individuelle und sonderpädagogische Förderung. Dieses Grundverständnis wird durch das 9. Schulrechtsänderungsgesetz in NRW ergänzt und gilt für alle Schulformen:

> „Die Schule fördert die vorurteilsfreie Begegnung von Menschen mit und ohne Behinderung. In der Schule werden sie in der Regel gemeinsam erzogen und unterrichtet. Schülerinnen und Schüler, die auf sonderpädagogische Unterstützung angewiesen sind, werden nach ihrem individuellen Bedarf besonders gefördert, um ihnen ein möglichst hohes Maß an schulischer und beruflicher Eingliederung, gesellschaftlicher Teilhabe und selbständiger Lebensgestaltung zu ermöglichen." (MSW NRW, 2013, §2 Absatz 5)

5.2 Unterricht in inklusiven Lerngruppen

Grundlegende Kenntnisse und Kompetenzen im Bereich Diagnose, Förderung und Unterrichten in heterogenen Lerngruppen sind in den ersten zwei Ausbildungsphasen in unterschiedlicher Ausprägung angebahnt. Um diese zu vertiefen und kompetent anzuwenden, bedarf es eines entsprechenden Unterrichtskonzepts, das Möglichkeiten der Individualisierung und Differenzierung bietet (Werning & Avci-Werning, 2015, S. 84) und in Kooperation mit Kolleginnen und Kollegen entwickelt werden muss (ebd., S. 106).

Der Unterricht in inklusiven Lerngruppen bewegt sich in einem Spannungsfeld zwischen individualisiertem und gemeinsamem Lernen sowie zwischen Offenheit und Strukturierung (Werning & Avci-Werning, 2015, S. 86–87). Individualisiertes Lernen am gleichen Unterrichtsgegenstand und gemeinsame Phasen z.B. am Anfang und am Ende der Stunde sorgen für pädagogische Balance. Individualisierung erfordert eine inhaltliche, mediale und soziale Öffnung des Unterrichts und fordert und fördert das selbstständige Lernen von Schülerinnen und Schülern. Gleichzeitig benötigen viele Lernende auch feste Strukturen, vertraute Rituale und klare Instruktionen, um effektiv arbeiten zu können (Heimlich, Hillenbrand & Wember, 2016, S. 15).

Die Lehrperson ermöglicht eine Öffnung des Unterrichts und unterstützt gleichzeitig das selbstständige Lernen, indem die Lernenden z.B. Gelegenheit haben, Unterrichtsinhalte individuell zu konkretisieren (Steckbrief zum *favourite wild animal/star/ holiday resort*), den Umfang und die Komplexität von Lernaufgaben auszuwählen. Des Weiteren wählen sie unterschiedliche Medien aus, besonders Audiomedien wie Hörstifte, CD-Player, Tablets und PCs zum individuellen Üben sowie zur Erweiterung und Vertiefung der Inhalte. Die Einbeziehung vieler Sinne ist bei der Auswahl der Medien und Methoden zu berücksichtigen (ebd., S. 15). Außerdem sollten die Einsatzmöglichkeiten der Medien transparent sein, damit eine gezielte Auswahl stattfinden kann.

Auf diese Weise lassen sich zielgleiche und zieldifferente Aufgaben verwirklichen. Trautmann (2010, S. 7) schlägt daher eine *Differenzierung von unten* vor, in der die Lehrperson indirekt über die vorbereitete Lernumgebung steuert und so Gelegenheit zur individuellen Beobachtung, zur Unterstützung Einzelner und zum *Scaffolding* hat.

Neben der Öffnung müssen Strukturen angeboten werden, die Sicherheit geben. Dazu dienen Transparenz über die Ziele und den Verlauf der Lerneinheit ebenso wie der Einsatz von Ritualen und Routinen.

Im Englischunterricht ermöglichen Rituale wie z.B. die *Talk time* individualisiertes Lernen und bieten gleichzeitig Struktur. Die Lernenden befragen sich gegenseitig zu Alltagsthemen, die bereits sprachlich erarbeitet wurden. Der Umfang der Fragen und Antworten variiert dabei und wird durch Frage- und Antwortkarten schriftlich oder auch bildlich unterstützt. Der Einsatz von Spielen, Liedern und Reimen als *Warming up* oder am Ende der Stunde schafft Struktur und fördert häufig auch die Motivation.

Um eine funktionale Einsprachigkeit zu ermöglichen, werden z. B. Instruktionen sprachlich eindeutig gestaltet, mit Mimik und Gestik unterstützt oder durch Probehandeln, z.B. Vorspielen eines Dialogs, visualisiert.

Eine wichtige Unterstützung bietet das *Peer-Learning* (Werning & Avci-Werning, 2015, S. 85). Lernpartner können bei inhaltlichen, methodischen und medialen Fragen helfen. Dabei kann es sinnvoll sein, Experten für Medieneinsatz oder inhaltliche Fragen zu benennen, z.B. *English experts*, aber auch einzelnen Lernenden feste Lernpartner an die Seite zu stellen.

5.3 Kooperation in der Schule

Kooperation scheint eine der Schlüsselqualifikationen für die Schul- und Unterrichtsentwicklung zu sein, wobei die Qualität der Kooperation von entscheidender Bedeutung ist (Werning & Avci-Werning 2015, S. 106).

Um den Schulentwicklungsprozess gemeinsam zu verantworten, ist es notwendig, als Schulkollegium ein gemeinsames Verständnis von Inklusion und Formen der Umsetzung zu entwickeln. Der *Index für Inklusion* (Booth & Ainscow, 2003) bietet für die Schulentwicklung ein breites Angebot an Ideen und Reflexionsaspekten, um einem gemeinsamen Selbstverständnis und einer ‚Schule für alle‘ näher zu kommen.

Ein Unterrichtskonzept, das der Heterogenität der Lernenden Rechnung trägt und Diagnose und individuelle Förderung ermöglicht, lässt sich ebenfalls oft nur im Team realisieren. Dies gilt umso mehr, wenn Englisch von der Fachlehrkraft unterrichtet wird, die nur wenig Zeit in einer Lerngruppe verbringt.

5.3.1 Kooperation im Unterricht

- Co-Teaching gehört zu den Gelingensbedingungen inklusiver Bildung und erfordert eine gute Strukturierung. Fachlehrkraft und sonderpädagogische Fachkraft stimmen die jeweiligen Rollen und die damit verbundenen Aufgaben für die Kooperation im Team ab, tauschen sich über persönliche Präferenzen und didaktisch-methodische Herangehensweisen aus (Werning & Avci-Werning, 2015, S. 114). Die Abstimmung über unterschiedliche Möglichkeiten des Co-Teaching (ebd., S. 116ff.)

berücksichtigt auch die fremdsprachliche Kompetenz der sonderpädagogischen Fachkraft.

- Mit der Schulbegleitung wird der Lern- und Entwicklungsprozess, wie z.B. Anleitung zum selbstständigen Arbeiten und allgemeine Aufgaben ihrer Tätigkeit je nach Beeinträchtigung des Lernenden gemeinsam abgestimmt (Hasselmeyer, 2013, S. 121).

- Für den Fremdsprachenunterricht kann es hilfreich sein, wenn die sonderpädagogische Förderkraft und auch die Schulbegleitung vorwiegend auf Englisch kommunizieren und die gleichen Unterstützungsmöglichkeiten wie die Fachlehrkraft nutzen, z.B. Mimik, Gestik, Visualisierung, Probehandeln und *corrective feedback*, um die Lernersprache zu korrigieren bzw. zu elaborieren.

5.3.2 Kooperation außerhalb des Unterrichts

- Klassen-, Fachlehrkraft und sonderpädagogische Fachkraft tauschen sich über allgemeine und spezifische Lernvoraussetzungen von Lernenden mit besonderem Unterstützungsbedarf aus und nutzen z.B. Steckbriefvorlagen, die gemeinsam mit dem Kollegium entwickelt werden. Die Lern- und Entwicklungsziele werden gemeinsam festgelegt und mit den Lernenden und deren Eltern besprochen.

- In Fachgruppen können Themen und Lernaufgaben exemplarisch für einen inklusiven Kontext entwickelt, Beobachtungsbögen erstellt und Maßnahmen zur äußeren Differenzierung geplant und vereinbart werden.

- Mit der Methode der kollegialen Fallberatung (Werning & Avci-Werning, 2015, S. 126) können individuelle Probleme im Umgang mit der Heterogenität besprochen und Lösungsansätze entwickelt werden.

6. Fazit

Die Bildungseinrichtungen Universitäten, Zentren für schulpraktische Lehrerausbildung und Schulen sind auf dem Weg, das Thema Inklusion entsprechend der ausbildungsrechtlichen Vorgaben umzusetzen. Handlungsempfehlungen können aufgrund erster Erfahrungen gegeben werden. Empirische Forschung fehlt noch weitgehend zu dem Thema. Mögliche Forschungsschwerpunkte können auf die Untersuchung von Zusammenhängen zielen, z.B. allgemeinen Lernvoraussetzungen und sprachliche Leistung bzw. Leistungsbereitschaft und Einstellung der Lehrkraft zum Umgang mit Heterogenität und Unterricht im inklusiven Kontext.

Der Weg hin zu einer inklusiven Schule erfordert von der Lehrperson eine offene Haltung bezüglich der neuen Heterogenität, Kenntnisse im Bereich der Fachwissenschaft und Fachdidaktik sowie Kenntnisse über relevante Lernvoraussetzungen und Lernprozesse. Außerdem muss die Lehrkraft pädagogische und hermeneutische Kompetenzen (s.o.) entwickeln, um die Diagnose und individuelle Förderung umzusetzen und ein hohes Maß an Teamfähigkeit entwickeln. Diese Haltungen, Kenntnisse und Kompetenzen müssen langfristig angebahnt und frühzeitig in der Praxis erprobt werden.

Kooperation scheint in allen Phasen möglich und sinnvoll zu sein und kann einen wichtigen Beitrag zur Schul- und Unterrichtsentwicklung, aber auch zur Arbeitsentlastung leisten. Die Qualität der Kooperation ist dabei entscheidend.

In welchem Maß es gelingt, Inklusion im Englischunterricht umzusetzen, scheint darüber hinaus auch von den personellen, sächlichen und räumlichen Rahmenbedingungen abzuhängen.

Der Englischunterricht weist einerseits Prinzipien und Merkmale auf, die günstig für den inklusiven Schulkontext sind, andererseits kann die funktionale Einsprachigkeit auch ein Lernhemmnis darstellen. Methoden der Visualisierung und Kontextualisierung, wie sie verstärkt in der Grundschule angewendet werden, wirken auch in der weiterführenden Schule verständnisunterstützend. Eine inhaltliche, methodische und soziale Öffnung und eine Differenzierung „von unten" scheinen notwendige Voraussetzungen zu sein für zielgleiches und zieldifferentes Lernen.

Als wichtiges Prinzip für Lernaufgaben im inklusiven Kontext gilt, dass alle am gleichen Thema arbeiten und gleichzeitig genügend Spielraum ist, um Lernaufgaben individuell anzupassen. Dabei wird die Teilhabe aller am Englischunterricht befürwortet und die Bewältigung von einfachen, aber bedeutsamen Kommunikationssituationen als wesentliches Ziel herausgestellt.

Literatur

Amrhein, B. & Dziak-Mahler, M. (Hrsg.) (2014). *Fachdidaktik inklusiv – Auf der Suche nach didaktischen Leitlinien für den Umgang mit Vielfalt in der Schule*. Münster: Waxmann.

Bland, J. (2007). Why do drama? *Grundschulmagazin Englisch*, 4/2007, 6–8.

Booth, T. & Ainscow, M. (2003). *Index für Inklusion – Lernen und Teilhabe in Schulen der Vielfalt entwickeln*. Verfügbar unter: http://www.eenet.org.uk/resources/docs/Index%20 German.pdf [26.03.2017].

Breitenbach, E. (2015). Förderdiagnostik als hypothesenprüfender Prozess. Verfügbar unter: http://www.praxis-foerderdiagnostik.de/hypothesenpruefender-prozess/ [14.03.2017].

Deutsches Institut für Internationale Pädagogische Forschung (2006): *Unterricht und Kompetenzerwerb in Deutsch und Englisch. Zentrale Befunde der Studie Deutsch Englisch Schülerleistungen International (DESI)*. Verfügbar unter: https://www.dipf.de/de/ forschung/projekte/pdf/biqua/desi-zentrale-befunde [24.07.2017].

Doms, C. (2016). Differenzieren – Individualisieren – Inkludieren im Englischunterricht der Grundschule (S. 200–212). In H. Böttger & N. Schlüter (Hrsg.), *Fortschritte im Frühen Fremdsprachenlernen. Konferenzband zur 4. FFF-Konferenz* (S. 200–212). Braunschweig: Westermann.

Feuser, G. (1988). Aspekte einer integrativen Didaktik unter Berücksichtigung tätigkeitstheoretischer und entwicklungspsychologischer Erkenntnisse. In H. Eberwein (Hrsg.), *Behinderte und Nichtbehinderte lernen gemeinsam. Handbuch der Integrationspädagogik* (S. 170–179). Weinheim: Beltz.

Hasselmeyer, T. (2013). Schulbegleitung als Inklusionshilfe. In K. Metzger & E. Weigl (Hrsg.), *Inklusion – eine Schule für alle* (S. 114–121). Berlin: Cornelsen.

Haß, F. (2013). Inklusion im Englischunterricht – oder: Lernerorientierung endlich ernst nehmen. Wie kann der Englischunterricht Kindern mit ganz unterschiedlichen Förderbedarfen gerecht werden? *Englisch 5–10, 22*, 28–32.

Heimlich, U. & Kahlert, J. (2012). Inklusionsdidaktische Netze – Konturen eines Unterrichts für alle. Dargestellt am Beispiel des Sachunterrichts. In U. Heimlich & J. Kahlert (Hrsg.), *Inklusion in Schule und Unterricht. Wege zur Bildung für alle* (S. 153–190). Stuttgart: Kohlhammer.

Heimlich, U., Hillenbrand, C. & Wember, F.B. (2016). Förderschwerpunkt Lernen. In Ministerium für Schule und Weiterbildung des Landes NRW (Hrsg.). *Sonderpädagogische Förderschwerpunkte in NRW – ein Blick aus der Wissenschaft in die Praxis* (S. 9–19). Düsseldorf.

Klemm, K. & Preuss-Lausitz, U. (2011). Auf dem Weg zur schulischen Inklusion in Nordrhein-Westfalen. Empfehlungen zur Umsetzung der UN-Behindertenrechtskonvention im Bereich der allgemeinen Schulen. Verfügbar unter: http://www.bug-nrw.de/cms/upload/pdf/Inklusion/NRW_Inklusion_2011.pdf [14.03.2017].

Köpfer, A. (2014). Kernkategorien einer inklusiven Englischdidaktik. In R. Bartosch & A. Rohde (Hrsg.), *Im Dialog der Disziplinen Englischdidaktik – Förderpädagogik – Inklusion* (S. 157–166). Trier: Wissenschaftlicher Verlag.

Kubanek, A. & Edelenbos, P. (2012). Diagnostische Kompetenz im Englischunterricht – von Fingerspitzengefühl zu evidenzbasiertem Handeln. Verfügbar unter: http://archiv.ub.uni-marburg.de/es/2012/0006/pdf/V.1_Kubanek_Diagnostiksche_Kompetenz_im_Englischunterricht.pdf [14.03.2017].

Mayer, A. & Schick, K. (2015). Englischunterricht für Kinder mit Spracherwerbsstörungen. In C.M. Bongartz & A. Rohde (Hrsg.), *Inklusion im Englischunterricht* (S. 237–262), Frankfurt am Main: Peter Lang.

MSW NRW – Ministerium für Schule und Weiterbildung des Landes NRW (Hrsg.) (2010). Rahmenkonzeption zur strukturellen und inhaltlichen Ausgestaltung des Praxissemesters im lehramtsbezogenen Masterstudiengang. Düsseldorf.

MSW NRW – Ministerium für Schule und Weiterbildung des Landes NRW (Hrsg.) (2011). Ordnung des Vorbereitungsdienstes und der Staatsprüfung für Lehrämter an Schule vom 10. April 2011 (GV. NRW. S. 218), geändert durch Verordnung vom 25. April 2016 (GV. NRW. S. 216). Düsseldorf.

MSW NRW – Ministerium für Schule und Weiterbildung des Landes NRW (Hrsg.) (2013). Erstes Gesetz zur Umsetzung der UN-Behindertenrechtskonvention in den Schulen (9. Schulrechtsänderungsgesetz) vom 5. November 2013. Düsseldorf.

MSW NRW – Ministerium für Schule und Weiterbildung des Landes NRW (Hrsg.) (2016a). Kerncurriculum für die Ausbildung im Vorbereitungsdienst für Lehrämter in den Zentren für schulpraktische Lehrerausbildung und in den Ausbildungsschulen. Düsseldorf.

MSW NRW – Ministerium für Schule und Weiterbildung des Landes NRW (Hrsg.) (2016b). Verordnung über den Zugang zum nordrhein-westfälischen Vorbereitungsdienst für Lehrämter an Schulen und Voraussetzungen bundesweiter Mobilität (Lehramtszugangsverordnung - LZV), 25. April 2016. Düsseldorf.

MSW NRW – Ministerium für Schule und Weiterbildung des Landes NRW (Hrsg.) (2016c). Gesetz über die Ausbildung für Lehrämter an öffentlichen Schulen (Lehrerausbildungsgesetz – LABG). Düsseldorf.

Müller-Hartmann, A. & Schocker, M. (2015). Lernaufgaben in heterogenen Gruppen. In O. Börner & C. Lohmann (Hrsg.), *Perspektiven Englisch: Heterogenität und Inklusion* (S. 5–16). Braunschweig: Diesterweg.

Sawalies, J. & Veber, M. & Rott, D. & Fischer, C. (2013). *Inklusionspädagogik in der ersten Phase der Lehrerbildung. Eine explorative Studie zu Stand und Unterschieden universitärer Lehrangebote für die Regelschullehrer.* Verfügbar unter: http://www.schulpaedagogik-heute.de/conimg/SH8_21b.pdf [26.03.2017].

Seidel, T. & Stürmer, K. (2014). Modeling and measuring the structure of professional vision in preservice teachers. *American Educational Research Journal, 51*(4), 739–771.

Seitz, S. & Scheidt, K. (2012). Vom Reichtum inklusiven Unterrichts – Sechs Ressourcen zur Weiterentwicklung. *Zeitschrift für Inklusion-online.net.* Verfügbar unter: http://www.inklusion-online.net/index.php/inklusion-online/article/view/62 [26.03.2017].

Stahl-Morabito, N. (2016). Adäquate Lernangebote im Fach Englisch für Schülerinnen und Schüler mit dem Förderschwerpunkt Lernen in der Sekundarstufe I. *VDS Sonderpädagogische Förderung in NRW, 2/2016,* 26–32.

Tietze, K.-O. (2002). Kollegiale Beratung. Verfügbar unter: http://www.kollegiale-beratung.de/Ebene1/methode.html [26.03.2017].

Trautmann, M. (2010). Heterogenität – (k)ein Thema der Fremdsprachendidaktik? Verfügbar unter: http://www.bag-englisch.de/wp-content/uploads/2010/01/Heterogenität-Trautmann.pdf [26.03.2017].

van Es, E.A. & Sherin, M.G. (2002). Learning to notice: scaffolding new teachers' interpretations of classroom interactions. *Journal of Technology and Teacher Education, 10*(4), 571–596.

Werning, R. & Avci-Werning, M. (2015). *Herausforderung Inklusion in Schule und Unterricht.* Seelze-Velber: Klett Kallmeyer.

Markus Kötter und Matthias Trautmann

Welche Erfahrungen machen Englischlehrkräfte mit der Inklusion?
Eine Interviewstudie in der Sekundarstufe I

1. Einleitung

In der Fremdsprachendidaktik wird seit einigen Jahren lebhaft diskutiert, welche Veränderungen die unter der Flagge der Inklusion eingeführte Top-down-Schulreform für den Fachunterricht sowie für die Ausbildung professioneller Fremdsprachenlehrkräfte erfordert (vgl. z.B. Bongartz & Rohde, 2015; Gerlach, 2015). Ähnlich wie in der schulpädagogischen Diskussion wird dabei auch in der Englischdidaktik zwischen einem weiten (mehrere oder alle möglichen Heterogenitätsdimensionen einschließenden) und einem engen (auf Schüler mit sonderpädagogischem Förderbedarf in verschiedenen Förderschwerpunkten bezogenen) Inklusionsbegriff unterschieden. Es wird unter dem Stichwort einer inklusiven Didaktik erörtert, ob und, wenn ja, inwiefern sich guter *inklusiver* Englischunterricht (im engeren oder weiteren Sinne) von einem allgemein guten Englischunterricht (EU) unterscheidet. Dazu querliegend wird diskutiert, welche Rolle die Sonderpädagogik als Profession und Disziplin im Kontext der Inklusion spielen kann und soll. Fachdidaktische Empfehlungen zur Unterrichtsgestaltung beziehen sich auf „kommunikative[n] und handlungsorientierte[n] Englischunterricht" (Rohde, 2014, S. 19) oder bewährte didaktische Prinzipien, Binnendifferenzierung und verschiedene Aufgabenformate (Schäfer, 2014; Köpfer, 2014). Schließlich wird auch die Ausbildung von Fremdsprachenlehrkräften in den Blick genommen (vgl. Amrhein & Bongartz, 2015). Mit anderen Worten: Nach den Diskussionen über Englisch in der Grundschule und über bilingualen Unterricht, die die Fremdsprachendidaktik in den letzten Jahren beschäftigt haben, hat sich mit der Inklusion offensichtlich ein neues Leitthema etabliert.

Die empirische Forschung zum Thema Inklusion und Fremdsprachenlehren und -lernen steht hierzulande noch am Anfang. Das gilt ebenso für die Erforschung der Perspektive von Lehrkräften oder Schülerinnen und Schülern oder für eine fachdidaktisch konturierte Unterrichtsforschung. Einige wenige Veröffentlichungen zeigen u.a., wie inklusiver Unterricht bzw. Englischunterricht in Inklusionsklassen gestaltet und erfahren wird: Als einer der ersten wertete Gerlach (2015) ein Dutzend Interviews mit in inklusiven Klassen unterrichtenden Fachlehrkräften und Sonderpädagogen im Hinblick auf deren Erfahrungen aus. Er kommt zu dem Schluss, dass die befragten Regelschullehrkräfte gegenüber der Inklusion grundsätzlich positiv eingestellt sind, dass aber bezüglich der damit notwendig werdenden stärkeren Individualisierung des Unterrichts „große Sorgen und auf praktischer Ebene Umsetzungsschwierigkeiten" (ebd., S. 134) bestehen. Springob (2017) hat in einer Einzelfallstudie eine 5. Gymnasialklasse über 2,5 Jahre in ihrer fremdsprachlichen Entwicklung umfassend begleitet (siehe auch der Beitrag von Springob in diesem Band). In diesem Zusammenhang werden auch unterschiedliche – gelungene – Unterrichtseinheiten und -stunden im Gemeinsamen Lernen vorgestellt; zudem kommen an vielen Stellen immer wieder notwendige Rahmenbedingungen der Lehrerarbeit sowie erhebliche Forschungs- und Entwicklungsbedarfe zum Thema zur Sprache.

Die im Folgenden vorgestellte explorative Untersuchung schließt an die Studien von Gerlach und Springob an und fragt nach Erfahrungen – genauer gesagt nach Überzeugungen und berichteten Praktiken – von Englischlehrkräften bezüglich inklusivem EU der Sekundarstufe I, d.h. i.e.S. gemeinsamem Unterricht von Schülern mit und ohne sonderpädagogischem Unterstützungsbedarf.

2. Theoretischer Hintergrund

2.1 Inklusiver Unterricht – Fachdidaktik Englisch

Die im Prinzip schon immer vorhandene, durch den Frühbeginn jedoch weiter erhöhte Heterogenität von Eingangsklassen in der Sekundarstufe wird mit der Einführung von inklusivem EU nun noch einmal verstärkt: Galt bislang, dass an weiterführenden Schulen alle Schüler einer Lerngruppe gemäß der im jeweiligen Bundesland gültigen Kernlehrpläne bzw. schuleigenen Curricula *zielgleich* beschult werden, so ist in NRW nunmehr vorgeschrieben, dass eine Reihe von Schülerinnen und Schülern, die eine weiterführende Schule mit einem spezifischen diagnostizierten Förderbedarf besuchen, im Gegensatz zum Rest ihrer Klasse *zieldifferent* unterrichtet und auch bewertet werden müssen. In anderen Bundesländern ist Zieldifferenz teilweise nicht verpflichtend; sie dient aus unterrichtspraktischen Gründen in vergleichbaren Settings aber auch außerhalb von NRW als didaktische Leitlinie.

Eine erste Herausforderung, der sich Englischlehrkräfte damit künftig noch mehr als bislang stellen müssen, und mit der sich auch die Englischdidaktik beschäftigt (vgl. Bartosch & Rohde, 2014 sowie Bongartz & Rohde, 2015), besteht darin, dass die Lehrkräfte nicht nur binnendifferenzierend unterrichten müssen, sondern dass sie Lerngruppen leiten werden, in denen ein Vorgehen in mindestens zwei Geschwindigkeiten – und auf mindestens zwei verschiedene Arten und Weisen – gesetzlich vorgeschrieben ist. Eine zweite Herausforderung besteht darin, dass zwar alle großen Schulbuchverlage bereits zusätzliches Material für die Jahrgangsstufen entwickelt und auch publiziert haben (vgl. Claus & Hoppe, 2013; Cziep et al., 2012; Klein-Landeck, 2014). Es fehlt jedoch sowohl an Erfahrungen damit, wie dieses Material am besten Schüler mit welchem Förderbedarf unterstützen kann, als auch weiterhin an Material, das für seltenere bzw. sehr spezifische Förderbedarfe geeignet ist. Die potenziell größte

Herausforderung, vor der Englischlehrkräfte bei Inklusionsklassen stehen, dürfte jedoch ein fachlicher Aspekt sein. Von einer in nennenswertem Umfang empirisch erprobten Didaktik der englischen Sprache in inklusiven Kontexten sind wir damit noch immer weit entfernt. Zwar liegt mit der bereits erwähnten Studie von Springob (2017) eine erste Untersuchung dazu vor, wie inklusiver EU in (s)einer Schulklasse mit 21 Schülerinnen und Schülern und der durchgängigen Unterstützung einer zweiten Lehrkraft, darunter in den verschiedenen Schuljahren eine zweite Fachlehrerin, eine Sonderpädagogin und eine Referendarin, organisiert wurde, welche Lernergebnisse erreicht wurden und inwieweit diese sich von den anderen Klassen an der beforschten Schule unterschieden. Eine größere Pilotierung inklusiven Unterrichts vor seiner Einführung an deutschen Regelschulen gab es jedoch weder im Fach Englisch noch in anderen Schulfächern – und damit natürlich auch so gut wie keine positive oder auch negative Evidenz zu irgendeinem bestimmten Vorgehen.

2.2 Rekonstruktion der Überzeugungen und Praktiken von Lehrkräften

Im Mittelpunkt der vorliegenden Studie stehen Überzeugungen und berichtete Praktiken von Lehrkräften bezüglich ihres inklusiven EU. Forschungsleitend ist dabei das von Fend (2006) entwickelte theoretische Konzept der Rekontextualisierung. Gemäß diesem Konzept werden Maßnahmen oder Konzepte (wie z.B. Inklusion) auf verschiedenen Ebenen des Bildungssystems und von verschiedenen Akteuren, in unserem Fall von Lehrkräften, in Abhängigkeit von deren Vorerfahrungen, Interessen und Rahmenbedingungen lokal gedeutet und adaptiert. Schulen und vor allem Lehrkräfte entwickeln in diesem Sinne je eigene Vorstellungen und Umgangsweisen mit einem Problem; sie passen die jeweiligen bildungspolitischen und administrativen Vorgaben entsprechend den Notwendigkeiten und Möglichkeiten an ihre lokalen Arbeitskontexte an.

Was Inklusion vor Ort tatsächlich bedeutet und wie sie umgesetzt wird, hängt somit stark von den Lehrkräften ab, die die Reform umsetzen bzw. ‚kleinarbeiten‘ müssen und sollen. Deshalb stehen in der hier vorgestellten Studie Lehrkräfte im Zentrum der Untersuchung. Ihre Überzeugungen und ihre berichteten Praktiken in Inklusionsklassen sollen hier rekonstruiert werden. Unter Überzeugungen verstehen wir dabei mit Borg (2001, S. 186) allgemein „a proposition which may be consciously or unconsciously held, is evaluative in that it is accepted as true by the individual, and is therefore imbued with emotive commitment; further, it serves as a guide to thought and behaviour". Der Fokus liegt dabei auf Überzeugungen bezüglich der Ziele, Maßnahmen und Effekte des inklusiven Unterrichts sowie bezüglich der Schüler mit besonderen Förderbedarfen. Praktiken verstehen wir als „a routinized type of behaviour" (Reckwitz, 2003, S. 249), wobei in unserer Studie insbesondere die didaktisch-methodische Grobstrukturierung des Unterrichts von Interesse ist, wie sie von den befragten Lehrkräften berichtet wird. Da wir annehmen, dass beides – Überzeugungen und Praktiken – in Zusammenhang mit den Rahmenbedingungen der Lehrerarbeit vor Ort steht, werden letztere ebenfalls thematisiert.

Mit unserer Studie nehmen wir an, dass auf diese Weise nicht nur Herausforderungen an die Umsetzung der Inklusion im Sekundarbereich ausgemacht werden können, sondern dass sich hier zugleich auch unterschiedliche Lösungen dafür andeuten, wie die Arbeit unter den neuen Bedingungen gestaltet wird.

2.3 Fragestellungen

Zur Rekonstruktion der Überzeugungen und Praktiken von Englischlehrkräften bezüglich des von ihnen gestalteten inklusiven Unterrichts haben wir uns vor allem mit drei Fragekomplexen befasst. Sie lauten:

1. Welche Ressourcen und Rahmenbedingungen benennen Lehrkräfte für den inklusiven Englischunterricht an ihrer Schule und in ihrer Lerngruppe?
2. Welche Überzeugungen mit Blick auf Lernende mit und ohne Förderbedarfe, auf Ziele, Maßnahmen und Effekte des Unterrichts werden artikuliert?
3. Wie gestalten Lehrkräfte eigenen Angaben zufolge ihren Unterricht, auch im Vergleich zu nicht inklusiven Lerngruppen?

3. Methode

3.1 Stichprobe/befragte Personen

Für die vorliegende Studie wurden insgesamt 19 willkürlich ausgewählte Lehrkräfte (15 Frauen und 4 Männer) aus Nordrhein-Westfalen und Schleswig-Holstein befragt. Die Grundvoraussetzungen für ihren Einbezug in die Studie bestanden darin, dass sie im inklusiven Englischunterricht eingesetzt waren, dass sie in Schulformen des Sekundarbereichs arbeiteten, und dass ihre Schule zum Zeitpunkt der Befragung bereits auf eine mehrjährige Erfahrung mit inklusivem EU zurückblicken konnte. Einige der befragten Lehrkräfte schlugen vor, dass auch die jeweiligen Sonderpädagogen, mit denen sie im Unterricht zusammenarbeiteten, mit interviewt werden sollten, so dass sich in der Stichprobe insgesamt 7 Sonderpädagogen finden. Des Weiteren wurde in einigen Fällen von den Fachlehrkräften aus zeitlichen Gründen vorgeschlagen, Gruppeninterviews zu führen (vgl. zur Stichprobe Tabelle 1).

Tabelle 1: Beschreibung der Stichprobe

Merkmal	Ausprägung	Anzahl
Schultyp	Gemeinschaftsschule	2 Lehrkräfte an insg. 2 Schulen
	Gymnasium	5 Lehrkräfte an insg. 3 Schulen
	Gesamtschule	12 Lehrkräfte an insg. 5 Schulen
Berufserfahrung	bis 5 Jahre	4
	5–10 Jahre	7
	mehr als 10 Jahre	8
Berufserfahrung ‚in der Inklusion'	1–2 Jahre	0
	2–3 Jahre	4
	mehr als 3 Jahre	15
darunter befragte Sonderpädagogen		7 an insgesamt 6 Schulen

3.2 Datengrundlage, -aufbereitung und -auswertung

Sämtliche leitfadengestützte Interviews wurden von den Autoren des vorliegenden Beitrags oder von einer zuvor diesbezüglich geschulten wissenschaftlichen Mitarbeiterin durchgeführt. Die Einstiegsfrage war offen und breit gehalten und bezog sich auf Erfahrungen mit inklusivem EU. Es wurde bewusst angesprochen, dass bisher für das Unterrichtsfach Englisch noch kaum Befunde zur Inklusion von Schülern mit besonderen Förderbedarfen vorliegen, um die Aufmerksamkeit gezielt auf einen engen Inklusionsbegriff zu richten. Zugleich wurde versucht, das Interview im Sinne eines Informations- und Beratungsgesprächs zu gestalten, um sozial erwünschte Antworten zu vermeiden. Die Interviews wurden mittels eines Leitfadens vorbereitet und sahen drei Phasen vor: zunächst eine Eröffnungsphase, in der die Interviewten selbst Akzente setzen konnten und lediglich gesprächserhaltende Äußerungen seitens der Interviewer vorgesehen waren; sodann eine Nachfragephase, in der darum gebeten wurde, einzelne Äußerungen genauer zu elaborieren; und schließlich eine weitere Nachfragephase, in der im Abgleich mit dem Leitfaden bisher noch nicht angesprochene Aspekte thematisiert wurden. Als Themenbereiche, die in allen Interviews abgedeckt werden sollten, wurden folgende Frageblöcke gebildet:

1) Rahmenbedingungen und Ressourcen,
2) Unterrichtsorganisation allgemein,
3) fachdidaktische Aspekte der Unterrichtsgestaltung und
4) Unterstützungsbedarfe.

Jeder der vier Themenbereiche war durch eine Liste von Fragen vorbereitet. Insgesamt umfasste der Leitfaden damit 30 Einzelfragen, die flexibel zur Anwendung kamen, und bei denen eine ‚Leitfadenbürokratie' vermieden wurde. Vielmehr wurde darauf geachtet, dass die Lehrkräfte möglichst reale Situationen aus ihrem Arbeitsalltag berichteten bzw. konkrete Beispiele für bestimmte Auffassungen nannten.

Die Datengrundlage für die vorliegende Untersuchung bilden die Audioaufzeichnungen von insgesamt 11 Interviews mit insgesamt 19 Lehrkräften. Die durchschnittliche Dauer der Interviews betrug 55 Minuten (SD=10,06). Diese wurden mithilfe eines Transkriptionsleitfadens vollständig transkribiert und anschließend inhaltsanalytisch ausgewertet. Orientiert an der Technik der qualitativen Inhaltsanalyse nach Mayring (2002) wurde das gesamte Material einer strukturierenden Inhaltsanalyse unterzogen. Dabei wurden in einem ersten Schritt entsprechend den Forschungsfragen Kategorien gebildet und dann die Textstellen jedes einzelnen Interviews gekennzeichnet, in denen die jeweilige Kategorie (z.B. Ressourcen oder Effekte) angesprochen wurde. In einem zweiten Schritt wurde das gekennzeichnete Material herausgefiltert, zusammengefasst und mit dem Material weiterer Interviews verglichen. Schließlich wurden die so erstellten Ergebnisse in einem dritten Schritt inhaltlich und sprachlich aufbereitet und es wurden Beispiele ausgewählt, die wesentliche Aspekte anschaulich illustrieren.

4.   Ergebnisse

Die Darstellung der Ergebnisse der Studie orientiert sich an den in Abschnitt 2.3 benannten Fragestellungen. In einem ersten Block wird referiert, welche Ressourcen und Bedingungen die hier befragten Lehrkräfte für den inklusiven Englischunterricht an ihrer Schule bzw. in der oder den von ihnen betreuten Lerngruppe(n) benennen (Abschnitt 4.1). In einem zweiten Schritt wird ausgewertet, welche Überzeugungen mit Blick auf Schüler mit und ohne Förderbedarfe, auf Ziele, Maßnahmen und Effekte des Unterrichts artikuliert werden (Abschnitt 4.2). Im dritten Teil wird dargestellt, wie die Lehrkräfte ihren Unterricht eigenen Aussagen zufolge – auch im Vergleich zu nicht inklusiven Lerngruppen – gestalten (Abschnitt 4.3).

4.1 Voraussetzungen und Ressourcen für den inklusiven Englischunterricht

Die befragten Lehrpersonen unterrichten überwiegend in den Jahrgängen 5–7, teilweise auch darüber hinaus in den Klassenstufen 8 und 9. Berichtet wird vor allem von zieldifferent unterrichteten Schülern mit dem Förderschwerpunkt Lernen, daneben auch von Schülern mit den Förderschwerpunkten Emotionale und Soziale Entwicklung, Hören und Kommunikation sowie von Autismus-Spektrum-Störungen. Einige Lehrpersonen geben an, dass Schüler mit dem Förderschwerpunkt Geistige Entwicklung demnächst ebenfalls unterrichtet werden sollen.

Analysiert man die Aussagen bezüglich der Voraussetzungen und Ressourcen für inklusiven Englischunterricht, die nach Auffassung der befragten Lehrkräfte erforderlich sind bzw. die sie an ihren Arbeitsorten vorfinden, kristallisieren sich folgende Aspekte heraus: (1) eigene Qualifikation, Verfügbarkeit und Qualität von Fort- und Weiterbildungsangeboten, lokale bzw. regionale Vernetzung, (2) weitere verfügbare, vor allem personelle, materielle und räumliche, Infrastruktur.

4.1.1 Eigene Qualifikation, Fort- und Weiterbildungsangebote

So gut wie niemand unter den befragten Personen fühlt sich durch das Studium und/ oder die Teilnahme an Fort- bzw. Weiterbildungsmaßnahmen in besonderer Weise auf die Herausforderungen inklusiven Englischunterrichts vorbereitet. Dies liege teils daran, dass es im eigenen Umfeld bislang kaum oder gar keine entsprechenden Angebote gegeben habe, bzw. dass Informationen darüber nicht bis zu den betreffenden Personen durchgedrungen seien. Gab es ein Angebot, so wurde dieses oft als zu allgemein und zu wenig auf fachliche Fragen zugeschnitten wahrgenommen. Eine Lehrerin merkte z.B. an:

> „Ich kann ihnen auch verschiedenste Methoden sagen, die immer schön klappen, wenn man irgendwie ʼne Vorführstunde machen will. […] Aber, wo es schwierig wird: ‚Wie machʼ ich das denn, wenn ich gerade das *present perfect* einführe, und die anderen das aber überhaupt nicht brauchen?ʼ Das ist halt nie Zentrum in diesen Fortbildungen.“

Als große Hürde auf dem Weg zu einem regelmäßigen Austausch wurde immer wieder benannt, dass es lokal in der Regel keinen Ort und keine festen Zeiten für diese Form des Voneinander-Lernens gebe. Treffe sich die Fachschaft, so sei die Agenda auch mit anderen Themen gefüllt. Zudem interessiere sich nur ein geringer Teil der Fachschaft für Fragen der Inklusion, weil eben auch nur der Unterricht eines kleinen Teils, der direkt in inklusiven Klassen unterrichtet, davon betroffen sei:

> „Das Fach Englisch ist halt das Problem der Person, die halt gerade Englisch unterrichtet; und das ist ja tatsächlich auch so, dass man in einer Fachkonferenz auch viele andere Themen hat, die bearbeitet werden müssen.“

Die wesentlichen Quellen der aktuellen Kenntnisse und Kompetenzen der Lehrkräfte sind eigenes Ausprobieren sowie zu einem geringeren Teil Ideen, welche Sonderpädagogen an die verantwortlichen Lehrerinnen und Lehrer herantragen, nachdem sie sie woanders erfolgreich in der Praxis beobachten konnten.

4.1.2 Personelle, materielle und räumliche Infrastruktur

In welchem Umfang Englischlehrkräfte auf weitere personelle Unterstützung zurückgreifen können, schwankt von Schule zu Schule und Lerngruppe zu Lerngruppe. Viele Fachlehrkräfte geben an, in ihren ‚I-Klassenʼ in jeder erteilten Englischstunde auf die Unterstützung einer sonderpädagogischen Lehrkraft zählen zu können. Eine Gesamtschullehrerin berichtete, dass an ihrer Schule das Fach Deutsch Vorrang genieße, während sie in ihrem Englischunterricht nur eine Stunde pro Woche auf ergänzende Unterstützung zählen könne. In anderen Schulen werden die sonderpädagogischen Lehrkräfte auch für Vertretungsunterricht eingesetzt und kann die Doppelsteckung kaum oder nur in wenigen Englischstunden pro Woche realisiert werden. Diese letztere Situation wird von vielen Befragten als unbefriedigend wahrgenommen, wobei zur Begründung unterschiedliche Aspekte benannt werden: Erstens sei es so unmöglich, auch über eine Einzelstunde hinaus mit äußerer Differenzierung zu arbeiten. Zweitens erschwere das Fehlen einer kontinuierlich verfügbaren zweiten Kraft eine auch nur halbwegs kontinuierliche Unterrichtsplanung. Drittens mache eine nur partielle bzw. sporadische Verfügbarkeit personeller Unterstützung es schwieriger, sich rechtzeitig und regelmäßig untereinander abzusprechen bzw. Unterricht gemeinsam zu planen. Viertens sorge natürlich auch das manchmal aus der lokalen Situation erwachsende Gefühl der Ohnmacht bzw. der individuellen Benachteiligung gegenüber Kolleginnen und Kollegen für Verdruss. Gleichzeitig erhöht die Verfügbarkeit von sonderpädagogischer Unterstützung zumindest bei einigen die Bereitschaft, diese dann auch zur äußeren Differenzierung zu nutzen:

> „Wenn ich immer doppelt besetzt bin, ist natürlich die Tendenz dazu, äußerlich differenziert zu unterrichten, deutlich höher. Anders ist es natürlich, wenn ich alleine Englisch unterrichte: Die Erstellung des differenzierten Materials ist einfach unheimlich zeitintensiv und kaum machbar."

Nicht nur personelle Unterstützung wird aber für wichtig erachtet, sondern ebenso eine dafür geeignete materielle und räumliche Infrastruktur. Denn besonders bei größeren Lerngruppen hängt die Möglichkeit zur äußeren Differenzierung nicht nur davon ab, dass eine zweite Lehrperson oder ein Integrationshelfer anwesend ist, sondern auch, dass es einen zweiten Raum für diejenigen gibt, welche entweder langsamer als der Rest der Gruppe arbeiten oder auf eine andere Weise oder auch beides. An keiner einzigen im Sample vertretenen Schule besteht diese Option uneingeschränkt, d.h. dass nirgends alle Klassen gleichzeitig mehr als einen Unterrichtsraum nutzen können. Vielmehr gibt es meist etwa eine Handvoll Räume, die über die Schule verteilt nach Absprache und Bedarf für äußere Differenzierung genutzt werden können – wobei eine Lehrkraft in der Diskussion der diesbezüglichen Optionen auch noch ein Schlaglicht auf Schüler mit besonderen körperlichen Bedürfnissen wirft:

> „Dass sie auch wirklich sportlich aktiv werden, auch Sachen machen können, wo sie nicht immer dieses Gefühl bekommen: Ich bin behindert, ich kann das nicht machen, weil ich anders bin. Und deshalb finde ich solche Schüler an Förderschulen besser aufgehoben, weil ihnen dort die Therapiemöglichkeiten gegeben werden: Behandlungsmöglichkeiten, Ergotherapie, Logopädie, Physiotherapie. Das haben wir hier alles gar nicht. Das können wir auch nicht schaffen, auch wenn wir ein neues Gebäude haben. Wir haben keine Räume dafür. Und das ist eben so dieses ‚Inklusion um jeden Preis'."

Einige Lehrkräfte betonen, wie wertvoll Smartboards speziell für sie auch deshalb (geworden) sind, weil es sich mit ihnen gut nach unten differenzieren lässt, da Wörter wie Texte vollständig hochgeladen und im Anschluss beliebig manipuliert werden können, ohne dass sie erst noch an- oder abgeschrieben werden müssen:

„Das Smartboard und die Möglichkeiten, diese Zusatzmaterialien schnell einzusetzen. Ja! Die Kinder sind so auf dieses Visuelle auch aus und das muss qualitativ richtig gut sein. Dann spricht es die Kinder an und regt sie auch an, dazu etwas zu sagen. Das ist deren Welt!"

Hinsichtlich der speziell für den Englischunterricht angebotenen Materialien lässt sich teilweise noch Unzufriedenheit konstatieren. Einige Lehrkräfte setzen daher bei Schülern mit Förderbedarf Lernen darauf, diese von vornherein vor allem mit Material arbeiten zu lassen, das eigene, teils weder sprachlich noch inhaltlich mit dem sonst genutzten Lehrwerk in Einklang zu bringende Lernziele verfolgt. Andere erklären wiederum, dass das Konzept der Zieldifferenzierung wegen seiner unscharfen Zielvorgaben auch so interpretiert werden könne, dass im Zweifel die Lernziele der Schüler mit besonderem Förderbedarf auch einmal gegen null tendieren oder gar komplett auf null gesetzt werden können, wenn ein anderes Vorgehen in den Augen der Lehrkraft zu große Nachteile für den Rest der Klasse mit sich bringe.

4.2 Überzeugungen der befragten Lehrkräfte

Die geäußerten Überzeugungen beziehen sich zum einen auf die Gruppe der Schülerinnen und Schüler mit besonderen Förderbedarfen, zum anderen auf Ziele, Maßnahmen und wahrgenommene Effekte inklusiven Unterrichtens.

4.2.1 Überzeugungen bezüglich der SuS mit besonderen Förderbedarfen

Die Schüler mit Bedarf an sonderpädagogischer Unterstützung werden als „Förderschüler" oder auch als „Inklusionsschüler" bezeichnet und meist mit Blick darauf beschrieben, was sie nicht können – etwa hinsichtlich geringer Motivation und Konzentrationsfähigkeit und Problemen beim Erlernen komplexerer sprachlicher Strukturen der englischen Sprache (Vokabeln und Grammatik). Mehrere Interviewte weisen darauf hin, dass die Grenze zwischen „Lernschwäche" und „nachgewiesenem Förderbedarf Lernen" in der Praxis fließend sei; gesprochen wird dann von den „nicht diagnostizierten Förderschülern" oder den „Nichtoffiziellen". Verwiesen wird mehrfach auf erhebliche Differenzen im Leistungsvermögen auch innerhalb des Förderschwerpunktes Lernen:

„Das ist nochmal die Bandbreite so zwischen 'nem schwachen Hauptschüler und 'nem guten Gymnasiasten, also innerhalb dieses Förderschwerpunktes wieder."

Eine Lehrerin berichtet, dass ein Förderschüler vor einiger Zeit in den Erweiterungskurs (der Gesamtschule) gewechselt sei und kommentiert dies mit den Worten: „Es gibt auch solche". Einige Lehrende versuchen zudem bewusst, eine sprachliche und auch unterrichtliche Einteilung in die Gruppe der Schüler mit und ohne Förderbedarf zu vermeiden und sprechen lieber von „leistungsstarken" vs. „leistungsschwachen" Schülern, zu denen dann teilweise, aber nicht durchgängig Förderschüler gehören, sondern auch ‚andere' Schüler. Es wird in den Schilderungen deutlich, dass Wissen über die konkreten Ursachen der beschriebenen Lernprobleme nicht vorhanden ist, bzw. dass eher mit Alltagskonzepten gearbeitet wird (z.B. Faulheit, niedriger IQ); in einem Interview mit Gymasiallehrkräften wird auf das besondere soziale/familiäre Milieu vieler Förderschüler (Lernen) verwiesen. Direkt missachtende oder abfällige Bemerkungen über die Förderschüler finden sich nicht. Im Gegenteil zeigt sich in der Analyse, dass viele Lehrkräfte berichten, diese Schüler mindestens im selben Maße zu fördern wie die übrigen Schüler, in der Regel sogar deutlich intensiver, und dass sie dafür in der Unterrichtsplanung einen erheblichen Mehraufwand in Kauf nehmen.

4.2.2 Überzeugungen hinsichtlich der Ziele und Maßnahmen des Unterrichts

Generell wird berichtet, dass die Ziele des Englischunterrichts für die meisten Förderschüler reduziert werden (müssen): Es werden weniger Vokabeln verlangt, als Unterrichtsprache wird häufig auch Deutsch akzeptiert und die Vermittlung von Grammatik wird auf ein Minimum reduziert oder sogar aufgegeben. Diese Reduktionen werden bedauert: Man müsse teilweise erhebliche „Abstriche" in der Qualität und Quantität des Stoffes machen. Mehrere Male wird von einem Zielkonflikt zwischen der gemeinsamen Unterrichtung von Förderschülern und den ‚übrigen' Schülern gesprochen, hier am Beispiel der Förderung des Sprechens:

> „Und das kann ich ja eigentlich als Lehrer kaum leisten. Ich kann nicht auf der einen Seite, ja, mit den Gymnasialschülern auf ‚nem viel höheren Niveau, was weiß ich, auch ja Mündlichkeit ja wirklich ausbauen und gleichzeitig die Mündlichkeit mit den Kindern mit Förderbedarf trainieren, die die eigentlich brauchen. Also da ist ein Konflikt, den ich nicht zu lösen weiß."

Während die interviewten Lehrkräfte an den Gemeinschaftsschulen hier keine Probleme artikulieren, sondern vielmehr darauf abheben, dass ihre Förderschüler (Lernen, Emotionale und Soziale Entwicklung) im Prinzip ihrer bisherigen, überwiegend aus Hauptschülern bestehenden Klientel durchaus vergleichbar seien und nur früher „nicht so beurteilt", sprich mit dem Label Förderbedarf versehen wurden, sehen einige Lehrer an Gymnasien, aber auch an Gesamtschulen, hier ein Problem, das sich aus ihrer Sicht auch nicht durch binnendifferenzierende Maßnahmen lösen lasse und dem sie durch eine Vergrößerung der Pull-out-Phasen zu begegnen hoffen.

In allen Interviews wird die Überzeugung geäußert, dass der Unterricht in den gemeinsamen Phasen im Vergleich zum Vorgehen in Klassen ohne Inklusionsschüler kleinschrittiger, vereinfachter, langsamer und wiederholender (gestaltet) werden muss und wird. Die getroffenen Maßnahmen umfassen neben stark vereinfachtem Material (weniger Text, kürzere Sätze, einfacheres Englisch) u.a. häufiges Abschreiben von der Tafel, aber auch die Unterstützung durch Peers im Rahmen von Gruppenarbeiten. Moniert wird, dass das von Verlagen angebotene Fördermaterial noch zu schwierig sei (in einer Formulierung: eher für einen „leistungsschwachen Gymnasiasten" geeignet), bzw. dass Fördermaterialien für die Förderschüler mit anderen Szenarien innerhalb des Materials und mit anderen Charakteren arbeiteten, sodass eine auch nur phasenweise gemeinsame Unterrichtung dadurch erschwert werde.

4.2.3 Überzeugungen bezüglich der Effekte des Gemeinsamen Unterrichts

Alle Lehrkräfte schildern eine deutlich stärkere Orientierung an den schwächeren Schülern in ihren Klassen (zu denen die Förderschüler häufig, aber nicht in jedem Falle gezählt werden). Bezüglich der wahrgenommenen Effekte des gemeinsamen Unterrichts lassen sich zwei Positionen ausfindig machen: Zum einen wird berichtet, dass dieser Unterricht ein Gewinn für alle Schüler sei und dass die Förderschüler vom Unterricht an der Regel- und nicht Förderschule deutlich fachlich und sozial profitieren.

> „Der Wunsch ist schon, dass die Schüler länger im Klassenverband sind, weil sie lernen einfach bei der Regelschullehrerin tausendmal mehr. Ich bin einfach auch in Englisch überhaupt nicht doll ausgebildet. Ich kann es nicht gut. Als Sonderschullehrerin kann ich auch nicht alle Fächer gut können und das kann ich gar nicht gut. Und die lernen einfach bei den Regelschullehrern und bei ihren Klassenkameraden tausendmal mehr."

Zum anderen werden Nachteile für die leistungsstärkeren Schüler und teilweise auch für die Förderschüler selbst ausgemacht; nicht alle Schülergruppen profitierten von der Inklusion.

> „Ich glaube, die einzigen, die davon Profit tragen, sind die Schüler, die keinen Förderstatus haben, aber auch nicht sehr fit sind. Sage ich mal. Sondern die so durchschnittlich bis ausreichend sind. Die profitieren von diesem Lerntempo."

Als problematisch erscheint vielen insbesondere die angemessene Förderung der leistungsstärkeren Schüler, denn deren Bedürfnisse – stärkere Einsprachigkeit, komplexere Strukturen, erweiterter Wortschatz, Schriftlichkeit – bleiben aus Sicht vieler Lehrkräfte tendenziell auf der Strecke. Zugleich wird eine Wirkung auf das eigene Denken und Handeln insofern berichtet, als die Lehrkräfte deutlich stärker über die Förderung einzelner Schüler nachdenken und sich ihr Blick auf Schüler individualisiert.

> „Also ich mache mir mehr Gedanken, wie ich den Schülern weiterhelfen kann. Ich fordere nicht nur ein, sondern mache mir mehr Gedanken, wie ich ihn ermutigen kann, oder was für Hilfe ich noch zusätzlich anbieten kann. Also da habe ich mir früher nicht so viele Gedanken drum gemacht."

Alle Befragten schätzen das Unterrichtsfach Englisch gegenüber Fächern wie Deutsch oder Mathematik für die Inklusion als deutlich schwieriger ein, insbesondere in den höheren Jahrgangsstufen:

> „In den höheren Klassen [jenseits 5/6, die Verf.] wird es zunehmend doch sehr schwierig, die bei der Stange zu halten und sie nur einigermaßen mit-zuziehen."

> „Englisch ist ein schwieriges Fach. Nicht nur ab Klasse 7, sondern wenn man ehrlich ist schon ab Klasse 5. […] Die ersten Units gehen vielleicht noch zusammen, obwohl die schon deutlich vereinfacht, oder elementarisiert werden müssen, damit beide Gruppen gut damit arbeiten, wobei wir beide das immer so gemacht haben, dass ich den Unterricht für den Regelschüler geplant habe und dann einfach an Frau X geschickt hab und sie hat geguckt, wo können wir anknüpfen. […] In der Grammatik sind wir meistens ganz schnell auseinandergegangen, weil das doch zügig sehr komplex wird – was aber nicht heißt, dass man Englisch nicht zusammen machen kann."

Plädiert wird dann sehr oft für eine stärkere oder fast (!) ständige äußere Differenzierung (Pull-out im Sinne flexibler oder fester Separierung in einer Klein-gruppe) oder sogar für die Möglichkeit der Abwahl des Englischen, da die Basis-kompetenzen in Deutsch und Mathematik für diese Schüler wichtiger seien: „[In] Englisch ist eine frühe Differenzierung sinnvoll".

4.3 Praktiken der Unterrichtsgestaltung

Grundsätzlich wird als Organisationsmodell des Englischunterrichts ein stark binnendifferenzierender Unterricht mit flexiblen Pull-out-Elementen in Abhängig-keit der Verfügbarkeit über Teamarbeitsmöglichkeiten in den Jahrgängen 5/6 er-kennbar. Ab Jahrgang 7 werden die Förderschüler (Lernen) im Fall von Gesamt- oder Gemeinschaftsschulen den Differenzierungskursen (meist Grundkurse) zugewiesen und bilden dann mit den anderen lernschwächeren Schülern wieder einen neuen Kurs mit flexiblen oder festen Pull-out-Anteilen. Im Fall von Gymnasien, denen diese Differenzierungsform nicht zur Verfügung steht, werden sie offenbar zwar nie dauer-haft in eine Art kleine Förderschulklasse separiert, aber doch zunehmend häufiger und länger von einer Sonderpädagogin im Differenzierungsraum unterrichtet. Aus-sagen und Erfahrungen jenseits der Klasse 9 kommen in den Interviews nicht vor.

4.3.1 Binnendifferenzierung und Pull-out

Viele Inklusionsschüler verlangen nach Einschätzung der befragten Lehrpersonen ein höheres Maß an Aufmerksamkeit und Betreuung im Unterricht als Regelschüler. Nicht wenige benötigten mehr Zeit als der Rest der Klasse zum Erledigen der ihnen gestellten Aufgaben, sodass sich das Arbeitstempo insgesamt verlangsame und damit auch die Menge an lehrbarem „Stoff" sinke. Wenn mit binnendifferenzierenden Methoden und/oder Materialien gearbeitet werde, müssen mehr Prozesse als in einer vergleichsweise homogene(re)n Lerngruppe organisiert, angeleitet und im Anschluss ausgewertet werden. Zwar lässt sich die Heterogenität in vielen Lerngruppen nach Lehreraussagen teilweise durch die Materialien auffangen. Zudem operieren viele Lehrkräfte offensichtlich mit wechselnden Lernarrangements und mit unterschiedlichen Konstellationen in Bezug darauf, welche Schüler Aufgaben ggf. gemeinsam im Tandem bearbeiten. Berichtet wird aber auch, dass zumindest einige leistungsstärkere Schüler zunehmend weniger Freude daran finden, vermehrt als Lernhelfer für weniger starke Mitschüler agieren zu sollen bzw. solange immer neue Arbeitsblätter oder andere Aufgaben bearbeiten zu müssen, bis auch die anderen mit ihrer Arbeit fertig sind:

> „Ich kann nur differenzieren, indem ich für die schnellen und zügig arbeitenden Schüler mehr Arbeitsblätter dabeihabe, oder die Aufgabe schwieriger gestalte. Da sind die aber auch ganz schnell durch. Ich bin das alles schon durch. Ich habe das im Referendariat schon alles versucht. Und da musste ich ganz genau gucken, wie ich so 'ne Stunde plane, damit keiner, damit keinem langweilig wird. Auch die Schüler dann als Teacher einsetzen. Die haben dann auch irgendwann mal keine Lust mehr dazu. Und das vergisst man immer. Es hört sich zwar ganz toll an. Und dann können die da soziale Kompetenzen erweitern und selber den Stoff wiederholen, indem sie dem Kind das nochmal drei Mal erklären. Das ist nicht so schön, wie das klingt, in der Praxis."

Zugleich gibt es Aussagen, nach denen bei Schülern am anderen Ende des Leistungsspektrums das Gefühl des Versagens entstehen kann, wenn ihnen im Vergleich erheblich deutlicher als an einer Förderschule vor Augen geführt wird, wie stark die Leistungsdifferenz zwischen ihnen und (einigen) Regelschülern ist.

> „Und das, so ist mein Empfinden, meine persönliche Einstellung, wird bei der ganzen Inklusion häufig außen vor gelassen, dass es für die nicht nur schön ist, in einer Regelschule zu sein, sondern, dass es für die auch schwierig sein kann, immer mit welchen zusammen zu sein, wo ihnen vorgehalten wird: ‚Und das kannst du alles nicht!'"

Obwohl praktisch alle Lehrkräfte sich kaum etwas dringender wünschen als eine permanente Verfügbarkeit einer zweiten Lehrkraft (sofern ihnen dieses Angebot nicht zur Verfügung steht), bekunden viele von ihnen jedoch gleichzeitig Bauchschmerzen mit dem damit möglich werdenden Pull-out: Dieser verlange ein Mehr an Planungs- und Vorarbeit. Die Fachlehrkräfte müssten sich im Vorfeld inhaltlich und organisatorisch mit den Förderkräften abstimmen, welche die jeweils aus dem Unterricht herausgenommenen Schüler in dieser Zeit betreuen. Es müsse anschließend mehr auf- und nachbereitet werden. Vor allem habe das wiederholte Herausnehmen aus der Großgruppe aber auch unmittelbare Auswirkungen auf die Psyche lernschwächerer Schüler:

> „Dieses Rausnehmen, das war nämlich in meiner alten Klasse so: Das haben die als Strafe empfunden. Wenn ich gesagt habe: „Komm, ich erkläre dir noch mal etwas", das ging gar nicht."

Wer wann und wie herausgenommen wird, unterscheidet sich offenbar erheblich: Bei einigen Lehrkräften sind es stets die (attestierten) Förderschüler, andere sehen darin eine Stigmatisierungsgefahr und mischen die Pull-out-Gruppen regelmäßig flexibel durch oder verringern die Klassenstärke, indem sie die Lerngruppe jeweils halbieren und Parallelunterricht anbieten. Wieder andere finden Argumente gegen Pull-out, weil ein zieldifferentes Unterrichten ja auch bedeuten könne, dass die zieldifferenten SuS manchmal einfach gar nichts hinzulernen müssen, weil sie es (gerade) gar nicht können:

> „Ja, deshalb heißt es ja auch zieldifferent. Ich finde, ganz viele Lehrkräfte unterschätzen auch die Vorteile von diesen Schülern, ja. Jetzt zum Beispiel an 'nem Gymnasium. Textanalyse und haste nicht gesehen. Da habe ich gesagt: Die Schüler sind zieldifferent. Die müssen gar nix. Die müssen keinen Text analysieren können. Wenn Sie denen 'nen Text hinlegen und sagen: ‚Unterstreich zum Beispiel alle Wörter, die mit Essen zu tun haben'; und die anderen machen da ihre Textanalyse. Reicht doch."

4.3.2 Förderung spezifischer fremdsprachlicher Fertigkeiten und Phasierung des Unterrichts

Nahezu alle befragten Lehrkräfte geben an, dass die Aneignung von Wortschatz speziell für Schüler mit den Förderbedarfen Lernen bzw. Emotionale und Soziale Entwicklung eine enorme Herausforderung darstellt. Bei ihnen beobachten sie oft strategische und teils auch kognitive Probleme, die es ihnen nahezu unmöglich machen, sich unbekannte Wörter nachhaltig und in größerer Zahl anzueignen:

> „Wenn wir Extramaterial von Anfang an fahren, dann hängen wir sie aber auch gleichzeitig ab. Also, das ist so ein Abkoppeln von dem regulären Unterricht, sage ich mal. Aber es ist eben schon so, dass man auch nicht sagen kann, also nicht guten Gewissens sagen kann: ‚So, du brauchst nur zehn Vokabeln lernen und die anderen lernen 40'. Weil dann ja auch wieder das Verständnis dafür fehlt. Und das ist das, wo ich auch noch keine zufriedenstellende Lösung habe. Also ich möchte im Prinzip gerne, dass sie weniger tun müssen, aber ich kann das eigentlich nicht guten Gewissens machen, weil ich dann das Gefühl habe: Ich habe sie dann sofort abgehängt."

Damit fehle vielen Schülern eine entscheidende Grundlage, um Englisch über die Aneignung basaler Kenntnisse heraus erfolgreich rezipieren und produktiv anwenden zu können. Auch auf dem Gebiet der Syntax geraten diese Lerner in der Regel an ihre Grenzen. Was vielen im Fach Englisch im Urteil der befragten Lehrkräfte gut gelingt, ist das Vorlesen einfacher Texte (wobei es mit der Sinnentnahme und dem daraus resultierenden Verstehen des Gelesenen allerdings oft hapert). Auch beim Hörverstehen, besonders aber beim Hörsehverstehen, lassen sich bis zu einem gewissen Grad Erfolge erzielen, da auch schwache Schüler einfachen Texten oft zumindest elementare Informationen entnehmen können. Schon das Abschreiben einzelner Wörter und Sätze stellt jedoch viele vor Probleme, auch wenn dies nicht immer so sein muss. Typische berichtete Unterrichtspraktiken sehen beispielsweise so aus:

> „Also, jede Woche müssen die Kinder Vokabeltests schreiben. Die kriegen bei uns Wochenpläne auf, und dazu gehören auch immer ca. 20 Vokabeln pro Woche. Und die prüf' ich auch jeden Montag ab. Also, ich schreibe dann immer einen Test mit 15 Vokabeln. (…) Und dann haben wir am Thema weitergearbeitet. Wir hatten letzten Freitag ein neues Thema angefangen, neue Unit im Englischbuch. Da ging's um Probleme. Also Leserbriefe, in denen Jugendliche ihre Probleme schildern. Die haben wir am Freitag alle gelesen, Verständnis gesichert, analysiert. Welches Kind hat welches Problem? Was kann helfen? Das hatten wir an der Tafel. Und dann haben wir heute weitergehende Aufgaben dazu gemacht. […] Da wurde erst das Kind genannt, das das Problem hat, und das wurde geärgert von dem und dem Kind, weil … Ne, einfach nur zusammensetzen. Einfach nur Wiederholung dessen, was wir am Freitag gemacht hatten. Das haben wir mündlich gemacht. Und haben da … Dann habe ich es differenziert, dass die Kinder, die damit schon gut zu tun hatten, diese Sätze aufgeschrieben haben, während die leistungsstärkeren Kinder den Brief an das betroffene Mädchen geschrieben haben. Das war der Teil der Stunde. Und dann haben wir noch eine Höraufgabe gemacht.“

Ein weiteres, immer wieder geschildertes Vorgehen verbindet gemeinsame Phasen zu Unterrichts(reihen)beginn oder -ende mit ausgedehnten Differenzierungsphasen im Mittelteil. Die Einstiegsstunde wird beispielsweise mit allen gemeinsam gestaltet, danach arbeiten die Schülerinnen und Schüler entweder in (unterschiedlich zusammengesetzten) Gruppen an verschiedenen Teilprojekten zum Thema oder einige Schüler verlassen jeweils einige Minuten nach Stundenbeginn mit einer weiteren Lehrperson/Sonderpädagogin den Raum für spezielle Fördermaßnahmen (Pull-out), während die verbleibenden Schüler klassengemeinsamen Unterricht erfahren. Im Schlussteil der Stunden oder Reihen erfolgt dann wieder eine Zusammenführung über die Ergebnispräsentationen der Schüler.

Im Bereich des Sprechens gelinge es den Förderschülern (Lernen), sich mit kurzen formelhaften Wendungen produktiv am Unterrichtsgespräch zu beteiligen. Für die Unterrichtsgestaltung bedeutet dies, dass die betreffenden Schüler im Klassenkontext vor allem im Rahmen von Routinen zu Wort kommen, etwa beim Begrüßungsritual, bei der sich anschließenden Frage nach dem Datum und dem Wochentag oder bei einfachen Rollenspielen. Zudem haben sich lerngruppeninterne wie auch klassenübergreifende Projekte als allen Schülern ein Erfolgserlebnis ermöglichend erwiesen:

„Wir haben in der sechs zum Beispiel ein Projekt über London gemacht, was auch im Englischbuch steht. Solche Dinge gehen dann relativ gut. Wir haben dann, oder das Ziel war ein Guide- oder Mapbook zu erstellen; und das haben die auf ganz unterschiedlichen Niveaus alle gut hingekriegt. Natürlich auch mit Hilfe dann von der Förderschullehrerin."

„Und es war ein ganz großer Erfolg, dass alle, wirklich alle ihr Plakat der Popstars auf Englisch auch vorgestellt haben. Selbst wenn, die Schüler können das untereinander schon ganz gut einteilen. Also es gibt dann auch welche, die sagen, ohne jetzt Namen zu nennen: Du, du und du machst jetzt mal das, und das ist jetzt dein Bereich; und die lernen dann auch diese zwei oder drei Sätze mit denen auswendig, damit die nicht so nervös sind. Aber es war bei dem Popstarprojekt wirklich das erste Mal so, dass jeder was vorne auf Englisch vorgetragen hat, und das war schon, das war'n Schritt."

Problematisch scheint jedoch insbesondere die Adaption der mündlichen Produktion durch die Lehrkräfte auf die verschiedenen Schülerniveaus zu sein:

„Und dann, finde ich, ist immer das Schwierige: Ich möchte so viel wie möglich in der Zielsprache sprechen, also, ich möchte so viel wie möglich Englisch sprechen. Aber dann weiß ich ganz genau: Nur ein Drittel versteht mich. So, dann helfen wir uns mit der Sandwich-Methode und die Schüler übersetzen für uns und solche Sachen. Aber so richtig zufriedenstellend finde ich das nicht, weil ich dann auch das Gefühl habe: Die Starken brauchen irgendwann auch nicht mehr zuhören, weil die deutsche Version folgt ja sozusagen. Also, das mache ich nicht immer. Aber ihr wisst, was ich meine. Da finde ich, da beißt es sich so ein bisschen in den Schwanz. Also da, finde ich, kann man in einem Fach wie Mathe leichter differenzieren, weil die Sprache einheitlich ist und durch die Aufgaben differenziert wird."

Während differenzierte Aufgaben im Prinzip einzeln und in Gruppen bearbeitet werden können, kann die Sprache der Lehrkraft hier nicht in dieser Weise zeitgleich unterschiedlich komplex sein.

5. Diskussion

In der vorliegenden Interviewstudie wurden Erfahrungen – genauer Überzeugungen und berichtete Praktiken – von Englischlehrkräften im inklusiven Unterricht i.e.S. untersucht. Schwerpunkte lagen bei den vorhandenen Rahmenbedingungen und Ressourcen, bei den Überzeugungen hinsichtlich der Förderschüler sowie Zielen, Maßnahmen und Effekten des Unterrichts sowie bei der Gestaltung des Unterrichts im Sinne der didaktischen Grobstruktur. Es ergaben sich folgende zentrale Ergebnisse:

Bezüglich der Bedingungen und Ressourcen (Fragestellung 1) im inklusiven Unterricht zeigen unsere Analysen, dass sich die Lehrkräfte in unterschiedlichem Maße auf Inklusion vorbereitet haben und mit ihr wohlfühlen. Als wertvoll werden Erfahrungsaustausche „aus der Praxis für die Praxis", etwa Hospitationen und schulübergreifende Arbeitskreise, empfunden, wenn diese möglichst konkrete Hinweise für die alltägliche Arbeit geben. Der fachliche bzw. fachdidaktische Austausch wird stärker gewünscht, aber nicht zuletzt aus Zeitgründen (hohe Arbeitsbelastung und kaum gemeinsame Fenster für Absprachen) selten praktiziert. Als unabdingbar wird – entgegen den Befunden von Gerlach (2015, S. 131) – von den meisten befragten Lehrpersonen eine Doppelbesetzung im Unterricht angesehen, wobei die damit angesprochene Unterstützung durch Sonderpädagogen im Unterricht (Binnendifferenzierung im Team) oder außerhalb (Pull-out) aber zwischen den Schulen und Klassen augenscheinlich sehr ungleich verteilt ist: In einigen Klassen ist durchgängig eine „Doppelsteckung" realisiert, wobei einige Schulen zu diesem Zweck auch die ‚Inklusionskinder' in einer Klasse bündeln; in anderen Klassen und Schulen ist diese sonderpädagogische Unterstützung überhaupt nicht vorhanden. Die Lehr- und Lernmaterialien werden als zunehmend besser, aber immer noch als ungenügend beschrieben; gewünscht wird im Prinzip ein einziges Lehrwerk, welches noch stärker ‚nach unten' differenziert und dabei aber in Bezug auf Themen, Charaktere usw. immer noch eine hohe Ähnlichkeit aufweist, um immer wieder gemeinsame Anschlüsse zu ermöglichen.

Bezüglich der Überzeugungen der befragten Lehrkräfte (Fragestellung 2) lässt sich konstatieren, dass Englisch jenseits der Klassenstufen 5/6 häufig als Fach beschrieben wird, in dem Inklusion an ihre Grenzen kommt. Diesbezügliche Erklärungen fokussieren auf die Unterschiede des Leistungsvermögens zwischen den ‚zieldifferenten Förderschülern' und den anderen Schülern, wobei allerdings auch wiederholt und widersprüchlich darauf hingewiesen wird, dass nicht alle Förderschüler leistungsschwach seien, dass die Grenze zwischen Lernschwäche und attestiertem oder nicht offiziellem Förderbedarf fließend sei, und dass auch Förderschüler in ihrer Leistungsfähigkeit eine hohe Bandbreite aufweisen. Aufgefangen werden die mit der hohen „Bandbreite" verbundenen Schwierigkeiten des Unterrichtens entweder durch Niveaukurse oder – bei Doppelbesetzung – durch häufiges, teilweises flexibles oder starres Pull-out jenseits eines gemeinsamen Einstiegs in ein Thema oder eine Stunde und jenseits von abschließenden geneinsamen Präsentationsphasen. Geschildert wird eine hohe Orientierung an den schwächeren Schülern allgemein, zuweilen verbunden mit Befürchtungen, ob die leistungsstarken Schüler nicht dadurch vernachlässigt würden, und teilweise mit einem wahrgenommenen Zielkonflikt bei der Vorbereitung auf das Abitur. Für letzteres sehen einige Lehrkräfte durchaus Anzeichen. Es gibt aber auch jene, die im inklusiven Unterricht soziale und fachliche Vorteile für alle Schüler sehen.

Hinsichtlich der berichteten Praktiken im Unterricht (Fragestellung 3) lässt sich zusammenfassend festhalten, dass alle Lehrpersonen, sofern praktisch umsetzbar, ein unterschiedliches Maß an Pull-out praktizieren (und befürworten): Das Spektrum reicht von durchgängigem Pull-out der Schüler mit zieldifferenten Förderbedarfen ab Jahrgang 5 über flexible, zeitweise und räumlich getrennte Förderung/Unterrichtung allgemein von Schülern mit Lernschwierigkeiten in den Mittelphasen der Unterrichtsreihen bis hin zu „So wenig Pull-out wie möglich" und dem Versuch, mit Formen der inneren Differenzierung zu experimentieren und Pull-out möglichst zu vermeiden. Im

Unterricht wird – im Einklang mit Erkenntnissen aus der Studie von Gerlach (2015) – nach eigenen Angaben grundsätzlich kleinschrittiger und langsamer vorgegangen, sofern die zieldifferenten Schüler anwesend sind; der Fokus liegt stärker auf dem Mündlichen, die Anforderungen im Bereich Wortschatzvermittlung und Grammatik werden für diese Schülerinnen und Schüler durchgängig reduziert (wobei einige Lehrkräfte durchaus Förderschüler ermutigen und einige Förderschüler auch Wert darauf legen, sich nicht von vorneherein mit den einfacheren Aufgaben zu begnügen). Der Abschied von der Erwartung, dass alle Schüler letztlich das gleiche Niveau erreichen müssen, wird von vielen als zentrale Erkenntnis aus dem inklusiven Unterricht formuliert.

Im Vergleich zur Studie von Springob (2017, S. 245) zeigt sich, dass dort der Pull-out ebenfalls ein wichtiges Thema der Praxis war:

> „So werden die zieldifferent geförderten SchülerInnen immer wieder in einer Kleingruppe von einer Lehrkraft gezielt unterrichtet und erhalten sprachliche Übungen und Aufgaben, zum Beispiel explizite Erklärungen von Laut-Symbol-Folgen. In diesen Einheiten werden gemeinsame Unterrichtsstunden vorentlastet und nachbereitet, rezeptive und produktive Fertigkeiten gezielt eingeübt; Hörverstehens- und Leseübungen werden genauso wie Sprech- und Schreibübungen angeboten. Während somit beispielsweise die zielgleich unterrichteten SchülerInnen eine Einführung zum Gebrauch des Passivs erhalten […] vertiefen die drei zieldifferent unterrichteten SchülerInnen den Gebrauch der einfachen Vergangenheitsform. Die SchülerInnen haben vor allem in der Kleingruppe ausreichend Zeit für Wiederholungen und Übungsschlaufen."

Dabei standen dem Autor – anders als den meisten von uns interviewten Lehrkräften – eine durchgehende Doppelbesetzung im Englischunterricht sowie stets ein zweiter Klassenraum zur Verfügung (vgl. ebd., S. 307); und „[o]hne die entsprechenden Ressourcen in Form von ausreichenden Lehrkräften, einem Differenzierungsraum, realisierter Doppelbesetzung in festgelegten Fächern, geblockten Teamzeiten im Stundenplan und eine durchgehende Unterstützung durch SonderpädagogInnen wäre die Umsetzung deutlich schwieriger" (ebd., S. 354). Trotzdem lautet selbst für ihn ein Fazit, dass zieldifferenter Unterricht irgendwann an seine Grenzen stoßen kann, wobei er ergänzend darauf verweist, dass dies im Fall des Gymnasiums, dem Schultyp, an dem er arbeitet und geforscht hat, noch einmal besonders zum Tragen kommen kann. Denn er bilanziert:

> „Ein ‚Mitziehen' von SchülerInnen, die trotz Unterstützung und Förderung erkennbare Schwierigkeiten haben und mit den vorgegebenen Anforderungen ‚kämpfen', kann hier nicht die Lösung sein – vor allem nicht, wenn alle dasselbe Ziel erreichen müssen. […] Das Selektionsprinzip eines Gymnasiums widerspricht der Idee von Inklusion diametral."

Chilla & Vogt (2017) regen vor einem ähnlichen Hintergrund an, der weiter angewachsenen Heterogenität von Lerngruppen z.B. durch eine Kombination von

Lernen am gemeinsamen Gegenstand mit aufgabenorientiertem Englischunterricht zu begegnen. Wie auch bezüglich anderer in der jüngeren Literatur zum Thema unterbreiteter Vorschläge könnte hier in der Tat *eine* Perspektive aufgezeigt sein. Wie bei praktisch allen weiteren Anregungen steht aber, wie fairerweise hinzugefügt werden muss, auch hier der empirische Nachweis ihrer Praxistauglichkeit bislang noch aus.

Insgesamt wird in den der vorliegenden Studie zugrundeliegenden Interviews einerseits an vielen Stellen Kritik an Bildungspolitik und -administration sowie am Mangel an Ressourcen und dem hohen Aufwand für die Unterrichtsvorbereitung geäußert. Andererseits gaben aber so gut wie alle Interviewten auch explizit zu verstehen, dass sie im Schulalltag unter den herrschenden Bedingungen kreative Lösungen bereits gefunden haben oder nach wie vor suchen. Aussagen wie „Es ist ein ständiges Gucken und Testen", „Ansonsten versucht man halt irgendwie sich von Tag zu Tag zu retten" oder „Das ist ein permanentes Austarieren: Was ist jetzt der richtige Weg?" verweisen auf den Modus des *Muddling through*, mit dem die Lehrkräfte ihren Arbeitsalltag im inklusiven EU, wenngleich unter gefühlt hoher Belastung, in Klasse 5 und 6 bewältigen. Ob diese Beobachtungen auch über die von uns befragte Klientel bzw. deren Schulen und vor allem auch über die Unterstufe hinaus Geltung besitzen bzw. behalten können, ist wegen der fehlenden empirischen Basis ein dringendes Desiderat der weiteren Erforschung inklusiven Englischunterrichts.

Abschließend ist noch auf Beschränkungen der vorliegenden Untersuchung hinzuweisen. Zunächst erlaubt die Stichprobe keine Verallgemeinerungen auf eine größere Gesamtheit von Lehrpersonen; dazu bedarf es einer repräsentativen Befragung, zu der die vorliegende Untersuchung möglicherweise eine Ausgangsbasis darstellen könnte. Zudem ist zu bedenken, dass die Grundlage für die Ergebnisse Selbstauskünfte darstellen, wobei nicht auszuschließen ist, dass die Interviews zumindest einigen Befragten auch schlicht die Möglichkeit gaben, endlich einmal ‚Dampf abzulassen'. Es sei auch grundsätzlich noch einmal darauf hingewiesen, dass die hier berichteten Überzeugungen und Praktiken von Professionellen bzw. Praktikern stammen und in diesem Sinne subjektive und nicht objektive, wissenschaftlich geprüfte Theorien darstellen. Insbesondere für die Frage nach den tatsächlichen Unterrichtspraktiken in inklusiven und nicht inklusiven Lerngruppen müssen Beobachtungsstudien durchgeführt werden; vor allem die berichteten Schätzungen zum Pull-out bedürfen einer empirischen Objektivierung. Abschließend ist auch darauf hinzuweisen, dass im Fokus der befragten Lehrkräfte hauptsächlich Schülerinnen und Schüler mit Förderbedarfen in den Bereichen Lernen und Emotionale und Soziale Entwicklung standen und eine Generalisierung der vorliegenden Befunde auf alle Schüler mit besonderen Förderbedarfen daher nicht ohne Weiteres möglich ist.

Literatur

Amrhein, B. & C. Bongartz (Hrsg.) (2015). Diversity and Inclusion in Second and Foreign Language Learning – Chancen für die LehrerInnenbildung. In R. Bartosch & A. Rohde (Hrsg.), *Im Dialog der Disziplinen. Englischdidaktik – Förderpädagogik – Inklusion* (S. 25–44). Trier: Wissenschaftlicher Verlag.

Bartosch, R. & A. Rohde (Hrsg.) (2014). *Im Dialog der Disziplinen. Englischdidaktik – Förderpädagogik – Inklusion.* Trier: Wissenschaftlicher Verlag.

Bongartz, C. & Rohde, A. (Hrsg.) (2015). *Inklusion im Englischunterricht.* Frankfurt am Main: Lang.

Borg, M. (2001). Teachers' beliefs. *ELT Journal, 55*(2), 186–188.

Claus, A. & Hoppe, M. (2013). *Förderarbeitsheft 1 – Englisch.* Stuttgart: Klett. (und weitere Bände)

Chilla, S. & Vogt, K. (2017). Englischunterricht mit heterogenen Lerngruppen: eine interdisziplinäre Perspektive. In dies. (Hrsg.). *Heterogenität und Diversität im Englischunterricht* (S. 55–81). Frankfurt am Main: Peter Lang.

Cziep, W. et al. (Hrsg.) (2012). *London Bridge.* Schülerheft 1 mit Audio-CD. Braunschweig: Diesterweg. (und weitere Ausgaben)

Fend, H. (2006). *Neue Theorie der Schule. Das Bildungswesen als institutioneller Akteur der Menschenbildung.* Wiesbaden: Verlag für Sozialwissenschaften.

Gerlach, D. (2015). Inklusion im Fremdsprachenunterricht. Zwischen Ansprüchen und Grenzen von Heterogenität, Fachdidaktik und Unterricht(srealität). *Fremdsprachen lehren und lernen, 44*(1), 123–137.

Klein-Landeck, M. (Hrsg.) (2014). *Inklusions-Material Englisch Klasse 5–10.* Berlin: Cornelsen Scriptor.

Köpfer, A. (2014). Kernkategorien einer inklusiven Englischdidaktik. In R. Bartosch & A. Rohde (Hrsg.), *Im Dialog der Disziplinen. Englischdidaktik – Förderpädagogik – Inklusion* (S. 157–166). Trier: Wissenschaftlicher Verlag.

Mayring, P. (2002). *Einführung in die Qualitative Sozialforschung.* Weinheim und Basel: Beltz.

Reckwitz, A. (2003). Grundelemente einer Theorie sozialer Praktiken. Eine sozialtheoretische Perspektive. *Zeitschrift für Soziologie, 32*(4), 282–301.

Rohde, A. (2014). Didaktische Überlegungen zum inklusiven Englischunterricht. In R. Bartosch & A. Rohde (Hrsg.), *Im Dialog der Disziplinen. Englischdidaktik – Förderpädagogik – Inklusion* (S. 9–23). Trier: Wissenschaftlicher Verlag.

Schäfer, U. (2014). Englischunterricht für Schülerinnen und Schüler mit Lernschwierigkeiten. In Bartosch, R. & A. Rohde (Hrsg.), *Im Dialog der Disziplinen. Englischdidaktik – Förderpädagogik – Inklusion* (S. 45–62). Trier: Wissenschaftlicher Verlag.

Springob, J. (2017). *Inklusiver Englischunterricht am Gymnasium. Evidenz aus der Schulpraxis im Spiegel von Spracherwerbstheorie und Fremdsprachendidaktik.* Frankfurt am Main: Peter Lang.

IV
Blicke über den Tellerrand

Veronika Timpe-Laughlin und Michael K. Laughlin

Universal Design for Learning
Review and recommendations for EFL instruction

1. Introduction

Since the adoption of the UN Convention on the Rights of Persons with Disabilities in 2009, German elementary and secondary schools have increasingly aimed to implement inclusive learning environments in order to provide meaningful instruction to a diverse body of students (Forsa, 2017). In fact, cultural, political, and educational changes have altered the mix of students in today's classrooms to the extent that one classroom might include students with a migration background, students with diverse linguistic and cultural backgrounds, students with emotional, behavioral, attentional, and social issues, as well as students with visual, motor, speech, or learning disabilities. In such circumstances, educators face a dual challenge: the challenge of learner diversity and the challenge of standards and accountability (Rose, & Meyer, 2002). While a large number of teachers are appreciative and supportive of the fundamental principle of inclusion, an almost equally large number of instructors still struggle with how to implement and operationalize inclusive learning in their classrooms (Forsa, 2017).

In this chapter, we will review an educational framework that may offer a first step toward a practical solution to teachers in meeting the needs of each individual student: Universal Design for Learning (UDL). In the following, we will first provide a brief, high-level summary of the concept and basic principles underlying UDL, before addressing a number of common misconceptions about the framework. Finally, we will provide examples of practical teaching tasks, showing how UDL can be implemented in the context of planning English as a Foreign Language (EFL) instruction.

2. Universal Design for Learning (UDL) revisited

UDL is a framework of instruction that is intended to guide the design and development of curricula and lessons, aiding to make learning environments inclusive and effective for all learners (Hall, Meyer, & Rose, 2012). Based on decades of research into learning differences, UDL is rooted in three principles that "map onto three groups of brain networks" that all play a crucial role in learning (Hall, et al., 2012, p. 2):

1) The recognition networks (the *what* of learning)
...allow us to identify and understand concepts, ideas, and information, highlighting the need to support recognition learning and to present what is being taught in multiple ways, thus catering to different forms of recognition.

2) The strategic networks (the *how* of learning)
...determine how we organize and express ideas. Instruction needs to be flexible in terms of how students approach learning and express what they know, allowing and supporting multiple means of expression and action.

3) The affective networks (the *why* of learning)
...underscore the need to keep students engaged and motivated, allowing and supporting options for generating and sustaining their motivation.

These three networks (see Figure 1 below) serve as the foundation for guiding teachers in how to design inclusive learning contexts by implementing the three distinct principles: provide multiple means of representation, provide multiple means of action and expression, and provide multiple means of engagement (CAST, 2014). Hence, the critical factor for successful UDL implementation is to "provide multiple means," reminding teachers to offer variety and to exercise flexibility with regard to their diverse student body.

As shown in Figure 1, underlying the three principles are nine specific guidelines and a total of 31 checkpoints designed to aid or remind teachers of ways to successfully promote the *what*, *how*, and *why* of learning (CAST, 2014). For example, the first guideline under multiple means of representation calls for teachers to provide different options for perception, that is, presenting information to learners in a variety of ways. This guideline is supported by three checkpoints to ensure teachers offer (1.1) ways of customizing the display of information, (1.2) alternatives for auditory information, and (1.3) alternatives for visual information. For example, providing paper-based handouts of a text that is to be read in class in different fonts and/or sizes would align with checkpoint 1.1 insofar as it customizes the display of the reading passage for students with visual impairments who would benefit from enlarged text (Pattillo, Heller, & Smith, 2004). Similarly, students with visual impairments as well as those with a preference for auditory input may fare better when written text is accompanied by audio clips or text-to-speech options (1.2). By contrast, students with auditory impairments, students with a preference for visual input, and new students who may still struggle with the target language (e.g. students with a refugee background) may profit when a reading passage is accompanied by pictures or when a video clip that is shown in class features captions (1.3). As shown in these examples, the UDL principles and guidelines provide a checklist of considerations to help teachers address the demands of a diverse student population. They aim to provide guidance – not prescription – for inclusive classroom practice. In particular, the framework encourages teachers to not only consider a single technique that may have proven successful and effective in the past, but to diversify their instructive practices and materials in order

Figure 1: The three UDL principles © CAST, Inc. (Used with permission. All rights reserved.)

Universal Design for Learning Guidelines

I. Provide Multiple Means of **Representation**	II. Provide Multiple Means of **Action and Expression**	III. Provide Multiple Means of **Engagement**
1: Provide options for perception	**4: Provide options for physical action**	**7: Provide options for recruiting interest**
1.1 Offer ways of customizing the display of information	4.1 Vary the methods for response and navigation	7.1 Optimize individual choice and autonomy
1.2 Offer alternatives for auditory information	4.2 Optimize access to tools and assistive technologies	7.2 Optimize relevance, value, and authenticity
1.3 Offer alternatives for visual information		7.3 Minimize threats and distractions
2: Provide options for language, mathematical expressions, and symbols	**5: Provide options for expression and communication**	**8: Provide options for sustaining effort and persistence**
2.1 Clarify vocabulary and symbols	5.1 Use multiple media for communication	8.1 Heighten salience of goals and objectives
2.2 Clarify syntax and structure	5.2 Use multiple tools for construction and composition	8.2 Vary demands and resources to optimize challenge
2.3 Support decoding of text, mathematical notation, and symbols	5.3 Build fluencies with graduated levels of support for practice and performance	8.3 Foster collaboration and community
2.4 Promote understanding across languages		8.4 Increase mastery-oriented feedback
2.5 Illustrate through multiple media		
3: Provide options for comprehension	**6: Provide options for executive functions**	**9: Provide options for self-regulation**
3.1 Activate or supply background knowledge	6.1 Guide appropriate goal-setting	9.1 Promote expectations and beliefs that optimize motivation
3.2. Highlight patterns, critical features, big ideas, and relationships	6.2 Support planning and strategy development	9.2 Facilitate personal coping skills and strategies
3.3 Guide information processing, visualization, and manipulation	6.3 Facilitate managing information and resources	9.3 Develop self-assessment and reflection
3.4 Maximize transfer and generalization	6.4 Enhance capacity for monitoring progress	
Resourceful, knowledgeable learners	**Strategic, goal-directed learners**	**Purposeful, motivated learners**

 CAST

APA Citation: CAST (2011). *Universal design for learning guidelines version 2.0.* Wakefield, MA: Author.

to accommodate the individual needs of every learner in the classroom (for more detailed discussions and practical applications see Hall, et al., 2012).

3. Common misconceptions about UDL: What it is and what it is not

Although the UDL framework may appear simplistic and even optimistic, its implementation still seems to present challenges (Edyburn, 2010) – challenges that may largely be due to a number of misconceptions about the framework. Drawing primarily upon the misconceptions put forth in Nelson and Basham's (2014) blueprint for UDL implementation, we will introduce common misunderstandings and briefly discuss each one in an attempt to clarify further the fundamental idea of what UDL is and what it is not.

Misconception #1: UDL is for students with disabilities.
While the UDL framework did originate from creating supports for students with disabilities, research continues to demonstrate value towards the learning pathways of any student, regardless of ability (Meyer, Rose, & Gordon, 2014). For example, Proctor, Dalton, and Grisham (2007) found increases in vocabulary knowledge in both Spanish-speaking English language learners (ELLs) and monolingual English speakers who struggle with reading. Specifically, both groups showed significant vocabulary and comprehension gains as a result of various supports around "the productive use of reading comprehension strategies" (Proctor, et al., 2007, p. 1).

Misconception #2: UDL is an instructional strategy.
UDL is a conceptual framework whose principles are compatible with different approaches to instruction such as *differentiated instruction* (e.g., Tomlinson, 2017), *cooperative learning* (e.g., Johnson, & Johnson, 1999), *task-based language learning* (e.g., Long, 2015), or *project-based learning* (e.g., Thomas, 2000). The key is that the approach to teaching needs to be learner-centered insofar as it focuses on students as actively constructing meaning, while the teacher acts as facilitator, providing support in the learning process "rather than impart[ing] knowledge" (Rose, & Meyer, 2002, p. 8).

Misconception #3: UDL is the same as differentiation.
Similar to UDL, differentiated instruction encourages teachers to proactively design "multiple options for taking in information, making sense of ideas, and expressing what they learn" (Tomlinson, 2017, p. 1). The UDL framework is slightly broader in scope insofar as it also guides teachers to consider curricula and learning environments at the design stage. By contrast, differentiated instruction places emphasis on individual needs, content, process, and products applied in the actual classroom (CAST, 2013). When used together, both frameworks offer a more comprehensive approach to meeting the learning needs of all students.

Misconception #4: UDL is what good teachers already do.
First and foremost, what constitutes "a good teacher"? Is it an instructor whose students excel academically? Or is it a teacher who provides a positive learning environment for students who may struggle academically, but then flourish socially and emotionally in the positive learning environment? While the debate around tangible variables that constitute good teaching will continue, UDL should not be discussed in the light of "good instructor" versus "poor instructor." Instead, teachers can utilize the UDL framework which functions as a systematic reminder intended to help educators create positive (learning) experiences. The UDL framework focuses on the needs of the learners by guiding teachers through a list of considerations so they may plan for and create the supports needed for their students to learn. In their planning of a lesson, some instructors may have considered more options than others. Yet, regardless of what has been considered a priori, the UDL framework will provide useful reminders to all instructors.

Misconception #5: UDL can be implemented only with small groups of learners.
UDL can be implemented regardless of the size of the class. The framework directs teachers to focus on designing lesson activities reflective of the intended goal(s). Once goals and objectives are established, teachers can apply the framework to the specific needs of the students in the class. Teachers of small classrooms may rely more on whole group activities while the class with 30-40 students may utilize small group and individualized activities more frequently.

Misconception #6: UDL is compatible only with a certain type of teacher.
UDL does not cater to specific teachers only. However, it requires teachers to embrace a particular mindset. First, teachers must consider their instructional design to include the variation among all students; from those with learning disabilities to those deemed gifted and talented. Second, teachers must actively reflect on *why* and *how* their selected supports relate to UDL and whether or not these supports scaffold and promote student learning for the given group of learners. Third, UDL places instructional focus on the learner, not the teacher. Delivering instruction via lecture may be preferred by the teacher, but other approaches (e.g., cooperative learning, guided discovery) may better suit student needs.

Misconception #7: UDL can only be implemented in specific subject areas.
UDL is intended to support student learning, regardless of subject area. Emerging research continues to demonstrate application across a broad variety of educational disciplines, including fields as different as natural sciences (Dymond, et al., 2006), math (Lieber, Horn, Palmer, & Fleming, 2008), and EFL (Bahous, Bacha, & Nabhani, 2011).

Misconception #8: UDL is a product.
There are a host of technology tools and products that may help teachers implement UDL including examples for each principle and checkpoint. However, UDL itself is a conceptual framework that helps teachers determine which products and materials will help students achieve gains and meet certain learning goals.

Misconception #9: UDL is not based on empirical research.
UDL is based on a substantive body of empirical research from several fields, with findings substantiating each individual checkpoint. Emerging research continues to investigate UDL's application to instructional interventions (Graham, & Perin, 2007), curricular design (Meo, 2008), program implementation (Rose, Harbour, Johnston, Daley, & Abarbanell, 2006), and assessment (Rose, Hall, & Murray, 2008).

Misconception #10: UDL aims to make learning easy.
There are what Bjork and Bjork (2011) have called "desirable difficulties" – challenges inherent and necessary to any learning process. The aim of UDL is not to make learning easy. Instead, the framework strives to minimize undesirable challenges or barriers that create unnecessary difficulties, bias, and fairness issues.

Misconception #11: UDL is all about using technology.
A key notion of UDL is its emphasis on flexibility and technological applications offer just that: flexible solutions. For example, Rose and Meyer (2002) argued that "flexibility is inherent in the way digital content is stored and transmitted" (p. 62). Thus, technological tools provide a number of affordances to foster every student's opportunity to learn. However, technology tools promote learning only to the extent intended. Depending on the learning task, student ability, and the given teaching environment, technology should be considered only as a supplemental tool to promote intended learning outcomes (Norris, Davis, & Timpe-Laughlin, 2017). In fact, research has shown that UDL can also be implemented successfully in technology-free settings or low-tech environments (e.g., Rose, Gravel, & Domings, 2012).

To summarize, as an instructional design framework that teachers can use when developing curricula and planning instruction, UDL puts forth three principles that are further refined by each guideline. These guidelines have checkpoints for instructors in a variety of subject areas, reminding them how to proactively lower barriers for learning and effectively implement variability and flexibility in their methods, materials, and even assessments in order to meet the diverse needs of all learners (Meyer, et al., 2014; Rao, Smith, & Lowrey, 2017). Hence, by implementing flexibility and multiple means, UDL expands the "capacity of general education classrooms" to encompass inclusionary options and practices for all students (Rao, et al., 2017, p. 38). Although most educators and pedagogy designers see the value of UDL as a framework, it may at times be perceived as too complex to be operationalized. Additionally, preparing a lesson for a vastly heterogeneous group of students may simply appear daunting. To address some of these potential concerns, we will try to show how the principles and guidelines can be implemented and operationalized in the EFL classroom – an area that is still underrepresented in the UDL literature (Rao & Torres, 2016).

4. Operationalizing UDL guidelines in EFL education

Although UDL-related research in the context of EFL education is still limited, insights from the growing body of research and literature on English language learners (ELLs) in the United States (Boisvert, & Rao, 2015; Rao & Torres, 2016) underscore the fit of UDL for inclusive EFL instruction. Rao and Torres (2016), for example, outlined the alignment between the three UDL principles on the one hand and L2 acquisition theories on the other, arguing that the first principle – the recognition network – corresponds closely to Krashen's (1982) input hypothesis as it aligns with the need to provide EFL students with challenging, yet comprehensible input. The second principle – to provide multiple means of expression and action – aligns with Long's (1981; 1996) interaction hypothesis, insofar as it emphasizes the need for interaction and negotiation in order to (a) become more proficient in L2 and (b) develop strategies to notice linguistic forms and organizational patterns. Finally, how they outline the third principle – to provide multiple means of engagement – is largely congruent with the fundamental idea of Krashen's (1982) affective filter hypothesis as it emphasizes the need for maintaining student engagement, purpose, and motivation. In other words, language learning is most effective in "challenging but non-anxiety-producing environments" (Rao & Torres, 2016, p. 5). Hence, although just outlined very briefly here, L2 acquisition theories largely align with UDL principles, providing at least some theoretical underpinning to the UDL framework in the context of English language learning and teaching.

4.1 Getting to know your individual learners

Before providing some practical examples and presenting the applicability of UDL for EFL education in Germany, we would like to highlight a key point that may seem obvious, but is nevertheless oftentimes disregarded: the need to *know* the individual characteristics of the learners in a classroom. A fundamental prerequisite for the successful implementation of UDL is to truly know the students and their individual needs. Learning, much like a fingerprint, is unique to each individual (Meyer, et al., 2014). Therefore, it is absolutely imperative for the successful implementation of the UDL framework that teachers first achieve an awareness of their students' needs, diversities, and individual differences. Student diversity can take on many forms such as different cultural, linguistic, racial, and ethnic backgrounds (Kubota, & Lin, 2009), learning strategies and preferences (Ehrman, Leaver, & Oxford, 2003), multiple intelligences (Gardner 1983; Heacox, 2002), varying forms of disability (Ok, Rao, Bryant, & McDougall, 2017), as well as other individual differences including age, gender, personality, identity, and motivation (Norris, et al., 2017).

   To illustrate true understanding of student diversity, consider a hypothetical 8th grade class *(G-Kurs)* at a *Gesamtschule* in North Rhine-Westphalia where 23 teenagers receive EFL instruction from one teacher. Interpreting student diversity oftentimes begins with the seemingly trivial understanding of the learners' demographics. For instance, the class consists of 13 girls and 10 boys between the ages of 13 and 14 years of age. The majority of learners perform at a level of A2 on the CEFR (i.e., advanced beginners), while three students tend to perform at a lower, rather beginner's level (approx. A1) in the target language. Also, the teacher understands that six students have migration backgrounds along with three students who have documented disabilities: one student with high functioning Autism (Asperger's syndrome), another whose reading ability is impacted by a specific learning disability (dyslexia), and one student with Attention Deficit Hyperactivity Disorder (ADHD). These immediate characteristics are helpful to know but fall short of truly describing the context for all students' learning capabilities.

In order to obtain a more detailed understanding of the learners, teachers must, and often do engage in practices that will reveal more information about student learning capabilities and preferences. For example, documentation of students with disabilities would reveal the student with Autism is a highly functional and capable learner who thrives in academic settings when routines are followed and teachers actively incorporate unique accommodations that have worked in prior classroom settings. Likewise, documentation indicates the student with an ADHD was diagnosed at a young age which means the student is accustomed to proven behavioral interventions used in the past. Students that receive special education services are often accompanied with well-documented details of strengths, limitations, and successful strategies teachers can apply to their own classroom settings. Thus, teachers who review the documentation such as individualized education program reports (*individuelle Förderpläne*) of their students with disabilities can gain critical insight to each student's learning preferences.

However, not every student in the inclusive classroom has documentation of personal learning attributes. Thus, teachers must use other techniques to elicit learning preferences. Ice breaker activities at the beginning of the school year, for example, allow teachers to observe behavioral tendencies which are critical to the success of any planned instruction. In our example, ice breaker activities reveal five of the students with migration backgrounds appeared comfortable interacting with their peers while demonstrating English language competencies at the same level of most students in the class. By contrast, one student with a migration background who only recently came to Germany as a refugee appears shy, reserved, and hesitant to communicate in English which suggests this student's English competency is at a level below the majority of the class. Moreover, the activities reveal one student who demonstrated qualities associated with being gifted and talented. In addition to ice breakers, other strategies teachers may use to better know their students include personal conversations with the learner before or after class, meeting with parents and families, communicating with colleagues familiar with the student, and ongoing observation of student behaviors and tendencies. Teachers may also compile notes and observations to infer students' preferred learning strategies and motivations as well as their strengths and weaknesses with regard to the subject matter: English. Hence, gathering and analyzing student data can be considered a starting point for UDL implementation. That is to say, teachers need to have at least a basic understanding of these differences across and within learners given that these variables directly determine the selection of supports included in methods, materials, and assessments.

4.2 Planning an educational experience for an inclusive EFL class

Once teachers have a more detailed understanding of their students, the UDL framework can be used to help design lessons and units of instruction that provide purposeful options for all students. Based on the briefly sketched characteristics of the above described learner group, the following examples highlight possible considerations the 8th grade EFL teacher could incorporate into instruction. To apply UDL, it can be initially helpful to use the UDL Guidelines 2.0-Educator Checklist (CAST, 2011) as a notational guide to ensure all aspects of the framework have been considered. Thereby, it is important to remember that not all guidelines may be applicable to each and every lesson. Nevertheless, by using this checklist, the 8th grade teacher can affirm that the planned instruction considered the what, why, and how of learning for all students, thus providing accountability for the application of the UDL framework. To provide examples, we focused on three specific UDL guidelines (one from each principle) and their checkpoints (in parentheses) to further demonstrate implementation of the framework.

Principle 1: Provide Multiple Means of Representation

UDL Guideline 1: Provide Options for Perception	
Sample Options	Context and Benefits of Options
• Printed handouts • Class outline written on blackboard • Digital media (eBook Reader[1]) • Enlarged text • Images/graphics with written captions • Text-to-speech • Visual syntactic text formatting	*Providing instructions* When presenting information to students, teachers often rely upon verbally communicating task directions and expectations. The idea here is not to replace verbal directions, but to supplement them with supports that will benefit as many students as possible. Printed handouts (1.1, 1.2) complete with task directions or a summary of intended class activities distributed a day prior to class could help multiple students including the one with Autism who could review and prepare ahead of time in order to avoid unexpected surprises or changes to routine (Grandin, 2002). *Reading comprehension activity* Standard-sized printed text can create barriers for some students. Digital media solutions present information in a variety of formats including enlarged or highlighted text (1.1), text-to-speech and/or visual syntactic text formatting (1.1, 1.3) to aid the student with dyslexia and support lower performing students (e.g., A1 learners). Moreover, incorporating images, sounds, audiovisuals, hyperlinks, and multilingual glossaries (1.1, 1.2, 1.3) which can support reading comprehension processes can help several students actively access and engage with the information.

[1] The UDL Book Builder (http://bookbuilder.cast.org) is a free web-based interactive tool that integrates a range of different literacy supports. Instructors and students can use it to create multimedia books (see also Rao, & Torres, 2016).

Principle 2: Provide Multiple Means of Action and Expression

UDL Guideline 5: Provide Options for Expression and Communication	
Sample Options	Context and Benefits of Options

• Permit varied modes of communication
  – Textual
  – Verbally
  – Multimedia presentation
  – Group discussion
• Incorporate varied teaching strategies
  – Individualized
  – Cooperative
  – Guided discovery
  – Exploratory
• Translation dictionaries
• Interactive web tools
	Mind map activity
	Students have preferences when it comes to expressing and communicating their knowledge of information. Thus, teachers should create opportunities where students are permitted to "show what they know" in both preferred and challenging ways (with appropriate support). For example, during a mind map activity on *Jobs in New York City*, the teacher could permit students to verbalize their responses or write their responses on paper (5.1). The student with ADHD, for instance, would benefit from physically demonstrating his response (e.g., acting like a police officer) or being granted permission to write responses on the blackboard or the overhead projector for the teacher (5.1).
	Small group discussion
	During a group work task in which students are supposed to identify key vocabulary items in a given text, learners could be permitted to list their key terms on a separate piece of paper, highlight them on paper or digitally, or discussing verbally in small groups or with the students' personal aid in the case of some students with disabilities (5.1). Access to paper-based or digital translation dictionaries can help lower-performing students express their thoughts (5.2). Similarly, interactive web tools can be used to construct meaning and build fluencies with graduated support (5.2, 5.3).

Principle 3: Provide Multiple Means of Engagement

UDL Guideline 9: Provide Options for Self-Regulation	
Sample Options	Context and Benefits of Options
• Incorporate affective learning objectives • Customize rate and level of feedback • Provide behavior support plan with clear contingencies • Follow a fair and effective classroom management plan • Implement a self-assessment mailbox	*Self-reflection* Student engagement is vital to the success of learning. Teachers must consider how their lesson will facilitate opportunities for intrinsic motivation. Plans that target affective outcomes (in addition to cognitive and/or psychomotor goals and objectives) increase the likelihood of self-regulation and self-determination (9.1, 9.2). The teacher should also tailor feedback relative to the needs of the student. Shy or reserved students like the student with a refugee background may require more guided questions to stimulate motivation and coping skills during small group activities (9.1, 9.2). The student with ADHD may need additional reminders about class rules and expectations (9.1, 9.2, 9.3) before, during, and/or after the lesson (U.S. DoE, 2008). By contrast, higher-functioning students (e.g., student with Asperger's syndrome or gifted and talented) who already possess a high level of self-regulation, likely require less teacher feedback. A "self-assessment mailbox" used at the end of each lesson is one example for teachers to foster self-regulation and reflection (9.3). Here, students are asked to respond on paper (or digitally through email) to purposeful self-regulation questions such as, "Describe three ways your group avoided distractions while preparing your presentation." Advantages to using such a self-assessment mailbox include helping students regulate self-reflection while giving the teacher further valuable insights into the challenges and needs of each learner.

5. Concluding thoughts

In summary, UDL provides an approach to curricular planning that may facilitate the challenging task teachers face every day: meeting the needs of all learners in the inclusive classroom, while ensuring standards and academic success. The support UDL offers is its function as a systematic reminder to provide flexibility and multiple means of support for all learners. Thus, UDL is *not* a novel approach to teaching – one of the most common misconceptions – but a means of purposeful planning and designing of educational experiences for a variety of learners. In fact, UDL requires the specification of instructive strategies as well as goals and objectives such as the superordinate goal in German EFL education of promoting learners communicative competence in English. Thus, UDL functions as a lens which can be used to systematically look at, review, and potentially adapt a teaching endeavor relative to the needs of specific individual learners.

Although a single chapter cannot do justice to this vast and ever-expanding topic, we hope that the ideas considered here will promote careful consideration of some of the major implications. While UDL and its potential for EFL instruction in the German school system have yet to be investigated empirically, first steps can be taken to boost inclusionary practices. For instance, as a first step, individual EFL educators who teach in inclusive settings can implement UDL-aligned supports, maybe even share experiences in professional journals, via blogs, or at conferences, thus contributing to the ever expanding research base on UDL, while potentially encouraging others to implement the principles. A platform and network supporting such initiatives is provided by the *Universal Design for Learning Implementation and Research Network* (UDL-IRN), an international practitioner-led organization that "supports the scaled implementation and research related to Universal Design for Learning" (UDL-IRN, 2017). Sharing tools, stories of effective implementation, and best practice models among teachers may ultimately contribute to more positive experiences and perceptions of inclusion in EFL classrooms.

References

Bahous, R., Bacha, N. N., & Nabhani, M. (2011). Motivating students in the EFL classroom: A case study of perspectives. *English Language Teaching, 4*(3), 33–42. Retrieved from: http://www.ccsenet.org/journal/index.php/elt/article/viewFile/11873/8333 [11 July 2017].

Bjork, E. L., & Bjork, R. A. (2011). Making things hard on yourself, but in a good way: Creating desirable difficulties to enhance learning. In M. A. Gernsbacher, R. W. Pew, L. M. Hough, & J. R. Pomerantz (Eds.), *Psychology and the real world: Essays illustrating fundamental contributions to society* (pp. 56–64). New York: Worth Publishers.

Boisvert P., & Rao, K. (2015). Video self-modeling for English learners. *TESOL Journal, 6*(1), 36–58.

Center for Applied Special Technology (CAST). (2011). *UDL guidelines 2.0 – educator checklist.* Retrieved from http://www.udlcenter.org/sites/udlcenter.org/files/Guidelines_2.0_Educator_Checklist%20(1)_0.pdf [11 July 2017].

Center for Applied Special Technology (CAST) (2013). *UDL intersections: Universal design for learning and universal design.* Retrieved from: http://www.udlcenter.org/sites/udlcenter.org/files/UDL-DI%20BRIEFfinal.pdf [11 July 2017].

Center for Applied Special Technology (CAST) (2014). *UDL guidelines version 2.0.* Retrieved from: http://www.udlcenter.org/aboutudl/udlguidelines [11 July 2017].

Dymond, S. K., Renzaglia, A., Rosenstein, A., Chun, E. J., Banks, R. A., Niswander, V., & Gibson, C. L. (2006). Using a participatory action research approach to create a universally designed inclusive high school science course: A case study. *Research & Practice for Persons with Severe Disabilities, 31*(4), 293–308.

Edyburn, D. L. (2010). Would you recognize universal design for learning if you saw it? Ten propositions for new directions for the second decade of UDL. *Learning Disability Quarterly, 33*, 33–41.

Ehrman, M. E., Leaver, B. L., & Oxford, R. L. (2003). A brief overview of individual differences in second language learning. *System, 31*, 313–330.

Forsa (2017). Inklusion an Schulen aus Sicht der Lehrkräfte in Deutschland – Meinungen, Einstellungen und Erfahrungen. Ergebnisse einer repräsentativen Lehrerbefragung. Retrieved from https://www.vbe-bw.de/wp-content/uploads/2017/05/2017-05-22_forsa-Inklusion_Text_BW.pdf [11 July 2017].

Gardner, H. (1983). *Frames of mind: The theory of multiple intelligences.* New York, NY: Basic Books.

Graham, S., & Perin, D. (2007). A meta-analysis of writing instruction for adolescent students. *Journal Educational Psychology, 99*(3), 445–476.

Grandin, T. (2002). *Teaching tips for children and adults with autism.* Retrieved from: http://oepf.org/sites/default/files/Teaching%20Tips%20Grandin.pdf [11 July 2017].

Hall, T. E., Meyer, A., & Rose, D. H. (2012). *Universal design for learning in the classroom: Practical applications.* New York, NY: Guilford Press.

Heacox, D. (2002). *Differentiating instruction "in the regular" classroom: How to reach and teach all learners, Grades 3–12.* Minneapolis, MN: Free Spirit Publishing, Inc.

Johnson, D. W., & Johnson, R. (1999). *Learning together and alone: Cooperative, competitive, and individualistic learning.* Boston: Allyn & Bacon.

Krashen, S. (1982). *Principles and practice in second language acquisition* (vol. 2). Oxford, UK: Pergamon Press.

Kubota, R., & Lin, A. M. Y. (2009). *Race, culture, and identities in second language education: Exploring critically engaged practice.* New York, NY: Routledge.

Lieber, J., Horn, E., Palmer, S., & Fleming, K. (2008). Access to the general education curriculum for preschoolers with disabilities: Children's school success. *Exceptionality, 16*(1), 18–32.

Long, M. H. (1981). Input, interaction and second language acquisition. In H. Winitz (Ed.), *Native language and foreign language acquisition. Annals of the New York Academy of Sciences* (Vol. 379, pp. 259–278). New York, NY: New York Academy of Sciences

Long, M. H. (1996). The role of linguistic environment in second language acquisition. In W. Ritchie, & T. Bhatia (Eds.), *Handbook of second language acquisition* (pp. 413–468). New York, NY: Academic Press.

Long, M. (2015). *Second language acquisition and task-based language teaching.* Malden, MA: Wiley-Blackwell.

Meo G. (2008). Curriculum planning for all learners: Applying universal design for learning (UDL) to a high school reading comprehension program. *Preventing School Failure, 52*(2), 21–30.

Meyer, A., Rose, D. H., & Gordon, D. T. (2014). *Universal design for learning: Theory and practice.* Wakefield, MA: National Center on Universal Design for Learning.

Nelson, L.L., & Basham, J.D. (2014). *A blueprint for UDL: Considering the design of implementation.* Lawrence, KS: UDL-IRN. Retrieved from https://static1.squarespace.com/static/503427d124ac5fb46aa4494b/t/54adfddde4b07672716dff15/1420688861843/Open_UDL-IRN_Blueprint_V1.pdf [11 July 2017].

Norris, J. M., Davis, J. McE., & Timpe-Laughlin, V. (2017). *Second language educational experiences for adult learners.* New York City, NY: Routledge Publishing.

Ok, M. W., Rao, K., Bryant, B. R., & McDougall, D. (2017). UDL in the preK-12 classroom: A systematic review of research. *Exceptionality, 25*(2), 116–138.

Pattillo, S. T., Heller, K. W., & Smith, M. (2004). The impact of a modified repeated-reading strategy paired with optical character recognition on the reading rates of students with visual impairments. *The Journal of Visual Impairment & Blindness, 98*(1), 28–46.

Proctor, C. P., Dalton, B., & Grisham, D. L. (2007). Scaffolding English language learners and struggling readers in a universal literacy environment with embedded strategy instruction and vocabulary support. *Journal of Literacy Research, 39*(1), 71–93.

Rao, K., Smith, S. J., & Lowrey, K. A. (2017). UDL and intellectual disability: What do we know and where do we go? *Intellectual and developmental disabilities, 55*(1), 37–47.

Rao, K., & Torres, C. (2016). Supporting academic and affective learning processes for ELLs with universal design for learning (UDL). *TESOL Quarterly*, online first, doi: 10.1002/tesq.342.

Rose, D. H., Hall, T. E., & Murray, E. (2008). Accurate for all: Universal design for learning and the assessment of students with learning disabilities. *Perspectives on Language and Literacy*, 23–28.

Rose, D. H., Harbour, W. S., Johnston, C. S., Daley, S. G., & Abarbanell, L. (2006). Universal design for learning in postsecondary education: Reflections on principles and their application. *Journal of Postsecondary Education and Disability, 19*(2), 17.

Rose, D. H. & Gravel, J. W., & Domings, Y. (2012). Universal design for learning "unplugged": Applications in low-tech settings. In T. E. Hall, A. Meyer, & D. H. Rose (Eds.), *Universal design for learning in the classroom: Practical application* (pp. 120–134). New York, NY: Guilford Press.

Rose, D. H., & Meyer, A. (2002). *Teaching every student in the digital age: Universal design for learning.* Alexandria, VA: Association for Supervision and Curriculum Development.

Thomas, J. W. (2000). *A review of research on project-based learning.* San Rafael, CA: Autodesk Foundation.

Tomlinson, C. A. (2017). *How to differentiate instruction in academically diverse classrooms.* Alexandria, VA: ASCD.

United States Department of Education [cited as U.S. DoE] (2008). *Teaching children with attention deficit hyperactivity disorder: Instructional strategies and practices.* Retrieved from https://www2.ed.gov/rschstat/research/pubs/adhd/adhd-teaching_pg3.html [11 July 2017].

Universal Design for Learning Implementation and Research Network (UDL-IRN). (2017, July 11). Retrieved from http://udl-irn.org/ [11 July 2017].

Katharina Krause und Jan Kuhl

Was ist guter inklusiver Fachunterricht?
Qualitätsverständnis, Prinzipien und Rahmenkonzeption

1. Inklusiver Unterricht als Unterricht in maximal heterogenen Lerngruppen

Nach der Ratifizierung der UN-Behindertenrechtskonvention befindet sich das deutsche Schulsystem in einem enormen Umbruch. Um das Ausmaß der Veränderung und auch die Widerstände zu verstehen, muss man sich klar machen, dass Inklusion den bisherigen Grundannahmen des deutschen Schulsystems diametral gegenübersteht. War doch Schule in Deutschland auf der Gewissheit gegründet, dass Leistungshomogenität die besten Lernmöglichkeiten für alle Schülerinnen und Schüler eröffnet. Dementsprechend wurde die Verschiedenheit von Schülerinnen und Schülern als Belastung erlebt, die es zu verringern galt. Durch die Zuweisung zu verschiedenen Bildungsgängen und durch Klassenwiederholungen wurde daher versucht Leistungshomogenität zu gewährleisten (Klemm, 2011, S. 157; Prengel, 2005, S. 19).

Inklusion hat nun aber ein vollständig anderes Verständnis von Heterogenität. Auch wenn bisher keine einheitliche, präzise und umfassende Definition vorliegt (Göransson & Nilholm, 2014, S. 266; Grosche, 2015, S. 20), besteht doch Einigkeit, dass Inklusion einen positiven Blick auf Heterogenität beinhaltet, ja Heterogenität willkommen heißt (Hinz, 2004, 2010). Da Inklusion von der „unausgelesenen und ungeteilten Lerngruppe" (Wocken, 2011, S. 41) ausgeht, ist eine inklusive Klasse eine Lerngruppe mit maximaler Heterogenität. Dabei meint Inklusion alle erdenklichen Heterogenitätsdimensionen und nicht nur die gemeinsame Unterrichtung von Kindern mit und ohne Behinderung. Inzwischen wird dieser Punkt allgemein als ein wichtiges Unterscheidungsmerkmal von Inklusion und Integration angesehen (Grosche, 2015, S. 24; Hinz, 2002, S. 355). Inklusion meint nicht nur die Integration einer Minderheit in die Mehrheitsgemeinschaft, sondern ersetzt die Zwei-Gruppen-Theorie durch die Theorie der heterogenen Gruppe. In der inklusiven Schule gibt es keine hegemoniale Mehrheit, sondern nur viele Minderheiten (Hinz, 2002, S. 359). Vielfalt wird anerkannt und wertgeschätzt, wobei es keine hierarchische Ordnung der Verschiedenheit gibt. Alle Personen sind verschieden, haben dabei aber die gleichen Rechte. Prengel (2002, S. 202) bezeichnet dies als *egalitäre Differenz*.

2. Heterogenität und individuelle Lernvoraussetzungen

Durch Inklusion soll ein diskriminierungsfreier Zugang zu Bildung auf der Grundlage von Chancengleichheit und damit die uneingeschränkte Teilhabe an Bildung für alle gewährleistet werden. So sieht es die UN-Behindertenrechtskonvention vor (United Nations, 2006). Dabei besteht, trotz ansonsten vieler unterschiedlicher Sichtweisen auf Inklusion, große Einigkeit darin, dass Inklusion mehr ist als die bloße Platzierung. Die gemeinsame Unterrichtung aller Kinder ist demnach zwar ein notwendiges, aber kein hinreichendes Merkmal von Inklusion. Die institutionelle Seite bzw. Struktur bildet zwar den Rahmen, ist aber noch nicht Inklusion. Vielmehr bedeutet Inklusion das Einbezogensein jeder Person als vollwertiges Mitglied der Gemeinschaft, unabhängig von Fähigkeiten oder Unfähigkeiten (Hinz, 2002, S. 356).

Neben dieser vorbehaltlosen Anerkennung ist die optimale Förderung bzw. die bestmögliche Bildung ein gleichwertiges Ziel von Inklusion (Grosche, 2015, S. 26). Nach Wocken (2009, S. 215) kann Inklusion nicht auf Anpassung und Förderung verzichten, ohne sich pädagogischer Versäumnisse schuldig zu machen.

Ein wichtiges Bildungsziel der Schule ist die Vermittlung von bedeutungshaltigem, sinnhaftem und anwendungsbezogenem Wissen (Helmke, 2015, S. 41–42). Für inklusiven Fachunterricht bedeutet dies, dass für alle Schülerinnen und Schüler ein möglichst umfassender Zugang zum fachlichen Lerngegenstand gewährleistet werden muss. Alle sollen so viel fachlich lernen, wie ihnen möglich ist. Um dies zu gewährleisten, müssen aber vor allem Heterogenitätsdimensionen beachtet werden, die sich auf die Aneignung des fachlichen Gegenstands auswirken und dadurch Leistungsheterogenität erzeugen. Daher ist danach zu fragen, welche Faktoren dafür verantwortlich sind, dass sich Lernende einen Unterrichtsgegenstand unterschiedlich erfolgreich aneignen.

Intelligenz ist sicherlich eine wichtige Lernressource. Daher wird häufig über den IQ definiert, ob Schulversagen erwartungswidrig ist oder eine Lernbehinderung vorliegt (Gold, 2015, S. 124; Grünke & Grosche, 2014, S. 78). Allerdings hängen Intelligenz und Schulleistung nur niedrig bis mittelhoch zusammen (Bullock & Ziegler, 1997, S. 32–33; Gage & Berliner, 1996, S. 59). Besser lassen sich Schulleistungen durch spezifische Vorläuferkompetenzen und Wissen in dem jeweiligen Inhaltsbereich vorhersagen (Krajewski, 2003, S. 87–88; Neubauer & Stern, 2009, S. 171–172; Schneider & Näslund, 1992, S. 273). Auch wurde bisher nicht nachgewiesen, dass bei unterschiedlichen Intelligenzgraden unterschiedliche Instruktionsformen oder Materialien notwendig sind (Sinner, 2011, S. 7). Daher hilft einer Lehrkraft das Wissen um den IQ ihrer Schülerinnen und Schüler kaum weiter.

Um die individuellen Lernressourcen von Schülerinnen und Schülern zu beschreiben und didaktisch-methodische Handlungsmöglichkeiten abzuleiten, sind daher Modelle besser geeignet, die kognitive Funktionen differenzierter betrachten und zusätzlich nichtkognitive Faktoren einbeziehen. Ein solches Modell stellt das *Modell der individuellen Voraussetzungen erfolgreichen Lernens* (INVO-Modell) von Hasselhorn und Gold (2009) dar. Dieses basiert auf dem *Modell der guten Informationsverarbeitung* (GIV-Modell) von Pressley, Borkowski und Schneider (1989) und identifiziert die folgenden fünf Bereiche als wichtige individuelle Lernvoraussetzungen.

Erfolgreich Lernende verfügen über eine gute *selektive Aufmerksamkeit* und ein leistungsstarkes *Arbeitsgedächtnis (1)*, d.h. sie können relevante von irrelevanten Reizen unterscheiden und ihre Aufmerksamkeit auf lernrelevante Reize richten. Weniger erfolgreich Lernende haben hingegen vor allem Schwierigkeiten irrelevante Reize zu unterdrücken (Hasselhorn & Gold, 2009, S. 70–72). Lernstörungen stehen häufig in einem starken Zusammenhang mit schwachen Arbeitsgedächtnisressourcen. Eine besondere Bedeutung kommt dabei der phonologischen Schleife zu, die für die Speicherung sprachlich-akustischer Informationen zuständig ist (Mähler, 2007, S. 104; Schuchardt, Kunze, Grube & Hasselhorn, 2006, S. 266). Weiterhin verfügen erfolgreich Lernende über gut vernetztes und konzeptionell belastbares *Vorwissen (2)* (Hasselhorn & Gold, 2009, S. 82–83). Das bisherige Wissen in einem spezifischen Inhaltsbereich sagt am besten die zukünftige Lernleistung in diesem Bereich voraus (Neubauer & Stern, 2009, S. 173). Erfolgreich und weniger erfolgreich Lernende unterscheiden sich auch darin, inwieweit sie *Lernstrategien und metakognitive Regulation (3)* effektiv einsetzen können (Hasselhorn & Gold, 2009, S. 89–91). Neben kognitiven Variablen spielen beim Lernen natürlich auch *Motivation und Selbstkonzept (4)* sowie *Volition und Emotionen (5)* eine große Rolle. Keine Lehrkraft wird dies bestreiten. Erfolgreich Lernende sind eher erfolgsorientiert und schreiben Erfolge ihren eigenen Fähigkeiten zu. Weniger erfolgreich Lernende sind häufiger misserfolgsorientiert und für Misserfolge machen sie meist einen Mangel an eigenen Fähigkeiten verantwortlich. Erfolge schreiben sie hingegen eher äußeren Faktoren als ihrem eigenen Können zu (Hasselhorn & Gold, 2009, S. 110–111). Emotionen nehmen Einfluss auf den Lernprozess, „indem sie die Aktivierung der kognitiven und motivationalen Mechanismen begünstigen oder behindern" (Hasselhorn & Gold, 2009, S. 122).

Die Ausprägung und Varianz der im INVO-Modell beschriebenen Lernvoraussetzungen sind für alle Lernenden bedeutsam und nicht nur für Kinder mit sonderpädagogischem Unterstützungsbedarf oder anderen Lernschwächen. Daher müssen sie bei der Planung und Durchführung von Unterricht in allen erdenklichen Lerngruppen berücksichtigt werden. Hinzu können bei einigen Schülerinnen und Schülern spezifische Beeinträchtigungen, z.B. des Sehens, des Hörens oder der Motorik, kommen, die bei unzureichender Unterrichtsplanung eine Barriere beim schulischen Lernen darstellen können.

3. Qualitätsmerkmale von inklusivem (Fach-)Unterricht

Wie muss nun Unterricht beschaffen sein, der mit maximaler Heterogenität umgeht und die individuellen Lernvoraussetzungen der Schülerinnen und Schüler berücksichtigt? Oder anders gefragt: Wie sieht guter inklusiver Unterricht aus? Die Antwort ist: grundsätzlich nicht anders als jeglicher guter Unterricht. So sind die Merkmale guten Unterrichts nach Meyer (2003) oder die Ausführungen von Helmke (2015) zu Unterrichtsqualität ohne weiteres übertragbar auf inklusiven Unterricht. Guter inklusiver Unterricht ist guter Unterricht in einer heterogenen Lerngruppe. Die Antwort auf die Heterogenität der Lerngruppe lautet Individualisierung. So postuliert laut Hinz (2013) Inklusion die Individualisierung von Lernwegen und Entwicklungen. Meister und Schnell (2012, S. 184–185) halten individualisierende und offene Unterrichtskonzepte für grundlegend im inklusiven Unterricht. Aus diesen Ansprüchen entwickelt sich aber bei vielen Fachlehrerinnen und Fachlehrern auch die Sorge, diese hochgradige Individualisierung nicht leisten zu können. Zumal alle Lernenden, und nicht nur diejenigen mit sonderpädagogischem Unterstützungsbedarf, von den Vorzügen einer individualisierten Unterrichtung profitieren sollen. Daher stellt sich die praktisch drängende Frage, wie weit Individualisierung gehen muss.

Dass jede einzelne Schülerin bzw. jeder einzelne Schüler in einer Lerngruppe individuell lernt, ist sicherlich nicht möglich, aber auch nicht notwendig, da die Lernentwicklung von Kindern gar nicht so individuell ist, sondern allgemeinen Entwicklungsregeln folgt, die für alle Kinder gelten (Euker, Kuhl & Probst, 2012, S. 239–240; Kuhl, Hecht & Euker, 2016, S. 49). Daher ist dem Prinzip der Individualisierung das Prinzip der Entwicklungsorientierung an die Seite zu stellen. Jedem Lerngegenstand sind eine Entwicklungslogik und eine Lernstruktur immanent, d.h. bei der Aneignung eines Lerngegenstands durchlaufen (fast) alle Kinder die gleichen Stufen in der gleichen Reihenfolge (Krajewski & Schneider, 2009, S. 514–515; Kutzer, 1999, S. 26–27; Probst, 1979, S. 119; zusammenfassend in Euker et al., 2012; Kuhl et al., 2016). Daher kann aus einem Entwicklungsmodell abgeleitet werden, welcher Schritt als nächstes erfolgt bzw. erfolgen sollte. So wird z.B. in der empirisch abgeleiteten *Processability Theory* (PT) von Pienemann (2006) davon ausgegangen, dass der frühe Zweitspracherwerb sequenziellen Entwicklungsstadien unterliegt, die zwar von allen Lernenden durchlaufen werden müssen, aber unterschiedlich schnell absolviert werden können. Dabei ist es unvermeidbar und sogar notwendig, dass bestimmte „Entwicklungsfehler" (Rohde, 2014, S. 13) gemacht werden, die im Rahmen der kognitiven Systematik einer fremdsprachlichen Struktur in individuellen Variationen auftreten können. So können der grammatisch korrekten Verwendung von *to do* (Stadium 3) z.B. an die deutsche L1 angelehnte Negationsvariationen wie *me no live here* oder auch *I live not here* (Stadium 2) vorausgehen (Pienemann, 2006, S. 36; Rohde, 2014, S. 13–14). An dieser Stelle sei angemerkt, dass in diesem Bereich noch keine Daten für Grundschulkinder mit einer spezifischen Sprachentwicklungsstörung (SSES) vorliegen. Rohde (2014, S. 15–17) weist jedoch darauf hin, dass es Parallelen zu den von Leonard (1998) definierten fünf Profilmustern geben könnte *(delay, plateau, profile difference, abnormal frequency of error, qualitative difference)*, die aus SSES-Daten für den Erstspracherwerb abgeleitet wurden. Obwohl eine derartige SSES-Musterbildung für den L2-Erwerb im Rahmen der PT noch erforscht werden muss, ist dies ein Hinweis darauf, dass auch in diesem Bereich Schülerinnen und Schüler zu temporär beschreibbaren Gruppen bzw. Profilen zusammengefasst werden könnten, die sich z.B. in Bezug auf Wiederholungs- und Unterstützungsmaßnahmen, Lernzeit oder auch Lernziele unterscheiden können (Rohde, 2014, S. 17). Unter Berücksichtigung der Tatsache, dass die PT nicht unumstritten ist und weitere empirische Forschung zur systematischen Entwicklung verschiedener fremdsprachlicher

Kompetenzen und sprachlicher Mittel auch in höheren Klassenstufen notwendig ist, können derartige Stufen- und Entwicklungsmodelle eine Hilfe für die inklusive Unterrichtsplanung sein. Vor dem Hintergrund einer sachlogischen Analyse und Definition einzelner Kompetenzstufen bzw. Teilziele auf dem Weg zum Erwerb einer angestrebten curricularen Kompetenz, sollte folglich der aktuelle Lern- und Entwicklungsstand in Bezug auf die Bewältigung einzelner Kompetenzstufen das entscheidende Kriterium für unterrichtliche Planungs-, Organisations- und Unterstützungsentscheidungen sein und nicht eine pauschale Klassifikation nach Intelligenzgraden oder Behinderungsart (Kuhl et al., 2016, S. 50). Differenzierung wird hier also vom systematischen Aufbau eines Lerngegenstands bzw. einer angestrebten Kompetenz her gedacht, von der alle Schülerinnen und Schüler profitieren, anstatt nur Einzeladaptionen für Lernende mit sonderpädagogischem Unterstützungsbedarf vorzunehmen.

Das Prinzip der Entwicklungsorientierung berücksichtigt dabei das Vorwissen als wichtigste individuelle Lernvoraussetzung. Um der Heterogenität inklusiver Lerngruppen gerecht zu werden, müssen darüber hinaus aber auch die anderen im INVO-Modell beschriebenen Voraussetzungen berücksichtigt werden. Dazu eignet sich wiederum das Prinzip der Ressourcenorientierung nach Hecht (2014) und Krajewski und Ennemoser (2010).

Die ressourcenorientierte Lernförderung (Hecht, 2014; Krajewski & Ennemoser, 2010; Kuhl et al., 2016) baut auf der Idee der *Cognitive Load Theory* (Sweller, 1988, 1989; Sweller & Chandler, 1991) auf, „nach der sich geringe Arbeitsgedächtnisressourcen kompensieren lassen, indem man Lernmaterial mit möglichst geringer kognitiver Belastung verwendet" (Kuhl et al., 2016, S. 54). Im Rahmen der ressourcenorientierten Lernförderung bezieht sich dieses Prinzip nun nicht mehr nur auf das Arbeitsgedächtnis, sondern potenziell auf alle lernrelevanten Faktoren. So sollen Lernsituationen auf die Bedürfnisse der einzelnen Lernenden oder bestimmter Zielgruppen abgestimmt werden. Nach dieser Idee erhalten z.B. Schülerinnen und Schüler mit Aufmerksamkeitsschwierigkeiten stärker strukturiertes Material (Kuhl et al., 2016, S. 54). Wichtige Prinzipien der ressourcenorientierten Lernförderung sind der Aufbau und die Automatisierung von Basiswissen, um das Arbeitsgedächtnis zu entlasten, Verzicht auf irrelevante und ablenkende Elemente, klare Strukturierung des Lernmaterials, sichtbare Lernziele und intuitiv erkennbare Lösungswege, kein unnötiger Wechsel der Formate, kurze und gut strukturierte sprachliche Anweisungen sowie das explizite Vermitteln von Lernstrategien (Hecht, 2014, S. 52–53; Krajewski & Ennemoser, 2010). Durch die Einhaltung dieser Prinzipien können Aufgaben erstellt werden, die möglichst geringe Anforderungen an die Lernressourcen stellen und so die Lernerfolge, vor allem von Lernenden mit ungünstigeren Lernvoraussetzungen, deutlich erhöhen (Kuhl et al., 2016, S. 56).

4. Das *Universal Design for Learning* als Rahmenkonzept zur Gestaltung inklusiver Lernsettings

Das Problem ist wohl weniger, dass viele Lehrkräfte nicht bereit sind, ihren Unterricht an den individuellen Lernvoraussetzungen aller Schülerinnen und Schüler auszurichten, sondern vielmehr, dass mehr didaktische Realisierungsmöglichkeiten bereitgestellt werden sollten. Daher wird ein flexibles Rahmenkonzept zur Umsetzung und Berücksichtigung der beschriebenen individuellen Lernvoraussetzungen im (Fach-) Unterricht benötigt, das in seinen Grundzügen auf das Unterrichten verschiedener Fächer anwendbar ist.

Ein solches Rahmenkonzept ist das *Universal Design for Learning* (UDL). Es kann Lehrkräften eine Hilfe sein, von Anfang an die heterogenen Lernressourcen der Schülerinnen und Schüler einer Klasse bei der Planung von Unterricht zu berücksichtigen und somit potenziellen Lernbarrieren vorzubeugen. Dazu sollen nach dem Leitgedanken *„variability instead of disability"* (Meyer, Rose & Gordon, 2014, S. 113; Hervorhebung der Verfasser) verschiedene Zugänge zum Lerngegenstand wertgeschätzt und angeboten werden, sodass gemäß dem INVO-Modell erfolgreiches Lernen für Individuen in maximal heterogenen Lerngruppen ermöglicht wird.

Das Konzept geht zurück auf die *Universal Design*-Bewegung im Bereich der Architektur in den USA mit Anfängen in den 1970er Jahren. Die Grundidee war es, öffentliche Gebäude, Straßen und industriell gefertigte Produkte so zu konzipieren, dass sie von Anfang an für ein möglichst breites Spektrum an Nutzerinnen und Nutzern zugänglich sind, ohne dass nachträglich Adaptionen und Spezialisierungen vorgenommen werden müssen. So kommen abgesenkte Bordsteine nicht nur Menschen mit Behinderung, die auf einen Rollstuhl oder eine Gehhilfe angewiesen sind, zugute, sondern sind z.B. auch für Menschen von Vorteil, die einen Kinderwagen schieben oder einen Rollkoffer hinter sich herziehen (Fisseler & Markmann, 2012, S. 13; Pisha & Coyne, 2001, S. 198; Rose & Meyer, 2002, S. 70).

Die Idee der von Anfang an berücksichtigten universellen Zugänglichkeit durch die Vorbeugung von potenziellen Barrieren in der Architektur wurde im Zuge der *Universal Design*-Bewegung auch auf den Bereich des schulischen Lehrens und Lernens übertragen und ist in den 1990er Jahren unter dem Begriff *Universal Design for Learning* (UDL) bekannt geworden, der u.a. von dem Entwicklungs- und Neuropsychologen David H. Rose und dem *Center for Applied Special Technology* (CAST) geprägt worden ist (Orkwis & McLane, 1998; Rose & Meyer, 2002, S. 72).

Das UDL basiert auf drei Prinzipien des Lernens: Mithilfe von bildgebenden Verfahren in den Neurowissenschaften (z.B. Gazzaniga, Ivry & Mangun, 1998) konnte zum einen gezeigt werden, dass Lernen ein höchst individueller und kontextabhängiger Prozess ist, der unterschiedliche Zugangswege und Ressourcen erfordert. Neben diesen inter- und intraindividuellen Unterschieden konnten in Bezug auf die Aktivierung von Gehirnarealen bei verschiedenen Lernprozessen jedoch u.a. drei große Gruppen von kortikalen Netzwerken identifiziert werden, die beim menschlichen Lernen eine übergeordnete Rolle spielen und bereits inhaltlich von bekannten Wissenschaftlern wie dem Pädagogen Bloom und seinen Kolleginnen und Kollegen

(1956), dem Entwicklungspsychologen Vygotsky (1978) oder dem Wirtschaftswissenschaftler Christensen (2001) thematisiert worden sind (Meyer et al., 2014, S. 54–56; Pisha & Coyne, 2001, S. 198–199). Rose & Meyer (2002, S. 11–13) betiteln diese drei Gruppen als *Recognition Networks*, *Strategic Networks* und *Affective Networks*, aus denen sich die drei UDL-Prinzipien des Lernens und Lehrens ableiten.

4.1 *Recognition Networks* (Das „WAS" des Lernens)

Über die verschiedenen Sinne nimmt ein Individuum Informationen aus der Umwelt auf und Muster wahr. Aus Erkenntnissen der multisensorischen Lerntheorie wissen wir bereits, dass Menschen in verschiedenen Kontexten unterschiedliche Wahrnehmungskanäle präferieren und miteinander kombinieren. Eine Lehrkraft sollte den Lernenden im Unterricht daher von vornherein unterschiedliche Zugangswege zum Lerngegenstand ermöglichen (z.B. visuell, auditiv, haptisch, enaktiv etc.). Bedacht eingesetzt kommt dieser ganzheitliche Ansatz nicht nur Schülerinnen und Schülern mit Hör-, Seh- oder körperlichen Beeinträchtigungen zugute, die einen nicht oder schlecht ausgeprägten Sinneskanal durch andere kompensieren müssen, sondern allen Lernenden (vgl. *Multisensory Structured Language Education* (MSLE), Farrell & Sherman, 2011; Gerlach, 2015). So kann die Speicherung und der Abruf von neuen Informationen gesteigert werden, indem die Verarbeitungstiefe durch den Einbezug verschiedener Wahrnehmungskanäle gesteigert wird, da „jeweils andere Gehirnareale aktiviert und eine mehrfache, assoziative Vernetzung der entsprechenden Gehirnnerven stattfinden kann" (Zaade, 2014, S. 40).

Unterrichtsrelevante Informationen zu einem bestimmten Thema bzw. Inhalt im Fremdsprachenunterricht sollten nicht ausschließlich in Form eines ausgedruckten Textes präsentiert werden, sondern können in Abhängigkeit von Klassenstufe, Lernvoraussetzungen und Kompetenzerwartungen von Beginn an durch sich ergänzende Darstellungsmöglichkeiten, wie z.B. Videos, bildliche Darstellungen, mündliche Berichte oder ggf. sogar reale Gegenstände, für alle zugänglicher gestaltet werden (Strangman, Meyer, Hall & Proctor, 2008, S. 166–167). In Bezug auf differenzierte schriftsprachliche Darstellungen können z.B. Texte auf unterschiedlichen sprachlichen Niveaustufen oder ein identischer Text mit unterschiedlichen Varianten des *language support (scaffolding)* angeboten werden. Ein hohes Potenzial birgt auch der Einsatz von digitalen Formaten, die z.B. mit Optionen wie *Text-to-Speech*, *Speech-to-Text*, Zoomfunktion, Braille-Ausgabe oder sogar Gebärdensprachvideos ausgestattet sein können. So kommen allen Lernenden, und nicht nur Schülerinnen und Schülern mit sonderpädagogischem Unterstützungsbedarf, digitale Möglichkeiten wie das Vergrößern von Texten, die Auswahl von verschiedenen textlichen Niveaustufen oder das Anklicken von Hyperlinks zu Hintergrundinformationen zugute. Mit der Möglichkeit von ggf. mehrsprachigen Vokabel- und Grammatikhilfen in Schrift und Ton kann unter Berücksichtigung des Primats der funktionalen bzw. aufgeklärten Einsprachigkeit (Elsner, 2015, S. 24–25; Schmid-Schönbein, 2008, S. 65–67) zudem der Forderung des *Gemeinsamen europäischen Referenzrahmens für Sprachen* (GeR) nach einer

Wertschätzung von Mehrsprachigkeit und Förderung von Verknüpfungen zwischen Kompetenzen in verschiedenen Sprachen entgegengekommen werden (Europarat, 2001). Dies gewinnt in einer Zeit wachsender Globalisierung und Migration immer mehr an Bedeutung, zumal nicht gewährleistet werden kann, dass jede Fremd-sprachenlehrkraft z.B. fließend arabisch oder türkisch sprechen kann (Dalton & Proctor, 2007, S. 6–8; Strangman et al., 2008, S. 168–171).

> *1. UDL-Prinzip:* Biete multiple Möglichkeiten der Präsentation bzw. Dar-stellung von Informationen an, sodass flexible Wahrnehmungszugänge zu den Inhalten, die gelehrt und gelernt werden sollen, ermöglicht werden (Rose & Meyer, 2002, S. 69 & 75; deutsche Übersetzung in Anlehnung an Michna, Melle & Wember, 2016, S. 287; Schlüter, Melle & Wember, 2016, S. 274).

Der Einsatz verschiedener Repräsentationsformen im Unterricht sollte aber nicht un-reflektiert erfolgen (zur Würdigung und Kritik des Konzepts *Lernen mit allen Sinnen* siehe Probst & Kuhl, 2006). Unter diesem UDL-Prinzip ist nicht zu verstehen, dass in einer Lernsituation unabhängig von Lernziel, Lerngegenstand und Lerngruppe einfach viele unterschiedliche Darstellungsformen auf einmal präsentiert werden. Die Bereit-stellung von möglichst vielen Sinneseindrücken hat an sich noch keinen positiven Einfluss auf das Lernen (Probst & Kuhl, 2006).

Eine große Fülle an Eindrücken kann sogar unerwünschte Nebenwirkungen er-zeugen, wenn individuelle Bedürfnisse bei der Planung des Unterrichts nicht hin-reichend berücksichtigt werden. So kann es bei Schülerinnen und Schülern mit sehr schwach ausgeprägten exekutiven Funktionen und geringen Arbeitsgedächtnis-ressourcen z.B. schnell zu Überforderung und Ablenkung vom eigentlichen Lern-gegenstand kommen, wenn nicht auf eine bewusste und strukturierte Darbietung geachtet wird und ohne didaktische Begründung eine unreflektierte Vielzahl an Wahl-möglichkeiten dargeboten wird (Fritz, Ricken & Schuck, 2003, S. 296).

Abhängig vom sachlogischen Aufbau kann auch nicht jeder Lerngegenstand über jeden Sinneskanal verarbeitet werden. Das Befühlen von Holzbuchstaben oder das Essen von Russisch Brot vermittelt Kindern lediglich einen taktilen Eindruck der Buchstabengestalt (Probst & Kuhl, 2006, S. 205). Ist es aber das intendierte Ziel einer Unterrichtssituation, den Zusammenhang von Laut und Buchstabe zu verdeut-lichen, klärt sich dieser erst im Zusammenspiel von phonologischer und visueller Ver-arbeitung. Anders ist es z.B. beim Erlernen der Brailleschrift: Hier kommt es auf die Zusammenarbeit von taktiler und phonologischer Wahrnehmung an. Wie dieses Bei-spiel zeigt, ist sowohl die Analyse des Lerngegenstands als auch die Definition des Lernziels für eine lernförderliche Auswahl des Materials und den Erfolg der Unter-richtsstunde unerlässlich.

4.2 *Strategic Networks* (Das „WIE" des Lernens)

Wie wir mit Informationen und Material in unserer Umwelt umgehen, hängt von den individuellen Lern- und Arbeitsstrategien, Routinen und metakognitiven Fähigkeiten ab, die sich von Individuum zu Individuum stark unterscheiden können. Vor allem den exekutiven Funktionen, die u.a. dafür zuständig sind, sich selbst Ziele zu setzen, einzelne Handlungsschritte zu planen und organisieren, die Zielerreichung regelmäßig zu kontrollieren und ggf. Kurskorrekturen vorzunehmen, kommen im Schulalltag und auch im alltäglichen Leben eine große Bedeutung zu. Bezogen auf das INVO-Modell finden sich exekutive Funktionen im Zusammenhang mit Aufmerksamkeitssteuerung, Arbeitsgedächtnis und Metakognition. Lange Zeit wurde in der einschlägigen Literatur zur Didaktik im Förderschwerpunkt Lernen auf lehrerzentrierten Unterricht verwiesen, ohne die Gefahr einer Fixierung von Behinderung durch eine Verkümmerung der exekutiven Funktionen im Blick zu haben (Klein, 1971, 2016). Zwar ist es korrekt, dass Schülerinnen und Schüler mit einer geringeren Arbeitsgedächtniskapazität mehr Unterstützung in diesem Bereich benötigen, dies muss jedoch nicht ausschließlich durch Instruktionen der Lehrkraft erfolgen, sondern kann im Rahmen von offenen Unterrichtsformen z.B. mithilfe von Checklisten, klar strukturierten und visualisierten Abläufen oder gegenseitigen *Peer*-Kontrollen gewährleistet werden (vgl. unterschiedliche *scaffolding*-Möglichkeiten in Grieser-Kindel, Henseler & Möller, 2016, S. 8), die sukzessiv reduziert werden sollten *(fading)* und mit der Zeit in Form von Strategiewissen internalisiert werden können.

Ziel ist es, dass Schülerinnen und Schüler somit schrittweise zu Expertinnen und Experten für ihre eigenen schulischen und außerschulischen Lernprozesse werden und unterschiedliche Strategien kennenlernen sollen, mit deren Hilfe sie kognitive Verarbeitungsprozesse gezielt steuern und kontrollieren können. So kann ein Individuum einem Lerngegenstand näher kommen und ihn verinnerlichen, indem es z.B. zentrale Informationen und Strukturen aufschreibt, in einer *mind map* bzw. einem *advance organizer* visualisiert, in verschiedene Handlungskontexte überträgt oder in Partner- oder Gruppenkonstellationen anhand von Beispielen erklärt und diskutiert (Hall et al., 2012, S. 16–18; Pisha & Coyne, 2001, S. 198). Dieses Prinzip trifft auch auf die Vermittlung von sprachlichen Mitteln wie Vokabeln oder grammatischen Strukturen zu. Diese sollen gemäß der Handlungs- und Kompetenzorientierung im Englischunterricht nicht isoliert geübt werden, sondern im Rahmen von vielfältigen Lernaufgaben und sprachlichen Handlungskontexten, wie z.B. in den Bereichen Sprechen, Sprachmittlung, Hör-(Seh-)Verstehen, Leseverstehen oder Schreiben, angewendet und unter Zuhilfenahme von Impulsen zur *language awareness* bewusst gemacht werden (Haß, 2016).

Das 2. UDL-Prinzip nimmt jedoch nicht nur Bezug auf die Verarbeitungsstrategien von Informationen und fremdsprachlichen Strukturen *(action)*, sondern fordert auch unterschiedliche Möglichkeiten zur Präsentation und Darstellung eigener Lernergebnisse *(expression)*. Um das Verständnis des neu eingeführten Wortschatzes z.B. vor dem Hintergrund der Kompetenzerwartung am Ende der Klasse 6 „Die Schülerinnen und Schüler verfügen über einen hinreichend großen Grundwortschatz, um elementaren Kommunikationsbedürfnissen gerecht zu werden und sich in Alltagssituationen sowie in Bezug auf vertraute Themen verständigen zu können" (Ministerium für Schule, Jugend und Kinder des Landes NRW, 2004, S. 25) an einer Gesamtschule zu überprüfen, könnte eine Lehrkraft verschiedene Möglichkeiten anbieten, wie z.B. einen Multiple-Choice-Test, das Verfassen eines *essay* oder *scrapbook*, das Schreiben eines englischen *folk songs* oder eine mündliche Präsentation. Somit könnte nicht nur eine weitere Festigung des Vokabulars erzielt, sondern auch eine validere Einschätzung des tatsächlichen Vokabelverständnisses ermöglich werden, da die Lehrkraft nicht nur die Information erhält, wie unterschiedlich gut die einzelnen Schülerinnen und Schüler mit dem Format des schriftlichen Vokabeltests zurechtkommen (Strangman et al., 2008, S. 167).

> *2. UDL-Prinzip:* Biete multiple Möglichkeiten zur Verarbeitung von Informationen und Darstellung von Lernergebnissen an, sodass flexible Optionen aufgezeigt werden, wie gelernt werden und zum Ausdruck gebracht werden kann, welches Wissen und welche Kompetenzen erworben wurden (Rose & Meyer, 2002, S. 69 & 75; deutsche Übersetzung in Anlehnung an Michna, Melle & Wember, 2016, S. 287; Schlüter, Melle & Wember, 2016, S. 274).

4.3 *Affective Networks* (Das „WARUM" des Lernens)

Dass Motivation und Emotionen für einen erfolgreichen Lernprozess von zentraler Bedeutung sind, ist bereits im Rahmen des INVO-Modells erläutert worden. Individuelle Interessen, Vorlieben und lebensweltrelevante Elemente sollten daher im Unterricht so oft wie möglich Berücksichtigung finden, indem z.B. auf reflektierte Art und Weise verschiedene Optionen und Wahlmöglichkeiten in Bezug auf Themen, Inhalte, Hilfsmittel und Darstellungsweisen integriert werden. Darüber hinaus sind vor allem authentische, bedeutungsvolle und lebensweltrelevante Sprachanlässe motivationsförderlich, wie z.B. das Planen, Schreiben und Versenden einer Email an die englischen Austauschschülerinnen und -schüler (Hall et al., 2012, S. 18–20; Strangman et al., 2008, S. 167–168).

Bereits die Tatsache, dass in verschiedenen Phasen des Unterrichts unterschiedliche Medien und Sozialformen (vgl. 1. und 2. UDL-Prinzip) angeboten werden, kann eine motivations- und aufmerksamkeitsfördernde Wirkung haben. Dabei ist jedoch in Anlehnung an Kapitel 4.1 Folgendes zu beachten:

> „Guter Unterricht definiert sich [...] nicht dadurch, dass ein möglichst umfangreiches Feuerwerk unterschiedlicher Methoden abgefeuert wird. Er definiert sich auch nicht durch Ausgewogenheit der Lehrmethoden, sondern durch deren intentionale Auswahl. Das heißt, Methoden müssen immer lerner- und zielorientiert gleichermaßen geplant werden." (Haß & Kieweg, 2012, S. 265)

Zudem ist die angemessene Herausforderung beim schulischen Lernen von zentraler Bedeutung für die Motivation und das Engagement der Lernenden, sodass *„support* *and challenge*" (Rose & Meyer, 2002, S. 107; Hervorhebung der Verfasser) im Unterricht stets in einem ausgeglichenen Verhältnis zueinander stehen sollten. Um Unter- und Überforderung zu vermeiden, ist es aber wichtig, das individuelle Anforderungsniveau anpassbar und flexibel zu gestalten, wie z.B. durch die Option von Aufbau- und Erweiterungsaufgaben, die sich aus dem logischen Aufbau des Lerngegenstands ergeben (Strangman et al., 2008, S. 168).

Zum affektiven Lernen gehört jedoch auch das schulische und fachliche Selbstkonzept bzw. -vertrauen, das Schülerinnen und Schüler im Laufe ihrer Schulzeit aufbauen und das im Fall von negativen Bewältigungsüberzeugungen das Engagement für ein bestimmtes Fach schmälern kann. Hier geht es auch darum, Ängste, Hemmungen und soziale Bedrohungen abzubauen, wie z.B. in Bezug auf das Sprechen einer fremden Sprache durch einführendes und enthemmendes Chorsprechen oder das vorherige lautliche Ausprobieren mit einem Partner bzw. einer Partnerin des Vertrauens (Mindt & Schlüter, 2007, S. 53–54). Mithilfe von verschiedenen Stufen der Unterstützung *(scaffolding)* und unterschiedlichen Methoden zur Ermöglichung von Erfolgserlebnissen sollte somit ein positives Selbstbild und Selbstwirksamkeit in Bezug auf das eigene Sprachenlernen gefördert werden. Dabei spielt z.B. *mastery-oriented feedback* eine wichtige Rolle, das auf verschiedene Art und Weise sowohl durch die Lehrkraft, die *Peers* oder auch im Rahmen einer Selbsteinschätzung bzw. -reflexion in Bezug auf das Erreichen von transparenten Lernzielen erfolgen kann. Dies beinhaltet eine formative Lernrückmeldung unter Einsatz verschiedener Reflexionsmaterialien und -methoden mit dem Ausblick, die Lernenden durch konstruktives und produktives Feedback und die sukzessive Förderung von positiven Bewältigungsüberzeugungen auf dem Weg zu Expertinnen und Experten für die eigenen fremdsprachlichen Lernprozesse zu begleiten (Meyer et al., 2014, S. 90–91; Pisha & Coyne, 2001, S. 199).

> *3. UDL-Prinzip:* Biete multiple Möglichkeiten zur Förderung von Lernengagement an, sodass flexible Optionen zur Entwicklung und Aufrechterhaltung von Motivation im Lernprozess gewährleistet werden (Rose & Meyer, 2002, S. 69 & 75; deutsche Übersetzung in Anlehnung an Michna, Melle & Wember, 2016, S. 288; Schlüter, Melle & Wember, 2016, S. 274).

4.4 Die UDL-Checkliste

Die drei UDL-Prinzipien wurden mithilfe von jeweils drei Richtlinien und zugehörigen Checkpunkten noch einmal genauer inhaltlich kategorisiert und operationalisiert (CAST, 2011; Hall et al., 2012, S. 12–20). Die daraus resultierende UDL-Checkliste (vgl. Abb. 1) kann als Orientierung für die Gestaltung inklusiver Curricula, die Entwicklung von Unterrichtsmaterial und -methoden oder zur Unterrichtsplanung einzelner Lernaufgaben, Unterrichtsstunden und -reihen dienen. Sie kann zudem für verschiedenste Unterrichtsfächer adaptiert und mit fachdidaktischen Inhalten und Theorien kombiniert werden (Hall et al., 2012, S. 20–23).

Abbildung 1: UDL-Checkliste (CAST, 2011)

I. Provide Multiple Means of Representation	II. Provide Multiple Means of Action and Expression	III. Provide Multiple Means of Engagement
1: Provide options for perception	**4: Provide options for physical action**	**7: Provide options for recruiting interest**
1.1 Offer ways of customizing the display of information	4.1 Vary the methods for response and navigation	7.1 Optimize individual choice and autonomy
1.2 Offer alternatives for auditory information	4.2 Optimize access to tools and assistive technologies	7.2 Optimize relevance, value, and authenticity
1.3 Offer alternatives for visual information		7.3 Minimize threats and distractions
2: Provide options for language, mathematical expressions, and symbols	**5: Provide options for expression and communication**	**8: Provide options for sustaining effort and persistence**
	5.1 Use multiple media for communication	8.1 Heighten salience of goals and objectives
2.1 Clarify vocabulary and symbols	5.2 Use multiple tools for construction and composition	8.2 Vary demands and resources to optimize challenge
2.2 Clarify syntax and structure	5.3 Build fluencies with graduated levels of support for practice and performance	8.3 Foster collaboration and community
2.3 Support decoding of text, mathematical notion, and symbols		8.4 Increase mastery-oriented feedback
2.4 Promote understanding across languages		
2.5 Illustrate through multiple media		
3: Provide options for comprehension	**6: Provide options for executive functions**	**9: Provide options for self-regulation**
3.1 Activate or supply background knowledge	6.1 Guide appropriate goal-setting	9.1 Promote expectations and beliefs that optimize motivation
3.2 Highlight patterns, critical features, big ideas, and relationships	6.2 Support planning and strategy development	9.2 Facilitate personal coping skills and strategies
3.3 Guide information processing, visualization, and manipulation	6.3 Facilitate managing information and resources	9.3 Develop self-assessment and reflection
3.4 Maximize transfer and generalization	6.4 Enhance capacity for monitoring progress	

Die UDL-Richtlinien und Checkpunkte sind bei der Planung von Unterrichtsreihen und -stunden jedoch nicht als strikte Handlungsvorschriften, sondern vielmehr als flexible Zusammenstellung von Strategien zu verstehen, die im Sinne eines *visual reminder* dabei helfen können, Lernbarrieren abzubauen und die in der Lerngruppe vorhandene Diversität von Anfang an in Form von unterrichtlichen Angeboten zu reflektieren (Hall et al., 2012, S. 20–22). Die UDL-Checkliste kann folglich als „*blueprint*" (Strangman et al., 2008, S. 165; Hervorhebung der Verfasser) betrachtet werden, der erst vor dem Hintergrund des *Lernziels* bzw. der *Lernziele* (z.B. angestrebter Kompetenzstand am Ende der Lerneinheit, ggf. auch zieldifferente zu erwerbende Kompetenzen), der Analyse des *Themas* und *Lerngegenstands* (z.B. Stufen des Kompetenzaufbaus am Beispiel von Thema XY) und der Beschreibung der *Lerngruppe* (z.B. anhand des INVO-Modells) mit fachdidaktisch geeigneten Methoden, Materialien und Medien zum Leben erweckt und gefüllt werden kann. Die Checkliste ist dabei keinesfalls statisch und chronologisch konzipiert worden: Die verschiedenen Prinzipien, Richtlinien und Checkpunkte überlappen sich vielmehr gegenseitig und wirken zusammen. Genauso wie weitere Checkpunkte ergänzt werden können, müssen und sollen auch nicht immer *alle* Richtlinien und Checkpunkte innerhalb einer Unterrichtsstunde erfüllt werden. Vielmehr ist die Wahl der Richtlinien u.a. abhängig vom Ziel der Unterrichtsstunde (Hall et al., 2012, S. 20–22).

5. UDL im Englischunterricht: Ausblick auf notwendige wissenschaftliche Kooperation

Wirft man einen Blick in die einschlägige Literatur für Fachdidaktik Englisch, so fällt auf, dass die Themen *Differenzierung* und/oder *Individualisierung* häufig noch in einzelne Buchkapitel ausgelagert werden und kein durchgängiges fachdidaktisches Prinzip darstellen (zusammenfassend in Küchler & Roters, 2014, S. 236–237). Dass Inklusion und Differenzierungsangebote im Englischunterricht „nicht länger nur als methodische Strategie für das Einbeziehen von [Schülerinnen und Schülern] mit Behinderung aufgefasst werden [können], sondern als Grundpfeiler und Prinzip der Fremdsprachendidaktik anerkannt werden [müssen]" (Falvey & Givner, 2005; zitiert nach Küchler & Roters, 2014, S. 244), spiegelt sich auch in der Neufassung der Handlungsfelder im *Kerncurriculum für die Ausbildung im Vorbereitungsdienst für Lehrämter in den Zentren für schulpraktische Lehrerausbildung und in den Ausbildungsschulen* durch den verbindlichen Erlass vom 02.09.2016 wider: Das Handlungsfeld *Vielfalt als Herausforderung annehmen und als Chance nutzen* stellt nun nicht mehr nur eines von sechs Handlungsfeldern dar (MSW NRW, 2011), sondern wurde als grundlegende Leitlinie für die anderen fünf Handlungsfelder anerkannt (MSW NRW, 2016; vgl. Abb. 2).

Abbildung 2: Übersicht der Handlungsfelder für die Lehrerausbildung (MSW NRW, 2016, S. 2)

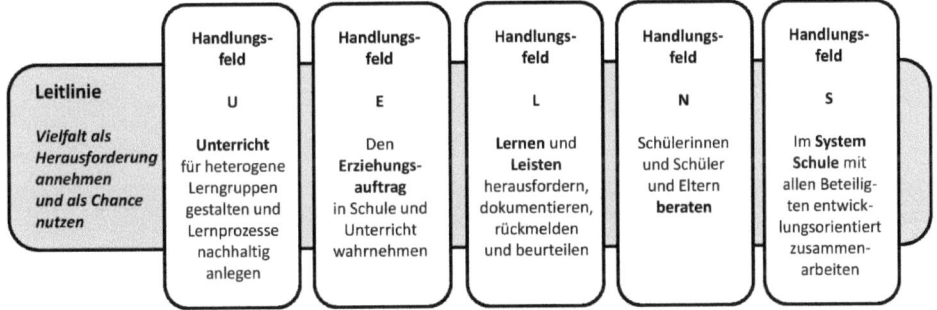

Zum jetzigen Zeitpunkt existieren jedoch vorrangig Untersuchungen und Empfehlungen zur fremdsprachlichen Einzelförderung in Bezug auf eine bestimmte Heterogenitätskategorie, wie z.B. Mehrsprachigkeit oder spezifischer sonderpädagogischer Unterstützungsbedarf (siehe z.B. Einzelbeiträge in Bartosch & Rohde, 2014; Bongartz & Rhode, 2015). Ein gesuchtes „verbindendes didaktisches Prinzip zwischen verschiedenen Heterogenitätsdimensionen" (Küchler & Roters, 2014, S. 237) für den Fremdsprachenunterricht kann dabei das UDL darstellen, welches jegliche Vielfalt und potenzielle Lernbarrieren von Anfang an systematisch berücksichtigt. Dies soll die fachdidaktische Erforschung einzelner Heterogenitätsdimensionen jedoch nicht obsolet machen, sondern vielmehr einzelne Forschungserkenntnisse miteinander verbinden und für Lehrkräfte zur Gestaltung eines allgemeinzugänglichen und Lernbarrieren antizipierenden Klassenunterrichts nutzbar machen.

Mit der Etablierung des UDL ist daher keinesfalls gemeint, dass die Expertise von Sonderpädagoginnen und Sonderpädagogen wegfallen kann. Im Gegenteil: Denkbar sind z.B. Modelle nach dem Aufbau des dreistufigen RTI-Modells *(Response to Intervention)*, in dem der Klassenunterricht in einer unausgelesenen Lerngruppe nach den Prinzipien des UDL gestaltet wird, mit dem Ziel, optimale Förderung für ein möglichst breites Spektrum an Lernenden zu ermöglichen (Basham, Israel, Graden, Poth & Winston, 2010). Bei der Gestaltung dieses inklusiven Klassenunterrichts ist die Zusammenarbeit in multiprofessionellen Teams und der „Kompetenztransfer" (Lütje-Klose & Willenbring, 1999, S. 17) zwischen Regel- und Förderschullehrkraft von zentraler Bedeutung, um den individuellen Lernbedürfnissen der Schülerinnen und Schüler gerecht werden zu können. Je besser und barrierefreier dieser natürlich differenzierte Klassenunterricht von Anfang an gelingt, desto weniger nachträgliche remediale Förderprogramme werden notwendig. Darüber hinaus sollte gezielte Kleingruppen- oder Einzelförderung für Schülerinnen und Schüler ermöglicht werden, die temporär das Bedürfnis nach mehr Lernzeit oder intensivierter Betreuung in Bezug auf einen bestimmten Lerngegenstand haben – seien es Lernende mit sonderpädagogischem Unterstützungsbedarf oder besonders begabte und zusätzlich interessierte Schülerinnen und Schüler. Dies kann z.B. nach dem Prinzip von „Förderschleifen" (Bartnitzky, 2012, S. 29) erfolgen, die entsprechend der situativen Gegebenheiten sowohl in innerer Differenzierung als auch in zeitlich befristeter und lerngegenstandsbezogener äußerer Differenzierung erfolgen können. Das Besondere an diesem integrativen und präventiven Prinzip ist, dass die Themen und Aufgaben der Kleingruppen- und Einzelförderung sich inhaltlich aus der gemeinsamen Arbeit im Klassenverband ergeben und auch wieder in das gemeinsame Lernen hineinführen (Bartnitzky, 2012, S. 29–30; Häsel-Weide & Nührenbörger, 2013, S. 6–8).

Dass das UDL für die Planung und Gestaltung von Englisch- und Fremdsprachenunterricht geeignet ist, belegen zudem viele Anknüpfungspunkte zu den Forderungen des GeR, der nationalen Bildungsstandards der KMK sowie der Kernlehrpläne. So steht das UDL z.B. im Einklang mit der Forderung des GeR (Europarat, 2001) sowie der nationalen Bildungsstandards (KMK, 2004, exemplarisch für den Hauptschulabschluss) nach einem kompetenzorientierten Englischunterricht, der neben funktionalen kommunikativen Kompetenzen gleichsam auch interkulturelle und methodische Kompetenzen in den Blick nehmen und fördern soll. Vor diesem Hintergrund werden in der Kategorie „Methodische Kompetenzen" (KMK, 2004, S. 8) u.a. die Schlagwörter „Interaktion", „Präsentation und Mediennutzung" sowie „Lernstrategien", „Lernbewusstheit und Lernorganisation" (KMK, 2004, S. 8) als zentrale Elemente des Fremdsprachenunterrichts benannt, die in den Prinzipien des UDL ihre didaktische Realisierung finden können und somit nicht nur Schülerinnen und Schülern mit sonderpädagogischem Unterstützungsbedarf zugutekommen (vgl. UDL-Checkliste, Abb. 1).

Um UDL für die Fachdidaktik Englisch umfassend nutzbar zu machen und konkrete Umsetzungsbeispiele zu erarbeiten, ist jedoch weitere kooperative Forschungsarbeit von Fachdidaktik, psychologischer Lehr-Lern-Forschung und Sonderpädagogik notwendig. Dabei muss keinesfalls das Rad neu erfunden werden: Nach

Küchler und Roters (2014) bedeutet inklusiver Fremdsprachenunterricht die „Weiter-führung und Intensivierung bisher schon praktizierter didaktischer Komponenten" (S. 244). Vor dem Hintergrund des Paradigmenwechsels zu einem handlungs- und kompetenzorientierten Fremdsprachenunterricht steigt von Jahr zu Jahr die Entwicklung verschiedener differenzierender und individualisierender Prinzipien, Methoden und Materialien, die den Forderungen des UDL entgegenkommen. Qualitativ hochwertiger inklusiver Englischunterricht bedarf also einer qualitativ hochwertigen Fachdidaktik. Guter inklusiver Unterricht ist zunächst nichts anderes als guter Unterricht, der die individuellen Lernbedürfnisse aller Schülerinnen und Schüler in einer Lerngruppe berücksichtigt. Da Schulklassen in Deutschland jedoch immer heterogener werden, wie z.B. im Hinblick auf die Dimensionen Behinderung, kultureller Hintergrund oder Mehrsprachigkeit, ist eine Zusammenführung und Kombination von Erkenntnissen und Theorien aus verschiedenen Wissenschaftsbereichen unerlässlich, damit das schulische Lernen in einer unausgelesenen Lerngruppe für alle Schülerinnen und Schüler zum Erfolg werden kann.

Um erfolgreichen inklusiven Englischunterricht in der Praxis planen und durchführen zu können, ist es daher wichtig, die einzelnen Elemente der UDL-Checkliste mit fachdidaktischen Erkenntnissen zu verknüpfen und eine wechselseitige Weiterentwicklung anzustreben. So kann das fachdidaktische Prinzip des *scaffolding*, z.B. in Form von *language support* auf Plakaten, *flashcards* oder anderen Merk- und Strukturhilfen, zur erfolgreichen Bewältigung einer Lernaufgabe beitragen und somit in bestimmten unterrichtlichen Kontexten dem UDL-Checkpunkt 5.3 *Build fluencies with graduated levels of support for practice and performance* (vgl. Abb. 1) gerecht werden. Gleichsam können in diesem Zusammenhang weitere fachdidaktische Konzepte, Methoden oder Materialien zur Förderung des Erwerbs verschiedener sprachlicher Mittel und kommunikativer Kompetenzen entwickelt und erforscht werden, um den in diesem Checkpunkt geforderten kognitiven und motivationalen Unterstützungsbedarf in immer heterogener werdenden Klassenstufen zu optimieren. Gerade im Zusammenhang mit UDL kann Technik dabei eine positive Rolle spielen. So sollte z.B. auch über die differenzierte Erforschung und Ausstattung an Schulen zum Einsatz von digitalisierten Texten und lehrwerksbezogener Lernsoftware im Fremdsprachenunterricht nachgedacht werden. Diese können neben flexiblen Repräsentationsmöglichkeiten auch Hyperlinks zu Hintergrundwissen liefernden Bildern, Videos, mehrsprachigen Erläuterungen, Vokabelhilfen oder sogar einem Lesestrategiecoach bieten. In den USA sind solche Formate zum Fremdsprachenlernen z.B. unter dem Schlagwort *Universal Literacy Environment* (ULE) bekannt geworden, wobei in Bezug auf die Steigerung von fremdsprachlicher Lesemotivation und -kompetenz bereits signifikante Erfolge u.a. auch im Zusammenhang mit Kindern mit kognitiven Beeinträchtigungen nachgewiesen werden konnten (Coyne, Pisha, Dalton, Zeph & Smith, 2012; Proctor et al., 2007).

Um zu beschreiben, welche Kompetenzen Lehrpersonen benötigen, um erfolgreichen inklusiven Fachunterricht durchzuführen, bietet sich eine Analogie zu den Ursprüngen des *Universal Designs* an. Eine Architektin oder ein Architekt, die oder der *Universal Design* verwirklichen will, braucht natürlich Wissen über Bedürfnisse von Menschen mit besonderen Bedarfen und Kenntnisse über Vorschriften bzw. Umsetzungsmöglichkeiten von Barrierefreiheit beim Designen von Gebäuden. Zuallererst muss sie oder er aber eine gute Architektin oder ein guter Architekt sein, d.h. sie oder er muss Wissen über Statik, die Beschaffenheit von Baumaterialien usw. besitzen. Genauso reicht das Wissen über UDL allein noch nicht aus, um guten inklusiven Englischunterricht zu planen und durchzuführen. Dazu ist eine Verknüpfung des UDL-Konzepts mit Forschungsbefunden der einzelnen Fachwissenschaften und -didaktiken zu fachspezifischen Lerngegenständen und ihren Verknüpfungen untereinander unerlässlich, wie z.B. in Bezug auf Theorien und Bedingungsanalysen zum Kompetenzerwerb in den Bereichen Sprechen, Sprachmittlung, Hör-(Seh-)Verstehen, Leseverstehen oder Schreiben.

Die Etablierung des UDL in verschiedenen Fachdidaktiken kann für (angehende) Lehrkräfte zudem den Vorteil haben, dass ein verbindendes Rahmenkonzept zum Lehren und Lernen in maximal heterogenen Lerngruppen für alle Unterrichtsfächer geschaffen wird, das Ordnung und Struktur in die z.T. unübersichtliche Vielfalt an fachdidaktischen Prinzipien und Handlungsempfehlungen bringen kann. Neben der Möglichkeit der direkten Gegenüberstellung von Gemeinsamkeiten und Unterschieden bei der Umsetzung des UDL in verschiedenen Fachdidaktiken, transportiert das UDL zudem ein für das Gelingen von Inklusion notwendiges übergreifendes Verständnis von schulischem Lehren und Lernen: Dazu zählt v.a. die Wertschätzung der natürlichen Variabilität in Bezug auf Zugangs-, Ausdrucks- und Motivationsmöglichkeiten aller Lernenden, die bei der Unterrichtsgestaltung von Anfang an systematisch mit eingeplant wird und vielen verschiedenen Heterogenitätsdimensionen gleichzeitig gerecht werden kann. So wird einer Ausrichtung des Unterrichts an einem imaginären Durchschnittsschüler mit nachträglichen Einzelanpassungen für einzelne Lernende mit sonderpädagogischem Unterstützungsbedarf vorgebeugt, was einer Missinterpretation des Begriffs Inklusion als Integration von Menschen mit Behinderung in das Regelschulsystem entgegenwirkt.

Literatur

Bartnitzky, H. (2012). Fördern heißt Teilhabe. In H. Bartnitzky, U. Hecker & M. Lassek (Hrsg.), *Individuell fördern – Kompetenzen stärken in der Eingangsstufe (Kl. 1 und 2)* (Bd. 134, Heft 1, S. 6–36). Frankfurt am Main: Grundschulverband.

Bartosch, R. & Rohde, A. (Hrsg.). (2014). *Im Dialog der Disziplinen. Englischdidaktik – Förderpädagogik – Inklusion.* Trier: Wissenschaftlicher Verlag.

Basham, J. D., Israel, M., Graden, J., Poth, R. & Winston, M. (2010). A comprehensive approach to RTI: Embedding universal design for learning and technology. *Learning Disability Quarterly, 33*(4), 243–255.

Bloom, B. S., Engelhart, M. D., Furst, E. J., Hill, W. H. & Krathwohl, D. R. (1956). *Taxonomy of Educational Objectives. The Classification of Educational Goals; Handbook I: Cognitive Domain.* New York: Longmans, Green.

Bongartz, C. M. & Rohde, A. (Hrsg.). (2015). *Inklusion im Englischunterricht.* Frankfurt am Main: Lang.

Bullock, M. & Ziegler, A. (1997). Entwicklung der Intelligenz und des Denkens: Ergebnisse aus dem SCHOLASTIK-Projekt. In F. E. Weinert & A. Helmke (Hrsg.), *Entwicklung im Grundschulalter* (S. 27–35). Weinheim: Beltz.

CAST [Center for Applied Special Technology] (2011) *Universal Design for Learning Guidelines version 2.0.* Verfügbar unter: http://www.udlcenter.org/sites/udlcenter.org/files/updateguidelines2_0.pdf [23.03.2017].

Christensen, C. M. (2001). Assessing your organization's innovation capabilities. *Leader to Leader, 21,* 27–37. Verfügbar unter: https://www.utdallas.edu/~chasteen/Christensen %20-%202nd%20article.htm [23.03.2017].

Coyne, P., Pisha, B., Dalton, B., Zeph, L. A. & Smith, N. C. (2012). Literacy by Design: A Universal Design for Learning Approach for Students with Significant Intellectual Disabilities. *Remedial and Special Education, 33,* 162–172.

Dalton, B. & Proctor, C. P. (2007). *Reading as thinking. Integrated strategy instruction in a universally designed digital literacy environment.* Verfügbar unter: https://www.google.de/url?sa=t&rct=j&q=&esrc=s&source=web&cd=1&cad=rja&uact=8&ved=0ahUKEwjq2qHNn4PUAhVG0hoKHSRlCj4QFgguMAA&url=http%3A%2F%2Fwww.udlcenter.org%2Fsites%2Fudlcenter.org%2Ffiles%2FReadingAsThinking_0.pdf&usg=AFQjCNHgkj3J2eyLz3riRqIXmTFxrvHZlA [23.03.2017].

Elsner, D. (2015). *Kompetenzorientiert unterrichten in der Grundschule. Englisch 1–4* (1. Aufl.). München: Oldenbourg.

Euker, N., Kuhl, J. & Probst, H. (2012). Individuelle Förderung des Leseerwerbs im Rahmen Inklusiven Unterrichts. *Gemeinsam leben, 20,* 139–150.

Europarat (Hrsg.). (2001). *Gemeinsamer europäischer Referenzrahmen für Sprachen: lernen, lehren, beurteilen.* Berlin: Langenscheidt.

Farrel, M. L. & Sherman, G. F. (2011). Multisensory structured language education. In J. R. Birsh (Hrsg.), *Multisensory Teaching of Basic Language Skills* (S. 25–47). Baltimore: Paul H. Brookes.

Fisseler, B. & Markmann, M. (2012). Universal Design als Umgang mit Diversität in der Hochschule. *Journal Hochschuldidaktik, 1–2*(23), 13–16.

Fritz, A., Ricken, G. & Schuck, K. D. (2003). Teilleistungen und Lernprozesse. In G. Ricken, A. Fritz & C. Hofmann (Hrsg.), *Diagnose: Sonderpädagogischer Förderbedarf* (S. 292–306). Lengerich: Pabst.

Gage, N. L. & Berliner, D. C. (1996). *Pädagogische Psychologie.* Weinheim: Beltz.

Gazzaniga, M. S., lvry, R. B. & Mangun, G. R. (1998). *Cognitive Neuroscience. The Biology of the Mind.* New York: W. W. Norton.

Gerlach, D. (2015). Fremdsprachenlernen mit allen Sinnen? Möglichkeiten und Grenzen multisensorischen Lehrens & Lernens. *Praxis Fremdsprachenunterricht, 12* (2), 9–11.

Gold, A. (2015). Lernschwierigkeiten. Wie man einen pädagogisch-psychologischen Dauerbrenner immer wieder aufs Neue befeuern kann. *Zeitschrift für Pädagogische Psychologie, 29,* 123–132.

Göransson, K. & Nilholm, C. (2014). Conceptual diversities and empirical shortcomings – a critical analysis of research on inclusive education. *European Journal of Special Needs, 29,* 265–280.

Grieser-Kindel, C., Henseler, R. & Möller, S. (2016). *Method Guide 1. Methoden für den Englischunterricht. Klasse 5–13.* Braunschweig: Schöningh.

Grosche, M. (2015). Was ist Inklusion? In P. Kuhl, P. Stanat, B. Lütje-Klose, C. Gresch, H. A. Pant & M. Prenzel (Hrsg.), *Inklusion von Schülerinnen und Schülern mit sonderpädagogischem Förderbedarf in Schulleistungserhebungen* (S. 17–39). Wiesbaden: Springer.

Grünke, M. & Grosche, M. (2014). Lernbehinderung. In G. W. Lauth, M. Grünke & J. C. Brunstein (Hrsg.), *Interventionen bei Lernstörungen. Förderung, Training und Therapie in der Praxis* (2. Aufl., S. 76–89). Göttingen: Hogrefe.

Hall, T. E., Meyer, A. & Rose, D. H. (2012). *Universal Design for Learning in the Classroom. Practical Applications.* New York: Guilford Press.

Häsel-Weide, U. & Nührenbörger, M. (2013). Fördern im Mathematikunterricht. In H. Bartnitzky, U. Hecker & M. Lassek (Hrsg.), *Individuell fördern – Kompetenzen stärken ab Klasse 3* (Bd. 135, Heft 2). Frankfurt am Main: Grundschulverband.

Haß, F. (Hrsg.). (2016). *Fachdidaktik Englisch. Tradition, Innovation, Praxis* (2., überarb. Aufl.). Stuttgart: Klett.

Haß, F. & Kieweg, W. (2012). *I can make it. Englischunterricht für Schülerinnen und Schüler mit Lernschwierigkeiten.* Seelze-Velber: Klett Kallmeyer.

Hasselhorn, M. & Gold, A. (2009). *Pädagogische Psychologie. Erfolgreiches Lernen und Lehren* (2. Aufl.). Stuttgart: Kohlhammer.

Hecht, T. (2014). *Ressourcenorientierte Lernförderung in der Grundschule: der Einfluss des Aufgabendesigns auf die Übungsleistungen von Zweitklässlern in Rechtschreiben und Mathematik.* Verfügbar unter: http://geb.uni-giessen.de/geb/volltexte/2014/10981/pdf/HechtAgnesTeresa_2014_07_08.pdf [23.03.2017].

Helmke, A. (2015). *Unterrichtsqualität und Lehrerprofessionalität. Diagnose, Evaluation und Verbesserung des Unterrichts* (6. Aufl.). Seelze-Velber: Klett Kallmeyer.

Hinz, A. (2002). Von der Integration zur Inklusion – terminologisches Spiel oder konzeptionelle Weiterentwicklung? *Zeitschrift für Heilpädagogik, 53*, 354–361.

Hinz, A. (2004). Vom sonderpädagogischen Verständnis der Integration zum integrationspädagogischen Verständnis der Inklusion!? In I. Schnell & A. Sander (Hrsg.), *Inklusive Pädagogik* (S. 41–74). Bad Heilbrunn: Klinkhardt.

Hinz, A. (2010). Aktuelle Erträge der Debatte um Inklusion – worin besteht der „Mehrwert" gegenüber Integration? In Evangelische Stiftung Alsterdorf & Katholische Hochschule (Hrsg.), *Enabling Community. Anstöße für Politik und soziale Praxis* (S. 191–202). Hamburg: Alsterdorf.

Hinz, A. (2013). *Inklusion – von der Unkenntnis zur Unkenntlichkeit!? – Kritische Anmerkungen zu einem Jahrzehnt Diskurs über schulische Inklusion in Deutschland.* Verfügbar unter: http://www.inklusion-online.net/index.php/inklusion-online/article/view/26/26 [23.03.2017].

Klein, G. (1971). Kritische Analyse gegenwärtiger Konzeptionen der Sonderschule für Lernbehinderte. *Sonderpädagogik, 1*, 1–13.

Klein, G. (2016). Zur Geschichte der Didaktik im Förderschwerpunkt „Lernen". In U. Heimlich & F. B. Wember (Hrsg.), *Didaktik des Unterrichts im Förderschwerpunkt Lernen. Ein Handbuch für Studium und Praxis* (3. Aufl., S. 11–26). Stuttgart: Kohlhammer.

Klemm, K. (2011). Das Bildungssystem Deutschlands: Strukturen und Strukturreformen. In H. Reinders, H. Ditton, C. Gräsel & B. Gniewosz (Hrsg.), *Empirische Bildungsforschung: Strukturen und Methoden* (S. 153–164). Wiesbaden: Verlag für Sozialwissenschaften.

KMK [Ständige Konferenz der Kultusminister der Länder der Bundesrepublik Deutschland] (2004). *Bildungsstandards für die erste Fremdsprache (Englisch/Französisch) für den Hauptschulabschluss. Beschluss vom 15.10.2004.* Verfügbar unter: https://www.kmk.org/fileadmin/veroeffentlichungen_beschluesse/2004/2004_10_15-Bildungsstandards-ersteFS-Haupt.pdf [23.03.2017].

Krajewski, K. (2003). *Vorhersage von Rechenschwäche in der Grundschule.* Hamburg: Kovac.

Krajewski, K. & Ennemoser, M. (2010). Die Berücksichtigung begrenzter Arbeitsgedächtnisressourcen in Unterricht und Lernförderung. In H.-P. Trolldenier, W. Lenhard & P. Marx (Hrsg.), *Brennpunkte der Gedächtnisforschung* (S. 337–365). Göttingen: Hogrefe.

Krajewski, K. & Schneider, W. (2009). Early development of quantity to number-word linkage as a precursor of mathematical school achievement and mathematical difficulties: Findings from a four-year longitudinal study. *Learning and Instruction, 19*, 513–526.

Küchler, U. & Roters, B. (2014). Embracing Everyone: Inklusiver Fremdsprachenunterricht. In B. Amrhein & M. Dziak-Mahler (Hrsg.), *Fachdidaktik inklusiv. Auf der Suche nach didaktischen Leitlinien für den Umgang mit Vielfalt in der Schule* (S. 233–248). Münster: Waxmann.

Kuhl, J., Hecht, T. & Euker, N. (2016). Grundprinzipien des Unterrichts und der Förderung von Kindern und Jugendlichen mit intellektueller Beeinträchtigung – Entwicklungs-, Ressourcen- und Lebensweltorientierung. In J. Kuhl & N. Euker (Hrsg.), *Evidenzbasierte Diagnostik und Förderung von Kindern und Jugendlichen mit intellektueller Beeinträchtigung* (S. 39–64). Bern: Hogrefe.

Kutzer, R. (1999). Überlegungen zur Unterrichtssituation im Sinne strukturorientierten Lernens. In H. Probst (Hrsg.), *Mit Behinderungen muss gerechnet werden. Der Marburger Beitrag zur lernprozessorientierten Diagnostik, Beratung und Förderung* (S. 15–69). Solms-Oberbiel: Jarick Oberbiel.

Leonard, L. B. (1998). *Children with Specific Language Impairment.* Cambridge, MA: MIT Press.

Lütje-Klose, B. & Willenbring, M. (1999). Kooperation fällt nicht vom Himmel. Möglichkeiten der Unterstützung kooperativer Prozesse in Teams von Regelschullehrerin und Sonderpädagogin aus systemischer Sicht. *Behindertenpädagogik, 38*(1), 2–31.

Mähler, C. (2007). Arbeitsgedächtnisfunktionen bei lernbehinderten Kindern und Jugendlichen. *Zeitschrift für Entwicklungspsychologie und Pädagogische Psychologie, 39*, 97–106.

Meister, U. & Schnell, I. (2012). Gemeinsam und individuell – Anforderungen an eine inklusive Didaktik. In V. Moser (Hrsg.), *Die inklusive Schule. Standards für die Umsetzung* (S. 184–189). Stuttgart: Kohlhammer.

Meyer, A., Rose, D. H. & Gordon, D. (2014). *Universal Design for Learning. Theory and Practice.* Wakefield, MA: CAST Professional Publishing.

Meyer, H. (2003). Zehn Merkmale guten Unterrichts. Empirische Befunde und didaktische Ratschläge. *Pädagogik, 55*, 36–43.

Michna, D., Melle, I. & Wember, F. B. (2016). Gestaltung von Unterrichtsmaterialien auf Basis des Universal Design for Learning. Am Beispiel des Chemieanfangsunterrichts in der Sekundarstufe I. *Sonderpädagogische Förderung heute, 61*, 286–303.

Mindt, D. & Schlüter, N. (2007). *Ergebnisorientierter Englischunterricht: Für die Klassen 3 und 4* (1. Aufl.). Berlin: Cornelsen Scriptor.

MSW NRW [Ministerium für Schule, Jugend und Kinder des Landes NRW] (2004). *Kernlehrplan für die Gesamtschule – Sekundarstufe I in Nordrhein-Westfalen* (1. Aufl.). Verfügbar unter: https://www.schulentwicklung.nrw.de/lehrplaene/upload/lehrplaene_download/gesamtschule/gs_englisch.pdf [23.03.2017].

MSW NRW [Ministerium für Schule und Weiterbildung des Landes Nordrhein-Westfalen] (2011). *Kerncurriculum für die Ausbildung im Vorbereitungsdienst für Lehrämter in den Zentren für schulpraktische Lehrerausbildung und in den Ausbildungsschulen.* Verfügbar unter: http://www.zfsl-hamm.nrw.de/Seminar_GyGe/Ausbildungsprogramm/Kerncurriculum.pdf [23.03.2017].

MSW NRW [Ministerium für Schule und Weiterbildung des Landes Nordrhein-Westfalen] (2016). *Kerncurriculum für die Ausbildung im Vorbereitungsdienst für Lehrämter in den Zentren für schulpraktische Lehrerausbildung und in den Ausbildungsschulen*. Verfügbar unter: https://www.schulministerium.nrw.de/docs/LehrkraftNRW/Vorbereitungsdienst /Kerncurriculum.pdf [23.03.2017].

Neubauer, A. & Stern, E. (2009). *Lernen macht intelligent. Warum Begabung gefördert werden muss*. München: Goldmann.

Orkwis, R. & McLane, K. (1998). *A curriculum every student can use: Design principles for student access*. Verfügbar unter: http://files.eric.ed.gov/fulltext/ED423654.pdf [23.03.2017].

Pienemann, M. (2006). Spracherwerb in der Schule: Was in den Köpfen der Kinder vorgeht. In M. Pienemann, J.-U. Keßler & E. Roos (Hrsg.), *Englischerwerb in der Grundschule* (S. 33–63). Paderborn: Schöningh.

Pisha, B. & Coyne, P. (2001). Smart From the Start. The Promise of Universal Design for Learning. *Remedial and Special Education, 22*, 197–203.

Prengel, A. (2002). Gleichheit und Verschiedenheit in der Integrationspädagogik. In A. Pithan, G. Adam & R. Kollmann (Hrsg.), *Handbuch Integrative Religionspädagogik. Reflexionen und Impulse für Gesellschaft, Schule und Gemeinde* (S. 202–210). Gütersloh: Gütersloher Verlagshaus.

Prengel, A. (2005). Heterogenität in der Bildung – Rückblick und Ausblick. In K. Bräu & U. Schwerdt (Hrsg.), *Heterogenität als Chance. Vom produktiven Umgang mit Gleichheit und Differenz in der Schule* (S. 19–35). Münster: Lit.

Pressley, M., Borkowski, J. G. & Schneider, W. (1989). Good information processing: What it is and how education can promote it. *Journal of Educational Research, 2*, 857–867.

Probst, H. (1979).Strukturbezogene Diagnostik. In H. Probst (Hrsg.), *Kritische Behindertenpädagogik in Theorie und Praxis* (S. 113–135). Oberbiel: Jarick Oberbiel.

Probst, H. & Kuhl, J. (2006). Weniger Ganzheitlichkeit ist mehr. In A. Fritz, R. Klupsch-Sahlmann & G. Ricken (Hrsg.), *Handbuch Kindheit und Schule* (S. 192–208). Weinheim: Beltz.

Proctor, C. P., Dalton, B. & Grisham, D. L. (2007). Scaffolding English Language Learners and Struggling Readers in a Universal Literacy Environment with Embedded Strategy Instruction and Vocabulary Support. *Journal of Literacy Research, 39*, 71–93.

Rohde, A. (2014). Didaktische Überlegungen zum inklusiven Englischunterricht. In R. Bartosch & A. Rohde (Hrsg.), *Im Dialog der Disziplinen. Englischdidaktik – Förderpädagogik – Inklusion* (S. 9–23). Trier: Wissenschaftlicher Verlag.

Rose, D. H. & Meyer, A. (2002). *Teaching every student in the digital age: Universal Design for Learning*. Alexandria, VA: Association for Supervision and Curriculum Development.

Schlüter, A., Melle, I. & Wember, F. B. (2016). Unterrichtsgestaltung in Klassen des Gemeinsamen Lernens: Universal Design for Learning. *Sonderpädagogische Förderung heute, 61*, 270–285.

Schmid-Schönbein, G. (2008). *Didaktik und Methodik für den Englischunterricht: Kompakter Überblick – Ziele, Inhalte, Verfahren – Für die Klassen 1 bis 4* (1. Aufl.). Berlin: Cornelsen Scriptor.

Schneider, W. & Näslund, J. C. (1992). Cognitive prerequisites of reading and spelling. In A. Demetriou, M. Shayer & A. Efklides (Hrsg.), *Neo Piagetian theories of cognitive development* (S. 256–274). London: Routledge.

Schuchardt, K., Kunze, J., Grube, D. & Hasselhorn, M. (2006). Arbeitsgedächtnisdefizite bei Kindern mit schwachen Rechen- und Schriftsprachleistungen. *Zeitschrift für Pädagogische Psychologie, 20,* 261–268.

Sinner, D. (2011). *Prävention von Rechenschwäche durch ein Training mathematischer Basiskompetenzen in der ersten Klasse.* Verfügbar unter: http://geb.uni-giessen.de/geb/volltexte/2011/8198/ [23.03.2017].

Strangman, N., Meyer, A., Hall, T. & Proctor, C. P. (2008). New Technologies and Universal Design for Learning in the Foreign Language Classroom. In T. Berberi, E. C. Hamilton & I. M. Sutherland (Hrsg.), *Worlds Apart? Disability and Foreign Language Learning* (S. 164–177). New Haven, London: Yale University Press.

Sweller, J. (1988). Cognitive load during problem solving: Effects on learning. *Cognitive Science, 12,* 457–466.

Sweller, J. (1989). Cognitive technology: Some procedures for facilitating learning and problem solving in mathematics and science. *Journal of Educational Psychology, 81,* 457–466.

Sweller, J. & Chandler, P. (1991). Evidence for Cognitive Load Theory. *Cognition and Instruction, 8,* 351–362.

United Nations (2006). *Convention on the rights of persons with disabilities.* Verfügbar unter: www.un.org/esa/socdev/enable/rights/convtexte.htm [23.03.2017].

Vygotsky, L. S. (1978). *Mind in society: The development of higher psychological processes.* Cambridge, MA: Harvard University Press.

Wocken, H. (2009). Inklusion & Integration. Ein Versuch, die Integration vor der Abwertung und die Inklusion vor Träumereien zu bewahren. In A. D. Stein, I. Niediek & S. Krach (Hrsg.), *Integration und Inklusion auf dem Wege ins Gemeinwesen* (S. 204–234). Bad Heilbrunn: Klinkhardt.

Wocken, H. (2011). Was ist inklusiver Unterricht? Eine Checkliste zur Zertifizierung schulischer Inklusion Teil II. *Gemeinsam leben, 19,* 41–49.

Zaade, S. (2014). Multisensorisch Englisch lernen. In H. Böttger (Hrsg.), *Englisch. Didaktik für die Grundschule* (2. Aufl., S. 40–48). Berlin: Cornelsen.

Mary Caitlin Wight

Students with exceptional learning needs and their negotiated language learner identities

1. Introduction

The prevalent shift in education in the United States has been towards inclusivity as we recognize the value for learners and educators in having diverse learning environments. Unfortunately, this shift has not been recognized as readily in the field of foreign language education, with many students with different than average learning needs (DTALN) being exempted from foreign language study. This means that while their peers begin exploring other languages and cultures, generally in the middle school years around age 12, some students with DTALN are excluded from those learning environments, a practice in contrast with the federal regulation entitled the Rehabilitation Act of 1973, which states "No otherwise qualified individual with a disability … shall, solely by reason of his or her disability, be excluded from the participation in … any program or activity receiving Federal financial assistant" (Section 794, paragraph a). This case study explores the experiences of five language learners with classified DTALN[1] through their first year of language study at the age of 12 in a suburban school district in New York State. The experiences of those who were not exempted tell the story of a learning environment that constrained Language Learner Identities (LLI) creating further impediments towards the goal of every student being able to negotiate the LLI of their choosing. The research question that guides this work is as follows: What language learner identities (LLI) were available to and negotiated by students with DTALN during their first year of foreign language study at the middle school level?

2. Negotiating Identities

A deeper understanding of the way students with DTALN negotiate academic identities in Languages other than English (LOTE) classrooms can help us to better confront the issue of students with DTALN being exempted from foreign language study

---

1   In the US, students go through a process to determine if they are in need of special education services, and if so, what services are appropriate based on their particular need. These services are outlined in the Individualized Educational Plan (IEP), which is a legal document that all educators must follow.

as well as the changes necessary in order to make language learning environments inclusive. Exploration of identities is essential for educators as negotiated identities serve as frameworks for how we act, how we explain ourselves to others, and how we interpret interactions with others. There were a range of possible LLI that might have been constructed within this language learning environment and a better understanding of the conscious and unconscious negotiation of their identity within the social constructs in the language learning environment will provide insight into the impact of language learning on students with DTALN. LLI are defined throughout this research as the social and academic identities and positions students negotiate and were negotiated into in relation to the new activity of foreign language learning encountered in the school setting. To be clear, this work focused on identities that are multiple, in flux, and situational for all individuals. As Holland and Skinner (1998) explained, "People tell others who they are, but even more important, they tell themselves and then try to act as though they are who they say they are. These self-understandings … are what we refer to as identities" (p. 3). Within identity research, the general view is that the identities we negotiate serve as interpretive frameworks, allowing the self-description of who we believe we are to influence how we act and how we explain ourselves to others.

While identities are fluid and their negotiation is constantly in a state of emergence, one is able to presuppose certain aspects of focal individual identities if observed and analyzed over a given period of time (Wortham, 2006). Since the data were collected over six months, I was able to gain an overarching sense of who these students were, just as they, too, were negotiating a sense of themselves. This means that since the participants for this study were observed and interviewed over the course of six months, certain claims can be made about aspects of their LLI as they have been revealed in a somewhat recurring and sedimented manner. Throughout this work, when I describe the identities that have been negotiated, it is with a respect and an understanding that identities are constantly in flux, and the aspects of identity being described are solely those that emerged in a recurring manner over the time period of data collection.

Identity is informed by the positions the participants are constrained to within the environment as well as those they took up in the moment and those they reflectively placed themselves in. Positioning theory is a theoretical lens through which one can understand how participants construct themselves or are constructed by others in different situations. Positions are the roles we are placed in or the roles we take up in different situations and how others position us (McVee, 2011). It must be noted, though, that positions, as well as identities, are mediated and constrained by others and the context within which they are negotiated. While the participants were able to take up a range of positions with a degree of agency, the constraints placed by others and the context limit the positions they are able to take up.

As negotiated identities are self-understandings and serve as interpretive frameworks, the identities we negotiate and those we are constrained into, affect our view and understanding of the world, our social interactions, and our access to academic content. The identities negotiated by the five student participants provided meaningful understanding of what occurs to identities when constrained by a privileged curriculum and exclusive instructional practices. It is important, in order to better understand the human experience, that we attempt to comprehend the process of LLI negotiation and how it affects students with different than average learning needs.

3. Review of the Literature

Research available on the topic of students with DTALN acquiring a foreign language is limited[2] and is nonexistent when looking specifically at LLI of students with DTALN. Much of it comes from the perspective that students with different than average education needs must change or receive modification and accommodations in order to meet the curriculum set forth within the learning environment. It must be made clear that this work does not stand with that perspective. This work advocates altering the curriculum and instructional practices to develop inclusive foreign language learning environments, with the goal to understand how the process of acquiring a foreign language and being a member of the foreign language learning environment impacted the student, in particular how the constraints on available identities limited the development of their LLI. Within the limited work available on this topic in the United States, Canada, and the United Kingdom, the benefits of language learning, the perceptions of students and educators, and available resources for students and educators emerged as categories.

The exemption of learners for foreign language study denies them access to the vast benefits of language learning. Benefits of language learning have been well argued in prior works and include increased awareness of one's own language, improvement in critical thinking, mental discipline, flexibility, creativity, memory, executive functions, and improved cognitive functioning, (Barac, & Bialystok, 2012; Bialystok, 2007; Morales, Calvo, & Bialystok, 2013; Le Pichon, de Swart, Vorstman, & van den Bergh, 2010; McColl, 2000a, 2013; Qualifications and Curriculum Authority, 2009; Vygotsky, 1962; Yelland, Pollard, & Mercuri, 1993) in addition to other cultural and economic gains (Reagan, & Osborn, 2002).

Perceptions of students and teachers regarding language learning by students with exceptional learning needs are not well documented. Hendry (2009) provided some insight in her dissertation addressing how writing skills of students with DTALN developed over time as well as the perceptions of students and teachers on accommodations. Other research has documented the feelings of teachers that there is, as McColl (2005) stated, "a mystique about teaching learners with special needs, and that they would be better taught by those who are familiar with this 'special' way of teaching." Educators have also expressed that they are limited in their ability to make language learning more inclusive by heterogenous grouping of students, a lack of support from special education, and a lack of understanding into inclusive practices (Lapkin, Mac-Farlane, & Vandergrift, 2006; MacKay, 2006; McColl, 2005; Rhodes, & Pufahl, 2009).

---

2 For a more detailed exploration of the available research, see Wight (2015).

Resources are available to support educators in developing more inclusive foreign language learning environments (European Commission, 2015; Evarrs, & Knotek, 2006; McColl, 2000b, 2013; Wilson, 2013), but these tend to focus on individual lessons, units, or materials. The need for more inclusive curriculums and instructional practices is great.

4. Methodology

Following the research tradition of a case study, as understood by Lantolf and Pavlenko (2002), Yin (2009), and Creswell (2007), five participants with exceptional learning needs worked with the researcher over a six-month period during the 2013/2014 school year, from October 2013 through March 2014. The interviews with the five participants as well as with their Spanish teacher and their special education director, the observations in their Spanish class as well as other content areas, and their reflective journal entries built toward an understanding of how the study of another language is experienced by a student with DTALN as well as how that student constructs his or her LLI (Table 1). The multiple data sources were collected as a way to capture more details and information regarding this phenomenon as well as to triangulate across sources. Participants were recruited after the study site was established within a district that had a high rate of students with learning DTALN enrolled in foreign language study, with only 14.8% of students with classifications exempted from LOTE (Languages other than English), as well as having a language teacher that was dually certified in Spanish and special education.

Table 1: Data Collection

	Inter-views	Journal Entries	Spanish Class Observations	Other Class Observations
Megan	3	5	10 hours	English Language Arts (ELA) (1 hour) Science (1 hour) Math (1 hour)
Ethan	3	4	10 hours	ELA (1 hour) Science (1 hour) Math (1 hour)
Ricky	3	6	8 hours	Math (1 hour) Science (1 hour)
Sam	3	0	9 hours	ELA (1 hour) Science (1 hour) Math (1 hour)
Tony	3	5	10 hours	ELA (1 hour) Science (1 hour) Math (1 hour)
Ms. Lopez	2	NA	20 hours	NA
Mr. Kieva	1	NA	NA	NA

Note. Sam did not complete journal entries during data collection. Megan did not complete journal # 6 (March 2014), Ethan did not complete Journals # 4 & 5 (January & February 2014), and Tony did not complete Journal # 6 (March 2014).

Ms. Lopez was the instructor for the Spanish classes of which all five participants were enrolled. She was dually certified in Spanish and special education, but reported having only taught in a Spanish classroom. She was in her third year of teaching within this district, with one year experience at another school. During the 2013/2014 school year, she taught two sections of 7th grade Spanish. The class with Megan, Ethan, and Ricky had ten students with DTALN enrolled and 25 students total. The other section, with Sam and Tony as students, had 24 students total with 11 students with DTALN enrolled. Mr. Kieva, the special education director, explained that students with DTALN were mostly scheduled within her classroom as she was the best fit to meet their needs, even though this put an exceptional amount of varying needs on Ms. Lopez. Ms. Lopez was given a teacher's aide, but due to scheduling, the aide was not often available as she had additional duties in the cafeteria. It is important to note that this learning environment was chosen for her dual certification in the hope to view a wide range of inclusive practices allowing for a variety of available LLI.

The five participants, all 12 years old at the time of the research, encompassed learners with various learning needs (Table 2). Megan was organized, friendly, and highly involved in sports. Ethan loved science and animals, describing a love of science above all other courses. Ricky was an avid outdoorsman, who loved participating in sports and Boy Scouts. Sam was new to Rivers Middle School at the beginning of the school year, but he was passionate about learning and confident in his abilities. Tony was a friendly, full of life and confident boy. He was on the swim team and played baseball, and reported loving Spanish class above his other classes.

Table 2:   Participants

	Academic Interests	**IEP Classification**	**Academic Placement**
Megan	Math, English Language Arts (ELA), Science	Learning Disabled: Difficulty with memory and retention	12-1-1: Math and ELA General Education for other coursework
Ethan	Science	Other Health Impairment: Attention Deficit Hyperactivity Disorder (ADHD) & Learning needs in reading and math	12-1-1: Math and ELA General Education for other coursework
Ricky	Physical Education	Other Health Impairment: Auditory Processing Disorder, ADHD, and a mood disorder	General Education for all coursework
Sam	Science, Social Studies, Physical Education	Other Health Impairment: Autism, ADHD, and emotional disturbance	12-1-1: Math, ELA, Science, and Social Studies Prior to this year had been enrolled in an 8-1-1 program for students with Autism
Tony	Spanish	Other Health Impairment: ADHD	12-1-1: Math and Science General Education: Social Studies and ELA

Note. 12-1-1 and 8-1-1 are terms used in the US to describe learning environments that are outside of general education courses. The first number refers to the maximum number of students allowed in the learning environment, the second number is the number of special education teachers required, and the third number is the number of teacher's aides required. A 12-1-1 would then have a maximum of twelve students to 1 teacher and 1 teacher's aide.

5. Findings

In order to discuss the LLI negotiated by each of the five learners, we need to explore which aspects of the curriculum and learner characteristics were particularly focused on or privileged in this learning environment. This will be done in two sections, the first on privileged aspects of the curriculum, the second on learner characteristics that were valued in this learning environment. Rates of occurrences as well as data from interviews and journal reflections will be discussed to provide justification for the determination of which were privileged and valued and which were not.

Figure 1:   Privileged and Unprivileged Aspects of the Curriculum and Learner Characteristics

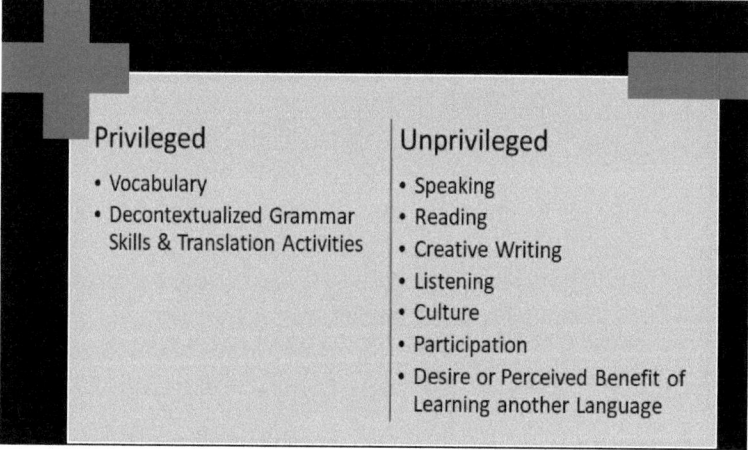

5.1 Privileged Aspects of the Curriculum

Ms. Lopez's instructional practices regarding the curriculum set the tone for the learning environment within which the student participants of this study were enrolled. Instructional practices were organized into speaking, reading, creative writing, listening, culture exploration, decontextualized grammar and translation activities, and vocabulary study. Privileged aspects of the curriculum were determined through an analysis of occurrence, in classroom activities, homework, and assessments. If an aspect of language learning or an instructional practice was used often, we can assume it was privileged within this learning environment. As the observations occurred over a period of six months, the data provided a longitudinal perspective on these practices and curriculum. Through an analysis of classroom activities, homework assignments, and assessments (Table 3), it was evident that decontextualized grammar skills and translation activities as well as vocabulary skills were valued parts of the curriculum in this learning environment (Figure 1). In total, in both classrooms, there were 57 activities, assignments, and assessments observed. In each classroom, 31 of those were related to vocabulary, translation, and decontextualized grammar, totaling 54% of the time. Speaking activities, reading activities, creative writing, listening activities, contextualized grammar skills and cultural study were not valued aspects of the curriculum. Of the 57 activities, assignments, and assessments observed in each of the classrooms, 26 were related to speaking, reading, creative writing, listening, contextualized grammar and cultural activities, totaling 46% of the time. It is clear that skills in vocabulary as well as decontextualized grammar and translation were highly valued in this classroom as that is where the majority of the time was spent. We will now look at the perspectives and actions of the five learners and their teacher in relation to these privileged and unprivileged aspects of the curriculum.

Table 3:   Class Activities, Homework, and Assessments Observed

	Instructional Practices		Homework		Assessments [b]	
	Total M, E & R[a]	Total S & T[a]	Total M, E & R	Total S & T	Total M, E & R	Total S & T
Vocabulary	8	10	3	2	0	0
Decontextualized Grammar [c] & Translation Activities	15	10	2	5	3	4
Contextualized Grammar Activity	0	2	0	0	1	1
Reading Activities	1	2	0	0	7	4
Creative Writing	3	2	0	1	5	3
Speaking Activities	2	4	0	0	0	0
Listening Activities	1	1	0	0	3	3
Culture Activity	1	1	0	0	2	2

Note. [a] Since Megan, Ethan, and Ricky were members of a differing class period than Sam and Tony, I subdivided the instructional practice totals to reflect the two different class periods.
[b] Within each section, observations were made of three assessments. Two of the assessments were the same across the two classes, one was different.
[c] Grammar activities were further subdivided into decontextualized grammar activities, such as straight conjugation or article worksheets, and contextualized grammar activities, such as describing likes and dislikes using the correct verb, to demonstrate the communicative nature of the tasks.

Within this learning environment, an extensive amount of time was spent on vocabulary memorization activities, including filling in vocabulary sheets, reviewing vocabulary by creating fold overs, which were columns of English to Spanish translations, and playing vocabulary translation games. Students were given a new vocabulary list that corresponded with each new "paso" in the textbook series. There were three pasos per chapter and they were expected to cover six chapters in one school year, totaling 18 vocabulary lists with 25 to 50 new words per list. It is important to note that current research argues that language learners can only process "a relatively small number of psychological units (five to nine) at any one moment. Therefore, to structure large bodies of knowledge requires an orderly sequence of iterations between [working memory] and long-term memory as new knowledge is being received" (Khoii, & Sharififar, 2013, p. 201). The implications of this neurological research for language learning are that all students are inherently unable to acquire more than five to nine lexical units at a given time. Additionally, these units can only be stored in long-term memory if they occur in meaningful and scaffolded language learning activities. Therefore, Ms. Lopez's practice of using the curriculum provided vocabulary lists of 25–50 words per "paso" were contradictory to understandings of second language acquisition research.

While memorization was deemed a necessary skill in this classroom, Ms. Lopez expressed worrying about the abilities of students with DTALN, stating that while this year's vocabulary lists were brought down to their level, she was "concerned about these kids next year in 8th grade … really concerned about them passing their 8th grade final. They just don't have the memory retention for two years." This was a specific belief that students with DTALN were unable to meet the expectations of the curriculum through the way the curriculum was enacted in this learning environment.

Memorization and vocabulary were of particular difficulty for Megan. She explained in her first journal entry, "the biggest challenge in Spanish this month was learning all the new words that are always hard for me because we get so much and then we have the test and have a lot more words to learn and memorize." This was reiterated in later journal entries, as well. Ethan began participation in this research by reflectively positioning himself in his journals and interviews as knowledgeable of the vocabulary lists, but reported more difficulty as the year progressed. Ricky studied vocabulary lists with his mother the summer prior to enrolling in his first Spanish course as she was worried about his ability to memorize the vocabulary necessary. Ms. Lopez positioned Ricky as engaged with vocabulary due to this, but worried "once we're past the stuff he did, what's gonna happen?". Ricky would often provide translations to classmates positioning himself as a vocabulary knower, a trait highly valued in this learning environment. Sam believed new vocabulary lists often felt like "it's gonna be a bit of trouble, but at the end of the day, it's not. I'm gonna get used to it really quickly." He positioned himself as a knower of vocabulary, both during interviews and during interactions in class, a position highly valued within the constructs of this language learning environment. Ms. Lopez explained that she believed Tony had the memory retention for Spanish learning, but expressed concern that "the attitude and the work ethic that gets in his way." Tony positioned himself as a knower of Spanish vocabulary within his Spanish learning environment. For the high point for his first journal entry Tony explained, "the vocabulary is great, I know most of the words and that's about it" and for his second journal stated "I like the new vocabulary sheet because it's challenging. It's about shopping and prices." Within this learning environment, Tony positioned himself as engaged with the vocabulary.

In addition to vocabulary activities, students also worked on grammar activities, most of which were decontextualized from communication purposes. These decontextualized activities occurred more regularly than receptive or productive language skill-building activities. At the end of observation 18, when students had been discussing pronouns in Spanish, Ms. Lopez informed me that she preferred to do all the vocabulary and grammar at once in order to then focus on practicing both with the students, demonstrating the belief that students need to know language parts which are then practiced through the language situations of speaking, reading, writing, and listening. Translation activities were also commonplace in this learning environment and were often found alongside the decontextualized grammar activities and shared the same lack of communicative purpose, which is why they were combined for the purpose of this research. Warm-ups, homework assignments, and assessments often had sections where students were expected to translate from Spanish to English or from English to Spanish. There were a few instances of contextualized grammar activities, but overall, they lacked communicative focus.

As discussed below in the section on work completion, Megan and Ricky completed their work with proficiency, including these decontextualized grammar and translation activities. They both expressed no preference or dislike for these types of activities. They were something to be completed, a trait valued in this learning environment. Ethan reflected he did not enjoy completing grammar activities, particularly activities such as writing out time in Spanish, and demonstrated inability to complete without examples and models. Sam reported a preference towards grammar activities, both contextualized and decontextualized, as well as translation activities, stating "the writing stuff is okay … either like answering a question in Spanish or writing a question in Spanish or writing a sentence in Spanish … or translating … that's probably the easiest and to me it's the most fun." Tony described having a difficult time with grammar and writing activities in Spanish, including activities such as writing out time and possession. This corresponded to his difficulty completing work as discussed below.

5.2 Unprivileged Aspects of the Curriculum

Speaking activities occurred with less frequency in this learning environment, with only two occurring in Megan's, Ricky's and Ethan's class and four in Sam's and Tony's class, demonstrating their lack of value. When completing speaking activities in class, Megan was observed to strictly follow the model provided by the teacher in order to successfully complete the task. While Ethan expressed liking speaking activities and positioned himself as a user of Spanish in the classroom environment, he was not confident he would use Spanish with a native speaker as reported in interview three. During his second interview, Ricky explained, "I just don't know how to say it, I can read it though." When asked if he would try to speak Spanish with a Spanish speaker, he stated, "if they could speak English, I'd try not to … cause I don't really enjoy speaking Spanish. I think it's a lot harder." Sam noted that he would try to speak to a native Spanish speaker and positioned himself as a willing Spanish speaker, both reflectively as well as during class activities prescribed by the curriculum and class practices. Speaking skills emerged as an important aspect of Tony's language learning and were described as his favorite activity to do in class. He often used Spanish during observations and interviews and explained he would attempt to speak with a native speaker in Spanish and thought he would "do pretty good."

Ms. Lopez did not express opinions on reading activities during observations or interviews, but by not incorporating them within instructional practices or assignments, they were determined to not be valued. They were incorporated only three times overall between both classes, but were evident eleven times on assessments. Megan stated she did not enjoy reading activities, ranking them as the most difficult of language situations during an interview. This might be due to the exposure of reading mostly on assessments. During observation 11, Megan demonstrated difficulty completing a reading assignment in Spanish, ultimately choosing to copy a friend's work. For Sam, reading activities were fun, stating "when I first started to do those reading things … I was a bit overwhelmed cause I wasn't used to all these stuff to be all put together, it's kind of hard for me to break it down to see what all this means, but like I said, it's one of those things that's progressively becoming easier and easier in Spanish class." Ethan, Ricky, and Tony did not express opinions on reading activities.

While most writing in the class was done in a decontextualized manner, there were instances of creative writing, such as writing sentences with adjectives to describe themselves or writing to a pen pal. Megan expressed enjoying creative writing activities. Ricky preferred to write in Spanish over speak it, but worried that he was not confident in his ability to write complete sentences in Spanish. Sam positioned himself as a capable writer in this classroom. During observation ten, he quickly completed his letter to an imaginary pen pal, which when checked, had no errors to be corrected. Ethan and Tony did not express opinions on creative writing.

Ms. Lopez did not express opinions on listening activities, but due to their lack of prevalence, they were not valued as part of the language learning experience. Megan stated that listening activities were difficult even though she did well on them. Throughout the year, listening became increasingly difficult, and she was observed to copy classmates' answers during a listening activity and reporting in her fourth journal that listening was the hardest part for her. Ethan reported being okay with listening activities, while Ricky stated that listening was his least favorite activity. Sam reiterated that sentiment, stating that "listening challenges are kind of okay, but kind of rocky" due to the speed at which they occur. Tony expressed worry regarding listening abilities during interviews, but was observed to do very well within listening activities in the classroom.

Ms. Lopez explained that the purpose of learning another language is that it benefited students to "learn about other cultures, to be able to communicate with more people." She lamented that she was not able to incorporate culture more because students "enjoy it and are intrigued by the similarities and differences" and that it was a goal to "expose students to other cultures and customs." All five of the participants reported being interested in the culture of the Spanish world, but that it was not something they discussed often.

5.3 Privileged Learner Characteristics

In addition to practices within the classroom, perceived learner characteristics also constrained potential LLI. These characteristics included participation, work completion, and desire or perceived benefit of learning another language. Work completion was the most privileged learner characteristic, determined through interviews, observations, and journal reflections. The privileging of this learner characteristic was most evident by Ms. Lopez's praise of those who quickly and efficiently completed the work from the privileged curriculum and denigration of those who did not. Those learners who did not excel in this privileged learner characteristic were constrained in potential LLI. Desire or perceived benefit of learning another language as well as participation were not valued learner characteristics in this learning environment.

Within this learning environment, it was expected that whenever an activity, assignment, or assessment was given, learners would use their organized resources to complete it within the timeframe given. Ms. Lopez praised Megan's, Ricky's and Sam's ability to complete work in a timely manner, while lamenting that Ethan and Tony could not do the same. In order to be classified as an engaged student in this learning environment, the socially referenced framework required students to be responsible for their own learning.

Megan was positioned by Ms. Lopez as getting right to work. In 19 instances where she was expected to complete a task, in each she was observed to take out resources necessary without being prompted and quietly complete the activity. Ms. Lopez expressed frustration with Ethan as "he routinely doesn't do his homework, or he'll come in and say 'wait we have homework?'", lacking the ability to take responsibility for his own learning and work completion. Ethan was observed to be missing his vocabulary twice and his homework assignment once over the ten observations. Of 21 activities observed, he failed to complete the assignment in the time period allotted 12 of those times. He was often missing materials and observed to be daydreaming. Ethan explained that it was hard to get work done when he was distracted and he recognized that his grades were low due to missing assignments. Ricky positioned himself as a student who completed his work and was organized, demonstrated through 13 activities observed where he took out necessary resources, began working, and often completed early. Ms. Lopez characterized Sam as getting "right to work, no problem" and "always done early and done right." Of 14 instances of work, he completed each, often early. While diligent to complete his work, he often rushed, focusing on completion over quality, a characteristic noted by the researcher reviewing many of his assignments, but not one noticed by Ms. Lopez. Sam explained "if I finished it before everybody else, then obviously, I know what I'm doing." Tony had difficulty completing his work, often getting distracted. Ms. Lopez positioned him as giving "every possible excuse" for not completing his work, often having him work in the hallway. He did not keep his materials organized and those he had, he did not often use to support assignment completion. He demonstrated working well on speaking activities with other students, but when he had to complete written work alone or with a partner, he appeared to have difficulty. Of 24 activities, warm-ups, and homework assignments observed as needing to be completed per the requirements of this learning environment, Tony completed four of them.

5.4 Unprivileged Learner Characteristics

Participation was observed as an expected action in this learning environment, though not a valued one (Table 4). A learner might readily participate in this learning environment, but still be constrained to a disengaged LLI, as demonstrated in the particularly salient example of Tony. The pattern was the same throughout the 20 hours of observation. While Ms. Lopez acknowledged to the students during observation 11 that "processing time is often delayed, especially in another language," the practice in this learning environment was consistently observed that Ms. Lopez poised a question, then called on students with their hands raised without a period of wait time in between to give students a chance to process. Megan, Ethan, and Sam were disengaged in participation, while Ricky and Tony were engaged.

Table 4:   Participation

	Number of Activities where Participation was Elicited	Instances of Actual Participation	Details
Megan	14	0	Did not participate
Ethan	13	4	Reported participating "pretty well"
Ricky	17	7	Reported not enjoying speaking in front of classmates
Sam	15	6	Participated less often as research continued
Tony	15	15	Excited to participate, but often unprepared to answer

An important aspect of this research was the contrast between the LLI negotiated and the desire or perceived benefit of learning another language, as this was not a valued learner characteristic. Desire to or perceived benefit of learning another language was not discussed by Ms. Lopez during the research period, demonstrating its lack of value within the learning environment. Megan expressed no desire to learn another language, explaining that Spanish was too difficult and wasn't perceived as a benefit to future travel. Ethan stated that language learning was beneficial to others because it helped "their brain like learn…stuff like that", and that he had two reasons for wanting to learn another language, the first being travel and the second being able to use it with friends so as to not be understood by others. He wanted to be able to use Spanish in his future and had a desire to learn the language. Ricky did not want to learn another language, but recognized potential benefits. He did not feel Spanish would support his future career as a physical education teacher and that it was "just extra work." Sam felt language learning "might be a useful trait in the future" and that it might help his career where he "might be involved with foreigners a lot more so learning another language might help." While in the beginning of the study, Sam was enthusiastic about learning Spanish and being in a new school, as the year progressed his enthusiasm declined. Of the five participants, Tony was the most excited to learn Spanish, most comfortable attempting to use the language creatively, and most active in attempting to learn more outside of the classroom. He felt it would support future travel and future careers and that when he was in Spanish class, he felt "more active, like I feel more happier than in my other classes."

6. Negotiated Language Learner Identities

In order to organize the five LLI negotiated by the students, their levels of engagement and disengagement in each of the aspects of the curriculum and learner characteristics were organized into Table 5. When we view these through the lens of which aspects were valued and not valued, their negotiated LLI emerges. Recall, the terms engagement and disengagement were determined to be used by the researcher as it best encompassed the attitudes, beliefs, and actions of their instructor.

Table 5: Areas of Student Engagement or Disengagement Demonstrated through Student Understanding and Observations

		Megan	Ethan	Ricky	Sam	Tony
Curriculum	Grammar [a]	E	D	E	E	D
	Vocabulary Retention [a]	E→D	E→D	E	E	E
	Speaking	E	E	D	E	E
	Reading	D	N/A [c]	N/A [c]	E	N/A [c]
	Creative Writing	E	N/A [c]	E	E	N/A [c]
	Listening	E→D	D	D	D	D [b]
	Cultural Understandings	D	E	E	E	E
Learner Characteristics	Work Completion [a]	E	D	E	E	D
	Participation	D	D	D→E	E→D	E
	Desire to Learn & Perceived Benefit to Their Lives	D	E	D	E→D	E

[a] = Valued aspects within the learning environment.
[b] = Positioned as difficult and disengaged by the participant, but was observed as an area of strength.
[c] = Not enough data was collected pertaining to this aspect for this participant, so it categorized as Not Applicable.

During the six months of this work, Megan negotiated aspects of an engaged LLI due to her strengths in completing the work privileged by the teacher and curriculum of this course, even though she did not desire to learn another language. Megan demonstrated aspects of being a disengaged language learner due to difficulties with certain language skills, such as reading, listening, and cultural understanding, but because these skills were not as valued within the social constructs of this language learning environment, Megan was able to position herself within the framework of an engaged language learner. This position was challenged by Ms. Lopez's perceptions of Megan's future abilities in language learning due to difficulties with memory retention, but was allowable for the current time due to Megan's ability to position herself as able to successfully complete the work required.

Ethan desired to learn another language. He recognized the possible benefits to communicating with friends and strangers in Spanish and understood the potential benefits language leaning could have on his metacognitive skills. However, Ethan was constrained into negotiating the LLI of a disengaged language learner due to the constraints of the language learning environment. While he took up positions of an engaged language learner in speaking abilities and cultural tasks, as these were not privileged in the learning environment due to the limited role in the curriculum and text, he was unable to negotiate an identity of an engaged language learner. He was constrained to disengaged due to his difficulties with work completion, organization, and being easily distracted. As these characteristics were privileged, he was constrained to the identity of a disengaged language learner, regardless of actual language skills or interest.

While Ricky positioned himself as an unwilling language learner, the traits he demonstrated within the learning environment of work completion and personal responsibility in conjunction with his ability to retain vocabulary, positioned and constrained him to the identity of an engaged language learner. He was very engaged with learning about cultures, but this was not a valued aspect of this learning environment.

Sam expressed confidence in his intelligence and abilities in listening, reading, writing, and speaking, as well as in grammar, vocabulary, and cultural knowledge. He negotiated his learner identity of an engaged language learner who could easily meet any academic challenges and master any content area, while completing the required work of the privileged curriculum. He readily acquired the new vocabulary and demonstrated competence in grammar, writing, reading, and speaking. As grammar skills and vocabulary retention were highly valued within the social constructs of this learning environment, Sam easily negotiated the LLI of an engaged language learner.

Tony was a passionate language learner with a strong, demonstrated desire to acquire Spanish to benefit his future, including employment, college, and travel. He was accepting of others and believed understanding cultures allowed you to view the world as different rather than bad. His reflective positioning demonstrated that he believed his learning was connected to grades and participation, demonstrating an inability to separate language learning from his Spanish course, meaning his LLI negotiation was contingent on practices that were exclusive to his needs, leading to a negotiated LLI of a disengaged language learner. Tony was highly distractible and had difficulty staying on task in order to meet the requirements of the assignments mandated by the privileged curriculum. His LLI was that of a student desiring to access the content material, but was unable to do so. He saw Spanish as beneficial to his life, but had difficulty fitting within the parameters set forth to be a Spanish language learner in this setting, constraining him to a negotiated LLI of a disengaged language learner.

7. Conclusion

The pedagogical practices as well as the available LLI evident within this learning environment are problematic. Students were constrained to negotiating a learner identity of engaged or disengaged due to work completion and skills valued by the privileged curriculum, which was enacted through pedagogical practices contradictory to inclusive education. Recall that these negotiated identities had little to do with their desire to learn another language or language learning abilities, rather they were negotiated through student ability to complete work within the valued domains of vocabulary retention and decontextualized grammar skills. The limitation of potential LLI is troubling as it was constructed through the belief that the issue was with the students. The curriculum and the teacher were never questioned, rather the students' abilities to complete work, memorize vocabulary, and develop skills valued by the curriculum dictated which LLI they could negotiate. This is particularly concerning for students with DTALN, as it was their particular needs that correlated with their ability to negotiate certain available identities, perpetuating exclusive educational practices. Those who had areas of need in being organized, completing their work, and in vocabulary retention, were excluded from being able to negotiate identities of engaged language learners. The impact of these negotiated identities can be long lasting as they serve as frameworks for self-understanding and models for social identification, impacting interactions, desires, goals, and practices now and in the future. Learners who are limited in their ability to negotiate the LLI of their choosing might internalize the belief that language learning and the various benefits that accompany it are not for them and that they are may be unable to succeed in new areas of content study, further perpetuating the belief that students with DTALN are unable. We must be mindful of what our instructional practices and our ideologies and beliefs are doing to potential LLI of individuals.

This learning environment perpetuated the problematic exclusive practices in LOTE education. Rather than the teacher and curriculum being altered to be inclusive to the needs of all students, students were constrained into negotiated LLI of engaged or disengaged. Within this learning environment, the teacher and curriculum held the power to constrain potential LLI, perpetuating exclusive practices. These practices point to an oppression of a minority population, which Arnett and Mady (2010), argued as problematic because it "excludes a subset of the population from the learning experience because those in power fail to change the situation" (p. 28). The varying LLI of the five participants point to the need for additional research in the area of LLI as well as changes necessary in order to foster an inclusive setting for all students; where student needs are valued above the curriculum and where the practices of memorization and vocabulary retention are not privileged over developing communicative and cultural competences. The teacher should fill the role of facilitator towards these goals of communicative and cultural competences, working towards learner engagement with language acquisition in an inclusive environment. Teacher educators and teachers in all content areas must work to create language learning environments based on inclusive frameworks found in special education and second language acquisition research to benefit all students, rather than those which restrict students to a narrow range of possible identity negotiation.

References

Arnett, K., & Mady, C. (2010). A critically conscious examination of special education within FSL and its relevance to FSL teacher education programs. *Canadian Journal of Applied Linguistics, 13*(1), 19–36.

Barac, R., & Bialystok, E. (2012). Bilingual effects on cognitive and linguistic development: Role of language, cultural background, and education. *Child Development, 83,* 413–422.

Bialystok, E., (2007). Cognitive effects of bilingualism: How linguistic experience leads to cognitive change. *International Journal of Bilingual Education and Bilingualism, 10,* 210–223.

Creswell, J. (2007). *Qualitative Inquiry & Research Design: Choosing Among Five Approaches* (2nd Ed.). Thousand Oaks, CA: SAGE Publications.

European Commission. (2005). *Special Educational Needs in Europe: The Teaching and Learning of Languages.* Retrieved from http://ec.europa.eu/education/ languages/pdf/doc647_en.pdf [20.08.2017].

Evarrs, S. B., & Knotek, S. E. (2005, November). Foreign language and special education. In *ACTFL 2005–2015: Realizing Our Vision of Languages for All.*

Hendry, H. J. (2009). *Foreign Language Learning of Students with Language Learning Disabilities: An Activity Theory Perspective of Three Middle School Students.* (Doctoral Dissertation).

Holland, D., & Skinner, D. (1998). The woman who climbed up the house. In D. Holland, D. Skinner, W. Lachicotte, Jr., & C. Cain (eds.) *Identity and Agency in Cultural Worlds* (pp. 3–18). Cambridge, MA: Harvard University Press.

Khoii, R., & Sharififar, S. (2013). Memorization versus semantic mapping in L2 vocabulary acquisition. *ELT: English Language Teacher's Journal, 67*(2), 199–209.

Lantolf, J., & Pavlenko, A. (2002). (S)econd (L)anguage (A)ctivity Theory: Understanding second language learners as people. In M. Breen (ed.) *Learner Contributions to language learning: New directions in research* (pp. 141–158). London: Longman.

Lapkin, S., MacFarlane, A., & Vandergrift, L. (2006, September). Teaching FSL in Canada: Teachers' perspectives. Plenary presented at the Congrès 2006 of ACPI, ACPLS, and APFS. Saskatoon, Saskatchewan, Canada. Retrieved from http://www.caslt.org/pdf/FSL-Report-En.pdf

Le Pichon, E., de Swart, H., Vorstman, J., & van den Bergh, H. (2010). Influence of context of learning a language on the strategic competence of children. *International Journal of Bilingualism, 14*(4), 447–465.

MacKay, A. W. (2006). Connecting care and challenge: Tapping our human potential. Inclusive education: A Review of programming and services in New Brunswick. Retrieved from www.gnb.ca/0000/publications/mackay/mackay-e.asp [20.08.2017].

McColl, H. (2000a). Can all children benefit from foreign language learning? Retrieved from http://www.languageswithoutlimits.co.uk/Resources/Extract1.pdf [20.08.2017].

McColl, H. (2000b). *Modern Languages for All.* London: David Fulton Publishers.

McColl, H. (2005). Foreign Language Learning and Inclusion: Who? Why? What? – and How? *Support for Learning, 20*(3). (pp. 103–108). Retrieved from http://www.languages withoutlimits.co.uk/Resources/SfLArticle.pdf [20.08.2017].

McColl, H. (2013). Languages without limits. Retrieved from http://www.languageswith-outlimits.co.uk [20.08.2017].

McVee, M. B. (2011). Positioning theory and sociocultural perspectives: Affordances for educational researchers. In M. B. McVee, C. H. Brock, & J. A. Glazier (eds.), *Sociocultural positioning in literacy: Exploring culture, discourse, narrative, and power in diverse educational contexts.* (pp. 1–22). Cresskill, NJ: Hampton Press.

Morales, J., Calvo, A., & Bialystok, E. (2013). Working memory development in monolingual and bilingual children. *Journal of Experimental Child Psychology, 114,* 187–202.

Qualifications and Curriculum Authority. (2009). *Planning, teaching and assessing the curriculum for pupils with learning difficulties.* London: QCA. Retrieved from https://drive.google.com/folderview?id=0Bw7z_4bLjOOEYXJxUnhSd0VJUFE

Reagan, T. G., & Osborn, T. A. (2002). *The Foreign Language Educator in Society: Toward a Critical Pedagogy.* New Jersey: Lawrence Erlbaum Associates, Publishers.

Rhodes, N. C., & Pufahl, I. (2009). *Foreign Language Teaching in U.S. Schools: Results of a National Survey- Executive Summary.* Retrieved from http://www.cal.org/projects/executive-summary-08-09-10.pdf [20.08.2017].

The Rehabilitation Action § 504, 29 U.S.C. §701 (1973).

Vygotsky, L. D. (1962). *Thought and Language.* Cambridge: MIT Press.

Wight, M. C. S. (2015). Students with learning disabilities in the foreign language learning environment and the practice of exemption. *Foreign Language Annals, 48*(1), 39–55.

Wilson, D. R. (2013). Special Education Needs. Retrieved from http://www.specialeducationneeds.com

Wortham, S. (2006). *Learning Identity: The Joint Emergence of Social Identification and Academic Learning.* Cambridge: Cambridge University Press.

Yelland, G., Pollard, J., & Mercuri, A. (1993). The metalinguistic benefits of limited contact with a second language. *Applied Psycholinguistics, 14*(4), 423–444.

Yin, R. K. (2009). *Case Study Research: Design and Methods.* (4th Ed.). Los Angeles: Sage.

Autorinnen und Autoren

Carolyn Blume (M.Ed.) ist wissenschaftliche Mitarbeiterin im ZZL-Netzwerk Lehrerbildung der Leuphana Universität Lüneburg.

Janna Buck promoviert zu dramapädagogischen Methoden für einen inklusiven Englischunterricht als Wissenschaftliche Mitarbeiterin im Projekt „Fachdidaktische Qualifizierung Inklusion angehender Lehrkräfte der Humboldt-Universität zu Berlin" (FDQI) an der Professional School of Education (PSE) der Humboldt-Universität zu Berlin.

Christiane Doms arbeitet am Zentrum für schulpraktische Lehrerausbildung in Siegburg.

Susanne Eßer M.A. ist Referentin für Inklusion und Förderschulen in der Qualitäts- und Unterstützungsagentur – Landesinstitut für Schule (QUA-LiS NRW).

Dr. David Gerlach ist Wissenschaftlicher Mitarbeiter in der AG Fremdsprachenforschung am Institut für Schulpädagogik der Philipps-Universität Marburg und vertritt zurzeit die Professur für Englischdidaktik an der Universität Regensburg.

Christina Kielwein ist Promotionsstipendiatin im Bereich der Didaktik am Institute of English Studies der Leuphana Universität Lüneburg.

Prof. Dr. Markus Kötter lehrt Didaktik der englischen Sprache an der Universität Siegen.

Katharina Krause ist wissenschaftliche Mitarbeiterin im Fachgebiet Rehabilitation und Pädagogik bei Lernbehinderungen an der Technischen Universität Dortmund und derzeitig Lehrbeauftragte am Institut für Anglistik und Amerikanistik im Rahmen des Projekts DoProfiL (Dortmunder Profil für inklusionsorientierte Lehrer/-innenbildung).

Prof. Dr. Jan Kuhl ist Professor für Unterrichtsentwicklungsforschung mit dem Schwerpunkt Inklusion an der Fakultät Rehabilitationswissenschaften der Technischen Universität Dortmund.

Dr. Michael K. Laughlin is Assistant Professor at William Paterson University in Wayne, NJ, working in the area of Adapted Physical Education.

Dr. Bianca Roters ist Referentin für den Bereich Fremdsprachen in der Qualitäts- und Unterstützungsagentur – Landesinstitut für Schule (QUA-LiS NRW).

Prof. Dr. Torben Schmidt ist Professor für Englischdidaktik am Institute of English Studies der Leuphana Universität Lüneburg.

Dr. Jan Springob leitet die AG Internationalisierung am Zentrum für LehrerInnenbildung der Universität zu Köln.

Natascha Stahl-Morabito ist Schulleiterin einer Schule mit dem Förderschwerpunkt Emotionale und soziale Entwicklung in Gelsenkirchen und war über mehr als 10 Jahre in der Lehrerausbildung für das Fach Englisch im Seminar Sonderpädagogische Förderung des Zentrums für schulpraktische Lehrerausbildung in Gelsenkirchen tätig.

Marco Talarico ist Fachleiter am Zentrum für schulpraktische Lehrerausbildung in Bielefeld.

Dr. Veronika Timpe-Laughlin is a research scientist at Educational Testing Service in Princeton, NJ, where she conducts research in the area of English language learning and assessment.

Prof. Dr. Matthias Trautmann ist Professor für Schulpädagogik und Allgemeine Didaktik der Sekundarstufe I an der Universität Siegen.

Dr. Mary Caitlin Wight is an adjunct professor at the State University of New York at Geneseo and serves as an elected Board of Education official in Greece, NY.

Vera Windmüller-Jesse ist Referentin für inklusive schulische Bildung in der Qualitäts- und UnterstützungsAgentur – Landesinstitut für Schule (QUA-LiS NRW) in Soest.